中国职业技术教育学会
智慧旅游职业教育专业委员会推荐用书

专家指导委员会主任／韩玉灵
总主编／康　年
副总主编／卓德保

葡萄酒文化与营销系列教材

葡萄酒营销与贸易

Wine Marketing & Trade

王书翠　翟韵扬　吴敏杰◎主　编
张君升　袁　丽　张　洁　梁同正　刘梦琪◎副主编

立体化教学资源

北京·旅游教育出版社

总序 PREFACE

近年来，我国葡萄酒市场需求与产量逐步扩大，葡萄酒产业进入快速发展的新阶段。我国各葡萄酒产区依托资源和区位优势，强化龙头带动，丰富产品体系，助力乡村振兴，形成了集葡萄种植采摘、葡萄酒酿造、葡萄酒文化旅游体验于一体的新发展模式，葡萄酒产业链更加完整和多元。

葡萄酒产业发展不断升级，新业态、新技术、新规范、新职业对人才培养提出了新要求。上海旅游高等专科学校聚焦葡萄酒市场营销、葡萄酒品鉴与侍酒服务专门人才的培养，开展市场调研，进行专业设置的可行性分析，制定专业人才培养方案，打造高水平师资团队，于2019年向教育部申报新设葡萄酒服务与营销专业并成功获批，学校于2020年开始新专业的正式招生。为此，上海旅游高等专科学校成为全国首个开设该专业的院校，开创了中国葡萄酒服务与营销专业职业教育的先河。2021年，教育部发布新版专业目录，葡萄酒服务与营销专业正式更名为葡萄酒文化与营销专业。2021年，受教育部全国旅游职业教育教学指导委员会委托，上海旅游高等专科学校作为牵头单位，顺利完成了葡萄酒文化与营销专业简介和专业教学标准的研制工作。

新专业需要相应的教学资源做支撑，葡萄酒文化与营销专业急需一套与核心课程、职业能力进阶相匹配的专业系列教材。根据前期积累的教育教学与专业建设经验，我们在全国旅游职业教育教学指导委员会、旅游教育出版社的大力支持下，开始筹划全国首套葡萄酒文化与营销专业系列教材的编写与出版工作。2021年6月，上海旅游高等专科学校和旅游教育出版社牵头组织了葡萄酒文化与营销核心课程设置暨系列教材编写研讨会。来自全国开设相关专业的院校和行业企业的近20名专家参加了研讨会。会上，专家团队研讨了该专业的核心课程设置，审定了该专业系列教材大纲，确定了教材编委会名单，并部署了教材编写具体工作。同时，在系列教材的编写过程中，我们根据研制中的专业教学标准，对系列教材的编写工作又进行了调整和完善。经过一年多的努力，目前已经完成系列教材中首批教材的编写，将于2022年8月后陆续出版。

本套教材涵盖与葡萄酒相关的自然科学与社会科学的基础知识和基础理论，文理渗透、理实交汇、学科交叉。在编写过程中，我们力求写作内容科学、系统、实用、通俗、可读。

本套教材既可作为中高职旅游类相关专业教学用书，也可作为职业本科旅游类专业教学参考用书，同时可作为工具书供从事葡萄酒文化与营销的企事业单位相关人员借鉴与参考。

作为全国第一套葡萄酒文化与营销系列教材，难免存在一些缺陷与不足，恳请专家和读者批评指正，我们将在再版中予以完善与修正。

总主编：康年

2022年8月

前言 FOREWORD

2021年中国葡萄酒产量约为6.6亿升，消费量约为12.4亿升，中国已经成为葡萄酒消费市场上一个不容忽视的国家。与此同时，中国的葡萄酒服务产业发展迅猛，行业新业态与新模式层出不穷，专业化的人才需求越发迫切。在此背景下，葡萄酒文化与营销专业成为教育部《职业教育专业目录（2021年）》更新的专业之一。该专业紧扣“十四五”国家经济社会发展和2035年远景目标对职业教育的要求，是职业教育支撑服务经济社会发展的重要体现。该专业主要培养从事葡萄酒的运营、营销、销售、服务，以及文化推广的高素质专门型人才。葡萄酒营销与贸易作为高职院校葡萄酒文化与营销的核心课程之一，对该专业学生的核心素养和能力培养具有重要作用，尤其对于学生葡萄酒市场营销与贸易的核心知识与实践操作能力的培养有很强的针对性。

本教材的编写以科学性、实用性和创新性为指导，将市场营销理论与葡萄酒行业的特点紧密结合，并且充分体现出“体例新颖、注重启发、案例丰富、紧贴行业、突出实用”等特点。本教材遵循市场营销的基本原理，重点突出葡萄酒行业特性，分为营销与贸易两大板块。营销部分着重阐述了葡萄酒整体市场概况，中国葡萄酒市场发展，葡萄酒市场竞争的特征与目标营销，葡萄酒消费者特征，葡萄酒销售的基本方法和流程，并且通过列举和分析葡萄酒行业中发生的真实案例，培养学生站在行业角度思考和解决问题的能力，突出真实性和实用性。贸易部分的编写遵从了国际贸易的基本流程，从国际贸易合同的谈判到货品运输，从进口报关单证的审核到贸易货款的结算，从葡萄酒进口报关的各项流程到进口成本的估算等都一一介绍给广大读者，通俗易懂，即学即用。

本教材编写团队专业而资深，编者中有从事市场营销多年的教授、讲师，也有具备国外相关专业留学经验并且长期从事葡萄酒教育、销售、营销和市场推广的从业人员。本教材由上海旅游高等专科学校的王书翠、翟韵扬老师及吴敏杰（WSET4）共同主编，并由陕西开放大学（陕西工商职业学院）袁丽、张洁老师，《葡萄酒》杂志主编梁同正和法国大酒窖高级销售经理刘梦琪共同编写完成。具体分工如下：上海旅游高等专科学校翟韵扬负责第一、六章的编写；陕西开放大学（陕西工商职业学院）张洁负责第二章的编写；陕西开放大学（陕西工商职业学院）袁丽负责第三章的编写；法国大酒窖刘梦琪负责第四章编写;《葡萄酒》杂志梁同正负责第五章编写。全书由王书翠、翟韵扬拟定大纲，吴敏杰、张君升提出大纲完善建议，由翟韵扬老师统稿。在此感谢各位编者对本教材的精心编著，此外还要衷心感谢旅游教育出版社的大力支持和指导。教材使用的部分照片和视频资源由玉川酒庄提供，在此一并表示感谢。另外在编写过程中，本教材吸收并借鉴了国内外葡萄酒市场营销与贸易相关的研究成果和最新案例，参考了大量的资料和文献，在此也向本教材所涉及的参考文献的作者们表示感谢。

由于作者水平有限，本教材中难免存在错误与疏漏，敬请各位前辈、专家及广大读者批评指正。

编者

2022 年 7 月

目录 CONTENTS

第一章 葡萄酒市场

本章导读

本章主要介绍当今世界葡萄酒市场的概况及最新的葡萄酒市场营销理念。通过市场数据，可让读者对当下国内外葡萄酒市场有直观的了解。通过本章的学习，应了解葡萄酒市场的产业数据，熟悉中国葡萄酒市场的发展历程，预测市场发展趋势，并且对最新的葡萄酒市场营销理念有基本的认识。

思维导图

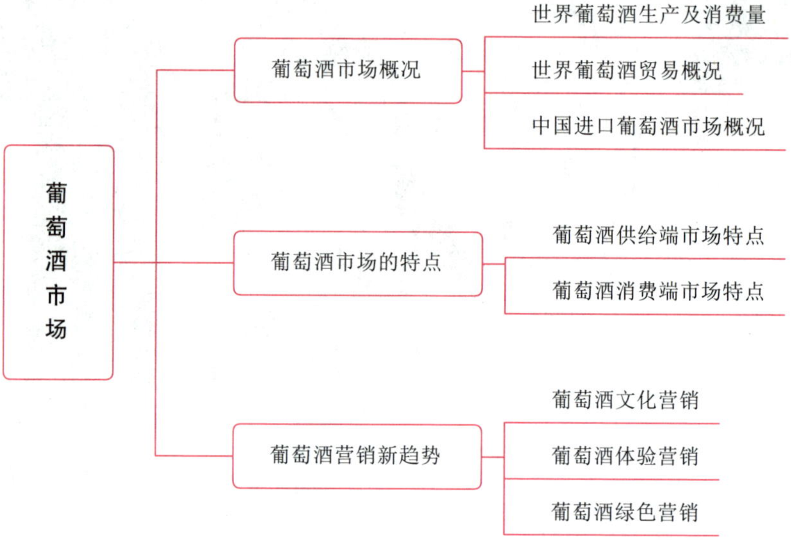

学习目标

1. 了解全世界葡萄酒市场概况。
2. 了解中国葡萄酒市场发展历程及特点。
3. 掌握葡萄酒新兴营销的概念及作用，能够灵活运用各营销方法。

第一节　葡萄酒市场概况

一、世界葡萄酒生产及消费量

国际葡萄与葡萄酒组织（OIV）是一个由符合一定标准的葡萄及葡萄酒生产国构成的官方国际组织，它是国际葡萄酒业的权威机构，被称为葡萄酒"国际标准提供商"，OIV 标准是世界贸易组织（WTO）在葡萄酒领域采用的标准。本节中关于世界葡萄酒产消量的数据来源于 OIV 组织发布的截止到 2018 年底的统计报告。世界葡萄酒产消量主要表现为三个统计数据，分别是全球葡萄种植面积、全球葡萄酒产量和全球葡萄酒消费量。

（一）全球葡萄种植面积

2018 年，全世界的葡萄种植面积为 7449 千公顷。从趋势上来看，全球葡萄种植面积近五年来保持相对稳定，维持在 7500 千公顷左右。2018 年较 2017 年有小幅回升，增长率为 0.32%。2014—2018 年全球葡萄种植面积变化情况如图 1-1 所示。需要注意的是，OIV 组织统计的全球葡萄种植面积不仅包含用于生产葡萄酒的葡萄树占地面积，还包括用于生产或尚未投入生产果汁、鲜食葡萄和葡萄干等各类用途的葡萄树的占地面积。

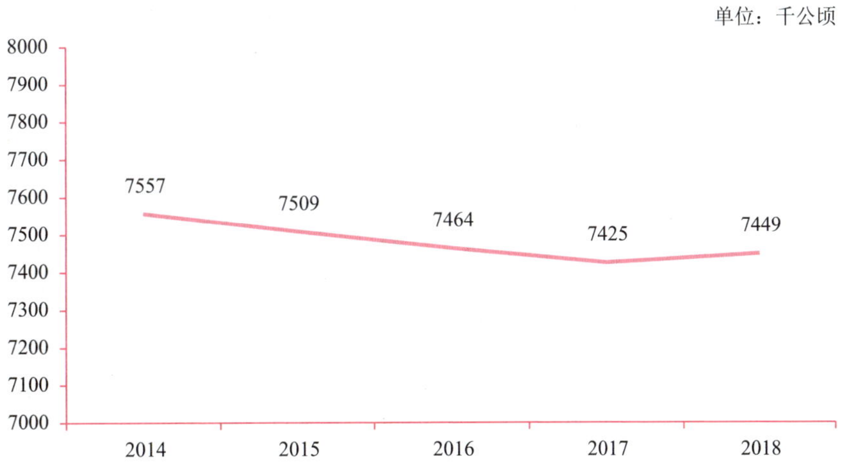

图 1-1　2014—2018 年全球葡萄种植面积变化情况

数据来源：OIV

分国别来看，在2018年欧洲三大葡萄酒生产国西班牙、法国、意大利和中国位列世界前四，其中，中国仅次于西班牙排名第二。四个国家的葡萄种植面积总和接近全球葡萄种植面积的一半，占到45%。

欧洲三大国家葡萄种植面积近五年来保持稳定，面积最大的西班牙维持在970千公顷，其次是法国的790千公顷及意大利的700千公顷。而中国近五年来葡萄种植面积不断扩张，从2014年的813千公顷上涨至2018年的875千公顷，但增速呈逐年放缓的趋势。需要说明的是，虽然中国处于全球葡萄种植面积排行榜第二的位置，但酿酒葡萄的产量却不高，大部分葡萄产量由鲜食葡萄构成。根据OIV组织统计的数据，中国鲜食葡萄占到葡萄总体产量的84.1%，酿酒葡萄产量占比仅为10.3%。反观欧洲三大葡萄生产国，其酿酒葡萄产量占绝大多数，酿酒葡萄产量占比最高的法国为99.6%，几乎没有鲜食葡萄和葡萄干，而最低的意大利也达到了86.5%。2014—2018年全球主要葡萄生产国种植面积变化情况如表1-1所示：

表1-1　2014—2018年全球主要葡萄生产国种植面积变化情况（单位：千公顷）

国家	2014	2015	2016	2017	2018	2018/2014 变化量	2018/2014 变化率 %
西班牙	975	974	975	968	969	−6	−1%
中国	813	847	858	865	875	62	8%
法国	789	785	786	788	793	4	1%
意大利	690	685	693	699	705	15	2%
土耳其	502	497	468	448	448	−54	−11%
美国	450	446	439	434	439	−11	−2%
阿根廷	228	225	224	222	218	−10	−4%
智利	213	214	214	213	212	−1	0%
葡萄牙	224	204	195	194	192	−32	−14%
罗马尼亚	192	191	191	191	191	−1	0%
全球总计	7557	7509	7464	7425	7449	−108	−1%

数据来源：OIV

（二）全球葡萄酒产量

根据OIV组织公布的统计数据，2018年全球葡萄酒产量达到292亿升，需要指出的是，产量数据包含起泡酒和其他特殊种类的葡萄酒，不包括葡萄果汁和待发酵葡萄汁。从近五年的趋势来看，全球葡萄酒产量在 2014 年至 2016 年三年时间保持相对稳定，保持在 270 亿升左右的水平；在 2017 年有较大幅度下降，产量跌至 249 亿升，下降幅度 7.8%，主要原因是欧洲三大葡萄酒生产国西班牙、法国和意大利都受到不同程度的不利天气条件影响，葡萄酒减产明显。而 2018 年全球葡萄酒产量有明显反弹，达到近五年以来的最高峰 292 亿升，相较 2017 年上涨了 17%。2014—2018 年全球葡萄酒产量变化情况如图 1-2 所示：

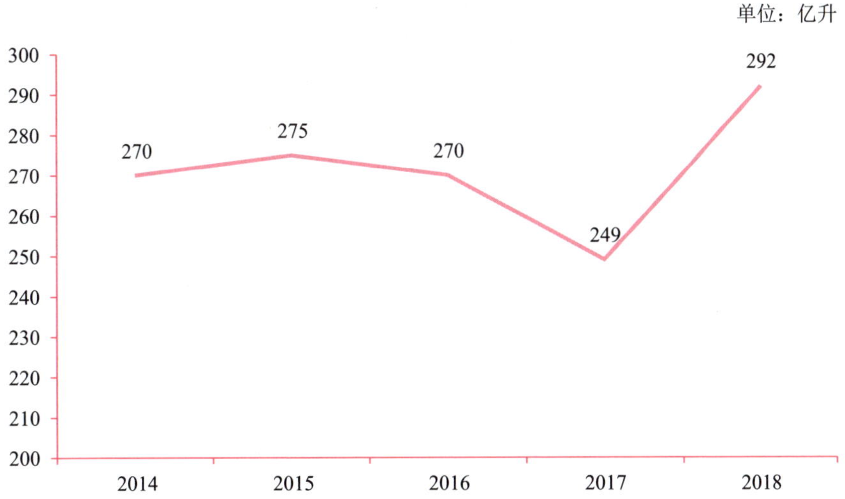

图 1-2　2014—2018 年全球葡萄酒产量变化情况

数据来源：OIV

分国别来看，在 2018 年欧洲三大葡萄酒生产国分列世界前三，第四名美国与这三个国家有明显差距。三大葡萄酒生产国共计生产 147.8 亿升，占全球总产量的 50.6%。其中，意大利以 54.8 亿升的产量排名第一，法国以 48.6 亿升位于第二，反倒是种植面积最大的西班牙以 44.4 亿升的产量位于第三名。考虑到西班牙的葡萄产量主要以酿酒葡萄为主，种植面积最大但产量不如意大利和法国，这说明两个问题：第一，西班牙单位面积土地出产葡萄产量较低；第二，西班牙作为待发酵葡萄汁原产国，多出口葡萄汁至其他国家进行生产灌装。

与全球葡萄种植面积排名形成较大反差的是，中国在全球葡萄酒产量排行榜上仅位列第十，2018 年生产 9.1 亿升葡萄酒，仅占全球葡萄酒产量的 3.1%。这个数据也说明了我国出产的鲜食葡萄产量远超酿酒葡萄。

从近五年的趋势来看，欧盟国家主要生产国除葡萄牙外，均受到 2017 年不利天气条件的影响而减产，并在 2018 年实现了强势反弹。葡萄牙由于靠近大西洋，气候受到更多海洋的调节，因而 2017 年的天气条件对葡萄酒产量并没有造成太大影响，产量反而较 2016 年还有上升。至于其他主要产酒国，美国除了 2015 年产量稍低以外，其余四年基本维持在 23.5 亿升左右。仅次于美国的是阿根廷，阿根廷葡萄园也曾遭受天气条件影响，在经过 2016 和 2017 年的减产之后，2018 年的产量又恢复到前几年的水平，稳定在 14.5 亿升。与阿根廷仅一山之隔的智利也有着类似的命运，由于不利天气的影响，2016 和 2017 年智利葡萄酒产量均有不小程度的下降，而在 2018 年则恢复至 13 亿升左右，与 2015 年持平。而澳大利亚自 2016 年起葡萄酒产量有所提升，从 12 亿升提高至 13 亿升以上。值得注意的是中国，在 2014—2016 三年内，中国的葡萄酒生产量稳定在 13 亿升以上，从 2017 年起，开始大幅下跌，至 2018 年，葡萄酒产量已跌至 9.1 亿升。中国葡萄酒的减产除了受到天气因素的影响之外，也与缩减葡萄园面积，提高葡萄质量的政策相关。除此之外，葡萄酒产量下降还受到消费因素的影响。2014—2018 年全球主要葡萄酒生产国产量变化情况如表 1-2 所示：

表 1-2　2014—2018 年全球主要葡萄酒生产国产量变化情况（单位：亿升）

国家 / 年份	2014	2015	2016	2017	2018
意大利	44.2	50.0	50.9	42.5	54.8
法国	46.5	47.0	45.3	36.6	48.6
西班牙	39.5	37.7	39.7	32.5	44.4
美国	23.1	21.7	23.7	23.3	23.9
阿根廷	15.2	13.4	9.4	11.8	14.5
智利	9.9	12.9	10.1	9.5	12.9
澳大利亚	11.9	11.9	13.1	13.7	12.9
德国	9.2	8.8	9.0	7.5	10.3
南非	11.5	11.2	10.5	10.8	9.5
中国	13.5	13.3	13.2	11.6	9.1
葡萄牙	6.2	7.0	6.0	6.7	6.1
全球总计	270	275	270	249	292

数据来源：OIV

（三）全球葡萄酒消费量

2018年全世界的葡萄酒消费总量（包括起泡酒与其他特殊种类的葡萄酒）是246亿升。2018年的消费量与上年持平。若从近五年的趋势来看，全世界葡萄酒消费总量总体上稳中有升，五年里消费总量都在240亿升以上，2018年较2014年提升了5亿升的消费量，变化率为2%。2014—2018年全球葡萄酒消费量变化情况如图1-3所示：

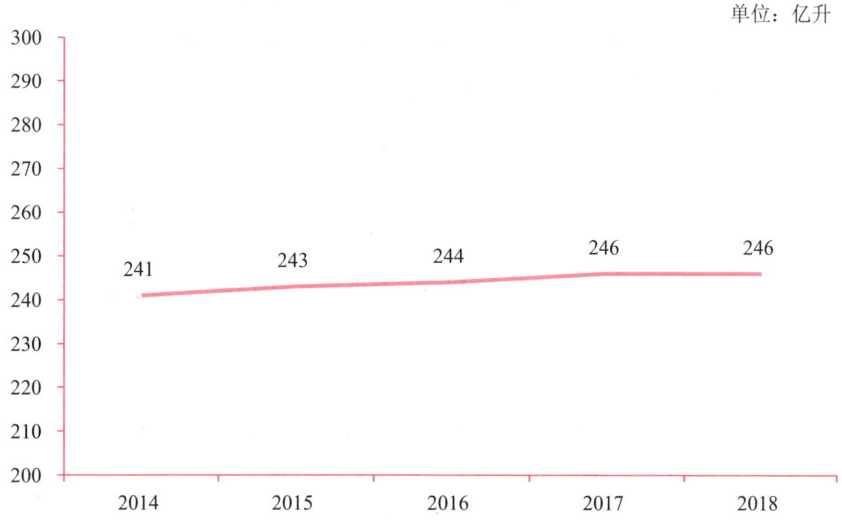

图1-3　2014—2018年全球葡萄酒消费量变化情况

数据来源：OIV

分国别来看，美国是全世界葡萄酒消费量最大的国家，它是全世界唯一超过30亿升消费量的国家。过去五年中，美国的葡萄酒消费量也呈现出稳中有升的趋势，2018年的消费量达到33亿升，较2014年相比变化率是8%。考虑到美国较欧洲三大葡萄酒生产国来说并不是葡萄酒生产大国，其消费有一定比例依赖进口。排在第二和第三的分别是法国和意大利，鉴于这两个国家在生产量上也名列前茅，这个名次并不奇怪。需要注意的是，与美国葡萄酒消费量多于产量不同，法国和意大利的葡萄酒消费量要低于其产量，说明这两个国家有相当比例的葡萄酒用于出口市场。法国近五年的消费趋势总体平稳，说明其市场较为成熟而稳定。而意大利则逐年上升，2018年较2014年相比，消费量提高了15%。仅次于意大利的是德国、中国和英国。与美国相同，这三个国家的消费量也多于生产量，说明这三个国家的葡萄酒消费市场有一定比例依赖进口。从近五年的趋势来看，德国和英国总体上保持稳定。

值得注意的是中国，2018 年的消费量较前一年相比有了明显的下降，下降幅度达到了 1.7 亿升，下降率为 9%，2018 年或许成为中国葡萄酒消费快速增长期的重要转折点。作为欧洲三大葡萄酒生产国之一的西班牙，其葡萄酒消费量仅排到世界第八，且其消费量只占生产量的 1/4 左右，是一个不折不扣的葡萄酒出口大国。世界其他葡萄酒主要消费国家中，近五年消费量变化较大的有阿根廷、澳大利亚和葡萄牙，变化率都在 10% 以上。其中，阿根廷消费量下降明显，下降率为 15%；澳大利亚和葡萄牙则有明显上升，澳大利亚的消费量增幅为 11%，葡萄牙增幅更大，达到 28%。2014—2018 年全球主要葡萄酒消费国消费量变化情况如表 1-3 所示：

表 1-3　2014—2018 年全球主要葡萄酒消费国消费量变化情况（单位：亿升）

国家	2014	2015	2016	2017	2018	2018/2014 变化量	2018/2014 变化率 %
美国	30.6	30.9	31.7	32.6	33.0	2.4	8%
法国	27.5	27.3	27.1	27.0	26.8	−0.7	−3%
意大利	19.5	21.4	22.4	22.6	22.4	2.9	15%
德国	20.3	20.5	20.2	19.7	20.0	−0.3	−2%
中国	17.4	18.1	19.2	19.3	17.6	0.2	1%
英国	12.6	12.7	12.9	12.7	12.4	−0.2	−2%
俄罗斯	11.1	10.8	10.5	11.1	11.9	0.9	8%
西班牙	9.8	9.8	9.9	10.5	10.5	0.7	7%
阿根廷	9.9	10.3	9.4	8.9	8.4	−1.5	−15%
澳大利亚	5.4	5.5	5.4	5.9	6.0	0.6	11%
葡萄牙	4.3	4.8	4.7	5.2	5.5	1.2	28%
全球总计	241	243	244	246	246	5	2%

数据来源：OIV

值得一提的是，虽然中国的葡萄酒消费量在 2018 年迎来了转折点，但考虑到中国庞大的人口基数，人均葡萄酒消费量与世界领先国家还有较大差距。这说明中国的葡萄酒市场还有巨大的提升空间，从长期来说，中国的葡萄酒消费市场仍被看好。

二、世界葡萄酒贸易概况

全世界葡萄酒消费国家可以分成两种类型，一种是生产量大于消费量的出口型国家，以西班牙、法国、意大利等为代表；另一种是消费量大于生产量的进口型国家，以美国、德国、英国等为代表。这里将对世界葡萄酒的贸易情况，即葡萄酒进出口数量和金额，作概括性的介绍，相关数据同样来源于 OIV 组织发布的截止到 2018 年底的统计报告。

（一）全球葡萄酒进出口量

2018 年全球葡萄酒进出口量达到了 108 亿升左右，其中，起泡酒的进出口量为 9.3 亿升，瓶装酒 57.9 亿升，散装酒和盒中袋为 40.3 亿升。由此看出，葡萄酒国际贸易还是以瓶装酒为主，其进出口量占比超过一半，达到了 53.6%。

近五年以来，全球葡萄酒进出口量总体上呈现缓慢上升的趋势。2018 年的数据较 2014 年有了 3% 的提升。而这个提升应该归功于起泡酒市场的兴起，2018 年全球起泡酒进出口量较 2014 年提升超过了 2 亿升，涨幅接近三成，这说明起泡酒在国际市场上已经进入了快速发展期。反观瓶装酒和散装酒 + 盒中袋在近五年的变化趋势，整体上表现平稳，没有太大起伏。2014—2018 年全球各类型葡萄酒进出口量变化情况如表 1-4 所示：

表 1-4　2014—2018 年全球各类型葡萄酒进出口量变化情况（单位：亿升）

类型	2014	2015	2016	2017	2018	2018/2014 变化量	2018/2014 变化率 %
起泡酒	7.2	7.6	8.1	9.4	9.3	2.1	29%
瓶装酒	57.5	57.3	56.3	58.6	57.9	0.4	1%
散装酒 + 盒中袋	39.4	40.7	39.5	40.4	40.3	0.9	2%

数据来源：OIV

在全世界各个国家的葡萄酒出口量方面，欧洲三大葡萄酒生产国继续领跑排行榜。排名顺序依次为西班牙、意大利和法国。在 2018 年，这三个国家的葡萄酒出口量占到全球出口总量的一半。西班牙和意大利达到了 20 亿升左右，法国也有 14 亿升，他们与第四名智利的 9.3 亿升拉开了较大差距，形成了出口国排行榜的第一集团。仅次于第一集团的是智利、澳大利亚和南非这三个新兴产酒国，他们的出口量都在5亿升至10亿升之间，形成了排行榜的第二集团。虽说全球葡萄酒出口总量在近五年总体趋于平稳，但不同国家却有着截然不同的发展轨迹。总体来说，第一集团国家的出口量近五年来均呈现不同程度的下降趋势，减少的市场份额被第二集团国家占据，这体现出国际市场对于新兴产酒国葡萄酒的喜爱。越来越多的智利葡萄酒、澳大利亚葡萄酒和南非葡萄酒被市场所接受。另外，值得注意的是新西兰葡萄酒，虽说其出口总量不多，但其五年内的增长幅度在世界主要葡萄酒出口国中排名第一，达到了37%，成为当下最炙手可热的新兴葡萄酒产酒国。2014—2018年全球主要葡萄酒出口国出口量变化情况如表1-5所示：

表1-5　2014—2018年全球主要葡萄酒出口国出口量变化情况（单位：亿升）

国家	2014	2015	2016	2017	2018	2018/2014 变化率 %
西班牙	23.0	24.7	22.6	23.0	21.1	-8%
意大利	20.4	20.0	20.6	21.2	19.7	-3%
法国	14.3	13.9	14.1	15.0	14.1	-1%
智利	8.1	8.8	9.1	9.4	9.3	15%
澳大利亚	7.0	7.4	7.3	7.8	8.6	23%
南非	4.2	4.2	4.3	4.5	5.3	26%
德国	4.2	3.9	3.6	3.8	3.7	-12%
美国	4.0	4.2	3.8	3.5	3.5	-13%
葡萄牙	2.8	2.8	2.8	3.0	3.0	7%
阿根廷	2.6	2.7	2.6	2.2	2.8	8%
新西兰	1.9	2.1	2.1	2.6	2.6	37%
全球总计	104	106	104	108	108	3%

数据来源：OIV

虽说中国葡萄酒产量能够排名世界第十，但由于大部分葡萄酒在国内就被消费掉，导致出口数量较少。另一个原因是中国葡萄酒曾经品质不高甚至屡有假酒新闻爆出，导致在国际上的名声不好。不过，如今随着中国葡萄酒行业的大力发展，酿酒技术的提升，法律法规的健全，中国葡萄酒也屡屡在国际葡萄酒大赛上获得殊荣，这有助于中国葡萄酒在国际市场上建立自己的品牌，未来必定会有更多中国葡萄酒走出国门，中国葡萄酒的未来值得期待！

在全世界各个国家的葡萄酒进口量方面，德国、英国和美国分列前三甲，2014—2018 年每年葡萄酒进口量都在 10 亿升以上。其中，英国并非传统葡萄酒生产国，其葡萄酒消费主要依赖进口。与英国形成鲜明对比的是意大利和西班牙，意大利和西班牙的葡萄酒整体消费量排在世界第三和第八，但进口方面意大利位于第十，西班牙甚至未能上榜，说明这两个国家的消费者更钟爱本国葡萄酒。中国在该排行榜上位列第五，且自 2014 年以来增长速度非常快，2017 年达到峰值，当年的葡萄酒进口量为 7.5 亿升，涨幅约为一倍，这个涨幅在同期的世界主要葡萄酒进口国中排名第一。然而与消费量相同，自 2018 年起，中国的进口量也呈现下降趋势，2018 年的葡萄酒进口量回落至 6.9 亿升，这标志着中国进口葡萄酒市场迎来了转折点，这一变化需要引起中国葡萄酒行业人士的关注。2014—2018 年全球主要葡萄酒进口国进口量变化情况如表 1-6 所示：

表 1-6 2014—2018 年全球主要葡萄酒进口国进口量变化情况（单位：亿升）

国家	2014	2015	2016	2017	2018	2018/2014 变化率 %
德国	15.5	15.4	14.9	15.2	14.7	−5%
英国	13.4	13.6	13.6	13.3	13.2	−2%
美国	10.8	11.0	11.1	12.1	11.5	7%
法国	6.9	7.6	7.8	7.8	7.1	3%
中国	3.8	5.6	6.4	7.5	6.9	82%
加拿大	3.8	4.1	4.2	4.2	4.2	11%
荷兰	3.8	3.8	4.5	4.4	4.2	11%
俄罗斯	4.7	4.0	4.0	4.5	4.1	−13%
比利时	3.1	3.1	3.1	3.1	3.0	−3%
日本	2.7	2.8	2.7	2.8	2.6	−4%
意大利	2.8	2.9	1.7	2.1	2.1	−25%
全球总计	103	104	104	108	107	3%

数据来源：OIV

细心的读者会发现，全球葡萄酒出口总量在个别年份会稍高于全球葡萄酒进口总量。从理论上来说，这两个数据应该是相同的。但是也有个别情况会导致差异的产生，在这里简单介绍常见的三种原因：首先，葡萄酒存在走私的情况，走私的葡萄酒通常只会被计入出口总量而不被计入进口总量。第二个原因是公海灌装，有的进口国在进口国外散酒后直接在公海上进行灌装，灌装后的葡萄酒便以“国产酒”的身份进入市场。这样的做法造成了散酒被计入出口数量，而灌装后的葡萄酒由于成了“国产酒”，自然不会被计入进口数量。第三个原因是保税区的存在，我们知道，进口葡萄酒在到达目的地国后需要清关，而在清关前葡萄酒都会被保存在保税区内，进口商可以根据自己的需要选择清关时间。葡萄酒在完成清关手续之前是不会被计入进口数量的，因此也会造成出口数量与进口数量的差异。

（二）全球葡萄酒进出口额

2018 年全球葡萄酒进出口额约 314 亿欧元，其中，起泡酒 62 亿欧元，瓶装酒 219 亿欧元，散装酒和盒中袋 33 亿欧元，瓶装酒占到总体进出口额的七成。趋势方面，近五年以来，葡萄酒进出口额总体呈现稳步增长的态势，2018 年较 2014 年进出口额增长了 56 亿欧元，涨幅达到 22%。由于近五年葡萄酒进出口量并没有明显变化，除去通货膨胀和劳动力成本上涨的因素，进出口额的上涨反映出葡萄酒贸易的平均单价在逐年提高，说明市场正在逐渐提高对于葡萄酒品质和等级的要求，人们愿意花更多的钱来消费葡萄酒。分类型看，与葡萄酒进出口量相同，起泡酒对于涨幅的贡献最大，近五年来进出口额增长了 32%，再次说明了市场对于起泡酒的喜爱，起泡酒受到越来越多的关注。2014—2018 年全球各类型葡萄酒进出口额变化情况如表 1-7 所示：

表 1-7　2014—2018 年全球各类型葡萄酒进出口额变化情况（单位：十亿欧元）

类型	2014	2015	2016	2017	2018	2018/2014 变化量	2018/2014 变化率 %
起泡酒	4.7	5.2	5.4	5.8	6.2	1.5	32%
瓶装酒	18.4	20.4	20.9	22.1	21.9	3.5	19%
散装酒 + 盒中袋	2.7	2.8	2.8	3.1	3.3	0.6	22%

数据来源：OIV

在全世界各个国家的葡萄酒出口额方面，依然是法国、意大利和西班牙位列前三。西班牙被法国和意大利反超的主要原因是出口了较多的低价位散装酒。以 2018 年的数据为例，西班牙葡萄酒出口量虽然约为法国的 1.5 倍，但其出口额仅仅只有法国的三成左右，体现出葡萄酒平均单价上的巨大差距。仅次于欧洲三大葡萄酒生产国的是澳大利亚，近五年来，澳大利亚葡萄酒的出口额呈现出直线上升的走势，涨幅高达 39%，在全世界主要葡萄酒出口国中同期涨幅排名第一。2014—2018 年全球主要葡萄酒出口国出口额变化情况如表 1-8 所示：

表 1-8　2014—2018 年全球主要葡萄酒出口国出口额变化情况（单位：十亿欧元）

国家	2014	2015	2016	2017	2018	2018/2014 变化率 %
法国	7.7	8.3	8.3	9.1	9.3	21%
意大利	5.1	5.4	5.6	6.0	6.1	20%
西班牙	2.5	2.6	2.6	2.9	2.9	16%
澳大利亚	1.3	1.5	1.5	1.8	1.8	39%
智利	1.4	1.6	1.7	1.8	1.7	21%
美国	1.1	1.4	1.4	1.3	1.2	9%
德国	1.0	1.0	0.9	1.0	1.0	0%
新西兰	0.8	1.0	1.0	1.1	1.0	25%
葡萄牙	0.7	0.7	0.7	0.8	0.8	14%
英国	0.5	0.6	0.6	0.6	0.7	40%
阿根廷	0.6	0.7	0.7	0.7	0.7	16%
全球总计	26	28	29	31	31	19%

数据来源：OIV

全世界各个国家的葡萄酒进口额方面，依旧是美国、英国和德国占据前三，其中，美国反超德国和英国，成为进口额最大的买方国家，说明美国进口葡萄酒的平均单价更高。同理，德国平均单价较低。需要指出的是中国，虽说 2018 年是中国葡萄酒市场的转折点，相较于葡萄酒进口量下跌 8% 来说，进口额只下跌了 4%，说明中国进口葡萄酒数量在减少，但平均单价在提高。关于中国进口葡萄酒均价的统计与分析将在“中国进口葡萄酒市场概况”处进行说明。另外需要特别说明的是中国香港地区，其在葡萄酒进口额的榜单上位列第七，而进口量方面却未能上榜，说明中国香港地区的进口葡萄酒平均单价较高，消费者更偏爱高品质的葡萄酒，另外，中国香港地区由于特殊的贸易政策，也会进口较多的名庄酒。与中国香港地区情况相反的是法国，法国在葡萄酒进口量排行榜上名列前茅，而进口额方面却排在十名以外，说明法国进口较多低价位的散装酒，其中有很大一部分是从西班牙进口后在法国灌装，再以“法国酒”的身份售卖到市场上。2014—2018 年全球主要葡萄酒进口国（地区）进口额变化情况如表 1-9 所示：

表 1-9　2014—2018 年全球主要葡萄酒进口国（地区）进口额变化情况（单位：十亿欧元）

国家 / 地区	2014	2015	2016	2017	2018	2018/2014 变化率 %
美国	4.0	4.9	5.0	5.2	5.3	33%
英国	3.6	3.9	3.5	3.5	3.5	-3%
德国	2.6	2.5	2.5	2.6	2.6	0%
中国	1.1	1.8	2.1	2.5	2.4	118%
加拿大	1.5	1.6	1.6	1.7	1.7	13%
日本	1.2	1.3	1.3	1.4	1.4	17%
中国香港	0.8	1.3	1.4	1.4	1.3	63%
荷兰	1.0	1.0	1.1	1.1	1.2	20%
瑞士	0.9	1.0	1.0	1.0	1.0	10%
比利时	1.0	0.9	0.9	0.9	1.0	0%
法国	0.6	0.7	0.7	0.8	0.9	50%
全球总计	26	28	29	30	31	20%

数据来源：OIV

三、中国进口葡萄酒市场概况

从 20 世纪末开始，中国葡萄酒产业跃入发展快车道。葡萄酒产量和产业景气度持续提高，葡萄酒生产和消费快速增长，在较短时间内具备一跃而起成长为葡萄酒大国的潜质。特别是中国加入世界贸易组织之后，进口葡萄酒数量和金额迅猛增长，市场规模迅速扩大，中国进口葡萄酒市场呈现出多样化的发展趋势，可供消费者选择的葡萄酒种类日益增多，打入中国市场已经成为世界各主要产酒国的重要目标。

有关中国进口葡萄酒的数量和金额在前面已作阐述，在这里主要从中国进口葡萄酒的均价和来源地两方面继续介绍中国进口葡萄酒市场的情况。

（一）中国进口葡萄酒均价

根据中国海关公布的进口葡萄酒进口金额和进口数量，我们很容易得出中国进口葡萄酒的均价。2020 年，中国进口葡萄酒均价为 6.01 美元 / 升，为近五年来最高。其实从近五年整体情况来看，中国进口葡萄酒的均价整体上呈现出波动上升的趋势。2015 年的进口葡萄酒均价仅为 4.68 美元 / 升，六年的增幅高达 28.41%。2015—2020 年中国进口葡萄酒均价变化情况如图 1-4 所示：

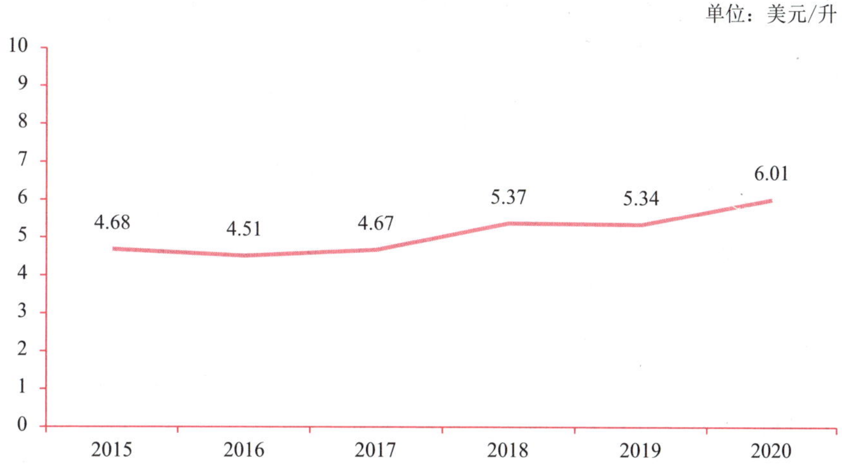

图 1-4　2015—2020 年中国进口葡萄酒均价变化情况

数据来源：中国海关

葡萄酒均价的上升反映出消费者对于品质的要求和消费力的升级。随着葡萄酒的普及和葡萄酒文化的推广，中国的葡萄酒市场正在变得更加成熟，消费者也越来越“懂酒”，这无疑对国外生产商和国内进口商提出了更高的要求，相较于之前片面地追求包装的精美和高酒精度，消费者现在越来越注重葡萄酒的风味口感、产区等级、酒庄底蕴和品牌效应等。如何为越来越“挑剔”的中国消费者提供和选择合适的葡萄酒，如何针对不同消费者做精准的营销推广，成为生产商和进口商重点思考的问题。

（二）中国进口葡萄酒来源地

除了进口葡萄酒数量、金额和均价等宏观数据以外，市场可能更关心中国进口葡萄酒到底来自于哪些国家？各个国家的市场份额和排名又是怎样的？

由于受到中美贸易战和中澳关系等复杂政治因素的影响，中国进口葡萄酒的来源国发生了较大变化。根据中国食品土畜进出口商会酒类进出口商分会公布的最新数据，2021 年上半年，法国反超澳大利亚，再次成为中国葡萄酒进口额最高的来源国，占到了总进口额的四成以上。另外需要指出的是，法国的名庄酒中还有大部分是通过中国香港入境的，并未被计算在内，因此，实际的进口金额应该高于统计数据。除了法国以外，下跌的澳大利亚的葡萄酒市场份额由智利、意大利和西班牙等国填补。这几个国家在进口额上均实现了四成左右的增长，分列中国进口葡萄酒来源地第二至第四的位置。而澳大利亚则由原来的第一名下滑至第五名，进口数量和金额均呈现断崖式下跌，下降幅度都超过了 80%。双反政策的实施使得澳大利亚葡萄酒在市场终端的价格直接翻两番，高额的成本逼迫着原澳大利亚葡萄酒的进口商和经销商把目光转向其他国家。同样与澳大利亚葡萄酒享受零关税政策的智利酒以其性价比与适合中国消费者的风格受到了更为广泛的关注。另外，与澳大利亚同处南半球的南非也被看好，成为澳大利亚葡萄酒的替代品，进口量同比涨幅超过一倍，反映出市场对其看好。美国酒继续受到关税影响，无论是进口数量还是金额都较难恢复到原先的水平。不过，2021 年美国酒却迎来了逆势反弹，进口额同比增长接近八成，显示出美国酒正在艰难返回中国市场，但是我们需要注意到，美国酒的进口金额占比仍然只有 2.49%，若要使美国酒在中国市场中扮演更重要的角色，贸易争端问题必须得到解决。2021 年 1—5 月中国进口葡萄酒主要来源地情况如表 1-10 所示：

表 1-10　2021 年 1—5 月中国进口葡萄酒主要来源地情况

国家	进口额（万美元）	进口量（万升）	均价（美元 / 升）	额同比 %	量同比 %	额占比 %
法国	28545	4645	6.15	61.45	22.35	41.50
智利	13851	5543	2.50	46.73	42.94	20.14
意大利	6727	1354	4.97	45.11	24.66	9.78
西班牙	5843	2299	2.54	38.10	28.22	8.49
澳大利亚	4900	680	7.20	−81.04	−84.38	7.12
美国	1711	310	5.53	77.59	38.12	2.49
阿根廷	1393	1230	1.13	22.05	−11.76	2.02
南非	1000	394	2.54	47.45	117.95	1.45
德国	946	159	5.93	49.19	31.66	1.37
新西兰	887	84	10.53	26.62	7.95	1.29
葡萄牙	844	197	4.28	7.51	−10.73	1.23
全球总计	68781	17465	3.94	0.15	−1.10	100

数据来源：中国食品土畜进出口商会酒类进出口商分会

第二节　葡萄酒市场的特点

一、葡萄酒供给端市场特点

（一）中国葡萄酒市场发展

1892 年，著名爱国华侨张弼士在烟台创办张裕酿酒公司，标志着中国近代葡萄酒工业的开始，但直到改革开放以后，中国的葡萄酒产业才进入了正常发展的轨道。回顾中国葡萄酒市场的发展历程，我们可以大致将之分为五个阶段，分别是市场启蒙阶段、市场调整阶段、市场恢复阶段、市场加速阶段和市场优化阶段。

（1）市场启蒙阶段（1978—1988 年）：这一阶段中国葡萄酒市场上主要的产品是半汁葡萄酒，所谓半汁葡萄酒，其实按照国际上对于葡萄酒的定义来说，根本不能被称为葡萄酒。半汁葡萄酒的酿造原料除了葡萄汁以外还有其他的食品添加剂成分，例如食用酒精、糖、色素等不利于人体健康的物质。但那时中国消费者不太能够接受葡萄酒那又酸又涩的口感，所以半汁葡萄酒占据了大部分的市场份额，而符合国际标准的葡萄酒主要用于出口市场和涉外饭店的销售。

（2）市场调整阶段（1989—2000 年）：市场上长期被半汁葡萄酒甚至假冒酒所占据必定会对产业造成影响，葡萄种植面积减少，葡萄酒企业面临停产等问题导致行业业绩持续下滑，葡萄酒行业被迫进入调整期。转折点发生在 1994 年，中国葡萄酒产品发生转型，原来的甜型和半汁葡萄酒逐渐被符合国际标准的高品质干红和干白所取代，消费者也开始逐渐接受干型葡萄酒的口感，这一转变带动了当时葡萄酒产业的发展，吸引了许多企业对于葡萄酒行业的投资。恰逢国外葡萄酒开始走进民众的视野，带来了一批又一批高品质的葡萄酒。中国的葡萄酒市场发生了巨大的变化。

（3）市场恢复阶段（2001—2004 年）：市场调整阶段之后，中国葡萄酒的生产也逐渐回归正轨。2002 年国家出台了许多与葡萄原料、辅料和酿酒工艺相关的规定，使得中国的葡萄酒产业得到了进一步的规范。从那时起，中国才正式开始生产符合国际标准的葡萄酒，葡萄酒产量逐年升高，中国的葡萄酒市场进入了恢复阶段。

（4）市场加速阶段（2005—2012 年）：自 2005 年起，中国葡萄酒进入了快速发展时期。中国市场上的葡萄酒无论从数量还是质量上都得到了明显提升，葡萄酒行业突然之间成了投资的大热门。另外，国外葡萄酒市场由于太过饱和而产生了产能过剩的现象，而人口众多又极具潜力的中国市场瞬间成为各大葡萄酒出口国的兵家必争之地。此外，以张裕为代表的一众本土葡萄酒企业也开始布局国产高端葡萄酒市场，创新出一套崭新的葡萄酒商业发展模式。现如今，虽然疫情环境下的国际经济走向仍旧不甚明朗，但中国庞大的人口基数给葡萄酒市场所带来的消费热潮不可小觑，葡萄酒市场仍旧存在极为广阔的运营空间，这呼唤着越来越多的人给予中国葡萄酒市场更多的思考与研究。

（5）市场优化阶段（2013 年至今）：2013 年起，国产葡萄酒市场规模出现了一定量的下滑。中国市场经过长时间的高速发展而形成的“市场泡沫”逐渐产生影响。消费者在选购葡萄酒的时候更为理性，葡萄酒也从原先的高端消费品逐渐转变为大众消费品，消费者对于产品的质量和价格的要求比以往任何时候都高。因此各大葡萄酒生产企业纷纷开始优化自己的产品结构以迎合消费者的需求转变。

附录：改革开放 40 年以来，中国葡萄酒市场大事记（节选）

1980 年，我国葡萄酒业第一家中外合资企业——中法合营王朝葡萄酿酒有限公司在天津成立。

1982 年，烟台威龙葡萄酒有限公司在烟台创立。

1983 年，中国长城葡萄酒有限公司（业内俗称“沙城长城”）在河北沙城成立。

1993 年，业内第一家专门从事进口葡萄酒销售的公司——“美国名特食品葡萄酒公司”开始在中国境内销售进口葡萄酒。

2000 年，中国葡萄酒信息网在烟台开通。

2002 年，茅台酒厂（集团）昌黎葡萄酒业有限公司成立。

2005 年，中国葡萄酒市场规模突破 100 亿元。

2006 年，五粮液葡萄酒有限公司成立。

（二）国产葡萄酒产业特征

从第一届全国评酒会至今，中国有众多品牌获得了“全国名酒”的称号，更有张裕、王朝、长城等品牌获得“中国驰名商标”的荣誉。威龙、莫高、尼雅、云南红更是备受好评的中国品牌。另外，原先生产白酒的企业纷纷布局葡萄酒行业，如我们熟知的茅台、五粮液等都成立了各自的葡萄酒子公司。受益于中国葡萄酒消费量的持续增加及消费者对于葡萄酒饮用的认可，中国国产葡萄酒产业规模呈现持续增长的态势。

近几年，国家也特别重视国产葡萄酒行业的发展。2016年习近平总书记视察宁夏时指出："综合开发酿酒葡萄产业，路子是对的，要坚持走下去"。2020年6月习近平总书记再次考察宁夏时，特意到银川市西夏区源石酒庄葡萄种植园调研，总书记强调："随着人民生活水平不断提高，葡萄酒产业大有前景"。究其根本原因，一直以来，白酒和啤酒的产量和消费量在我国居高不下，但是白酒和啤酒都以粮食为原料。酿造白酒的原料主要是谷类和薯类，如高粱、玉米、甘薯等，啤酒主要是以小麦芽和大麦芽为原料，每年耗费粮食2000多万吨，与我国人多粮少的国情相矛盾。而葡萄酒是以葡萄为原料的轻工产品，发展葡萄种植业，使公司、基地、农民成为葡萄酒产业链的重要组成部分，不仅提高了农业的组织化程度，而且可以调整农业结构，增加农民收入，具有集一、二、三产业为一体的特色。国家酒类产业政策的变化主要体现在"四个转变"上，普通酒向优质酒转变，高度酒向低度酒转变，蒸馏酒向酿造酒转变，粮食酒向水果酒转变。葡萄酒兼具果酒和低度酒两大特征，因此得到了国家政策的大力支持。另外，大力发展葡萄酒产业也有助于实现"消除绝对贫困，全面建设小康社会"的目标。酿酒葡萄与其他农作物不同，其对土地肥力的要求不高，甚至可以种植在贫瘠的土地上，可以在相对贫困落后的地区大力发展酿酒产业。巧合的是，中国相对贫困的西北地区又非常适合种植酿酒葡萄，譬如宁夏、新疆等产区均出产了高品质的葡萄酒，而葡萄酒产业也成了助力这些地区进行精准扶贫的支柱产业。

二、葡萄酒消费端市场特点

（一）中国葡萄酒市场消费潜力大

葡萄酒自古以来就是一种奢侈品。受消费能力的限制，许多人只闻其名却难尝其味。近年来，随着社会改革和科技发展，人民生活水平逐步提高，人们的消费理念和消费方式逐渐趋于多元化，国内居民的消费需求从先前的追求温饱、解决饥寒问题转变为追求方便、快捷、健康的高品质生活。葡萄酒中含有的营养成分备受广大消费者追捧，其中超强的抗氧化剂，特别受到成年女性的喜爱。除此之外，葡萄酒的受众也十分广泛，除了一些糖尿病患者，或对酒精过敏的人群之外，其他人都可适量饮用葡萄酒。中国庞大的消费群体，使葡萄酒消费市场的潜力更为巨大。

从消费结构看，中国酒类消费还是以白酒为主，啤酒次之，葡萄酒最低。2018年葡萄酒消费量占比仅为1.5%，而世界平均水平约为27%，有较大差距。中国自古以来的酒文化都是颇具影响力的，只是以往的消费重点都在白酒上，葡萄酒往往被当做一种生活情调与品位的代名词，但随着中国消费者对于健康生活的追求与葡萄酒文化的不断普及，相信会有更多消费者青睐葡萄酒。以美国为例。1970 年，美国人均葡萄酒消费量约为 3.2 升，随着美国大力发展本国的葡萄酒产业，其葡萄酒的人均消费量在十多年的时间内翻了三倍。

从葡萄酒人均消费水平来看，2020 年中国的人均葡萄酒消费量约为 0.9 升，历史最高时期也不过 1.3 升左右，而世界人均葡萄酒消费量约为 3.2 升左右。我国香港地区的葡萄酒人均消费量更是达到了 5 升左右，在亚洲所有国家和地区中排名第一。相较之下，中国内地的葡萄酒人均消费量还有很大提升空间。

（二）葡萄酒市场聚焦二三线城市

我们把中国的葡萄酒消费市场进一步细分，以北京、上海、广州、深圳为代表的一线城市虽然仍是葡萄酒消费的主力市场，但是其消费趋势已趋于平稳，消费增速明显放缓。究其原因，一线城市国际化程度较高，也更早地受到葡萄酒文化的影响。其次，一线城市的地理位置相对来说更靠近港口，能够享受进出口贸易的便利。第三，一线城市经济更为发达，居民可支配收入水平较高。葡萄酒作为舶来品在一线城市更早得到发展。经过近十年的市场快速发展后，一线城市消费者已逐渐培养起葡萄酒饮用习惯，葡萄酒消费呈现出常态化趋势。当下，中国葡萄酒市场发展正在从沿海发达地区向内陆地区推进，二三线城市的葡萄酒消费增长率已经反超了一线城市，成了新的市场热点。有多家葡萄酒企业把目光转向了二三线城市，纷纷期待在未来不确定的市场环境中占据主动。例如长城葡萄酒在 2019 年发布的市场战略中明确表明要更加坚决地走向二三线城市，将二三线城市视作未来发展的主战场。许多国外酒庄联合葡萄酒协会和国内品牌代理商在二三线城市开展了丰富多彩的葡萄酒营销活动，大力推广葡萄酒文化，培养葡萄酒消费习惯。例如，法国南部葡萄酒协会每年都会挑选不同的二三线城市进行巡展和庄主见面会，推广法国南部的优质葡萄酒。另外，随着“中欧班列”的开通，葡萄酒进入中国市场的方式不再限于海洋运输，这对于内陆二三线城市的葡萄酒市场和铁路运输沿线的葡萄酒生产国来说都是一个发展机遇。特别是一些能够享受到“一带一路”政策的国家，纷纷大力开发中国葡萄酒市场。摩尔多瓦、塞尔维亚和哈萨克斯坦等相对“小众”的产酒国都希望提升他们葡萄酒在中国市场的知名度。

（三）中国葡萄酒消费市场有待规范

近年来，中国葡萄酒产业很多不良的商业操作被媒体曝光，如售价与“扫码价”相差悬殊，线上线下定价政策混乱，低档贴牌酒依靠浮夸的包装和酒标设计进行高价售卖等一系列问题，严重阻碍了中国葡萄酒市场的发展。实施法定产区制度对于提升产品质量和产区、产业核心竞争力，以及保障各产区的不同风格和多样化具有重要作用。法国之所以拥有众多世界闻名的产区，要归功于法定产区制度的建立，以及一以贯之的实施和严厉的监管措施。我国各葡萄酒产区要结合实际，有序推行质量分级制度等法定产区制度。要以产区为重点，建立政府牵头、行业引导、企业执行、市场监督、奖惩分明的机制，小步快走，因地制宜，科学有序，注重实效，搞好试点，分期分批推广质量分级制度。

第三节　葡萄酒营销新趋势

一、葡萄酒文化营销

一个企业的文化是生产经营的理念和灵魂，没有良好的企业文化氛围，就谈不上文化营销。葡萄酒企业开展以消费者为中心的文化营销，是把物质需要背后的文化内涵、交流与互动，融合到营销的全过程中。从对葡萄酒消费市场及葡萄酒消费者群体的分析来看，一部分人关注的是葡萄酒的养生与保健；一部分人在乎的是葡萄酒的新潮与时髦；还有一部分人追求的是葡萄酒品牌、品质所具有的价值与理念。不管怎么说，这些消费者的愿望与需求，已经上升到了葡萄酒产品所代表的文化特质的层面。在这里我们对葡萄酒文化营销作简要阐述。

（一）文化营销的基本含义

文化营销是以文化为载体的一种营销方式，它基于消费群体的文化需求，挖掘产品或企业文化中能满足消费者的文化内涵，向消费者传递产品的文化特性，使消费者在消费产品的过程中，认同产品的内涵，以此来满足自己对产品及企业文化的需求。葡萄酒文化包含了葡萄的栽培与酿造、法律法规、风俗礼仪等内容。而葡萄酒文化营销，是以产品及品牌价值观念和企业文化为宣传目标，与消费者的思想观念和品牌文化宣传上达成共识，从而完成企业销售的目标。

（二）文化营销的基本特征

1. 葡萄酒文化营销彰显企业文化

我国葡萄酒生产和销售与西方传统的葡萄酒生产相比，呈现出生产时间短、企业规模小、文化建设刚起步等特点。这在客观上要求我国的葡萄酒企业要敢于挑战、锐意进取，创建一种取长补短、优化经营、紧盯市场需求、尊重消费观念、着眼长远发展的企业文化，并引入现代企业管理机制，提升员工文化素质，将文化融入产品设计、生产销售等过程。摒弃急功近利、目光短视行为，充分认识深厚的企业文化和产品文化不是一朝一夕建立起来的，而是一个漫长的、日积月累的、持续改进的过程，以此来真正实现企业文化营销、产品营销的目的。

2. 葡萄酒文化营销符合时代特性

随着人们生活水平的不断提高，追求高品质的生活成为大势所趋。客观上要求葡萄酒生产企业在制定营销大目标时，必须制定市场细分的小目标，以满足消费者的特殊需求。当然，大目标必须以提高市场占有率获取较高投资收益为重点，而小目标则应以扩大企业文化影响力和品牌文化感召力为保证。需要强调的是，在制定小目标时，要时刻掌握细分市场的动态，合理运用文化变量。葡萄酒生产和经营企业不能局限于市场细分变量中的地理、人口、心理、行为等内容，而应把知识文化变量作为新的生产要素而转化为新的经济增长点。这也是文化营销突出时代特性的根本所在。

3. 葡萄酒文化营销重视设计与手段

葡萄酒是深含文化底蕴的产品，在包装设计中，所使用的材料、图案、色彩、文字等，都必须突出地域特色与文化韵味，从而创立独特的品牌形象。葡萄酒企业结合目标市场的文化定位和消费群体的文化需求，对其文化营销策略进行全面更新与调整，设计和完善内部管理运作机制，如通过职业培训来提高职工的文化素养；利用线上线下的互动交流，开展对经营者、消费者专业知识的传授与指导，强化售前售后服务管理；建立健全生产、销售、服务、消费者等各类数据库，运用大数据，定期调阅、分析梳理，找出问题、查找规律、制定对策。从企业设计的源头上，不断深化文化营销的理念和策略。

我们在发展壮大本国葡萄酒企业，完善营销手段，尊重民族文化，进行文化营销的同时，更应吸取国外葡萄酒文化和销售管理的成熟经验，尤其是在文化营销手段上可以学习和借鉴一些好的做法。譬如：法国的波尔多、第戎等城市的葡萄酒生产经营者，会不时地接待游客去他们的酒庄游览和品酒。这样做，一来可以开拓旅游市场，二来可以宣传悠久的葡萄酒文化，三来可以增加销售收入，可以说是一举多得。我国也有悠久的葡萄酒文化，唐朝诗人王翰的“葡萄美酒夜光杯”就是最好的证明。令人欣慰的是，如今，我国一些葡萄酒生产企业也开始注重酒庄旅游，宣传葡萄酒文化了。葡萄酒销售人员在日常的销售活动中，应该把传统文化引入进来，结合产品特性，向消费者宣传葡萄酒的产品特质和文化内涵，以吸引众多的消费者加入到购买的行列中来，从而进一步拓展销售空间，并与消费者建立互信互惠的良好渠道。

（三）文化营销的基本策略

1. 广告宣传

通常所说，广告宣传是营销人员通过吸引消费者的眼球，把营销方案付诸实践的过程。在现实生活中，随处可见大量的商品广告，这不乏是一种推销产品、吸引顾客、赢得商机的必要手段。企业通过广告宣传，强调产品的优点和特点，增加其价值，给消费者一个购买产品的理由并创造一种广大消费者欣然接受的氛围。葡萄酒企业向市场宣传葡萄酒时，应重点突出该产品的悠久历史、精良工艺、高雅品质、绿色健康等一系列品牌形象，以此来满足不同层次消费者的生理和心理需求。

2. 事件营销

事件营销，就是把新闻传播作为载体，将事件特性与企业品牌有机结合起来，并通过专业操作，让事件广泛传播，达到宣传品牌的目的。企业在利用事件营销推广产品时，要牢牢把握主动权，先于事件发生做营销。特别在热门事件上，要精心谋划，从而创造性地来开展针对性的营销活动，通过新闻广告效应、企业公关形象、良好客户关系等要素的融合，为企业积淀更深的品牌文化内涵，获得更多的社会赞誉。有关酒庄新年份葡萄酒发布会的视频请扫二维码查看。

酒庄年份酒发布会视频

3. 包装设计

从字面上理解，包装设计是用一定的材料和工艺把东西包裹起来，其根本目的是使物品不易受损、美化外表、方便销售、利于保存等。而其引申意义是科学、艺术、材料、经济、心理、市场等多种要素的综合体现，实用性则永远是包装设计的核心。包装也是企业文化形象的积累过程，它可以反映出产品、品牌、企业等不同的文化内涵。在日常实践中，生产企业包装设计应用得当，就会让消费者感受到品牌的文化魅力、阅读出品牌的生动故事。譬如：中国生产的瓷器，无论是产品的图案还是外包装，往往都会标注祥云、花朵、水波纹、篆体汉字等图文，给消费者传递出强烈的中国古老文化信息，同时也向世界传播着中国古代文明。葡萄酒同样有着悠久的文化历史，我们无论在酒标、软木塞还是外包装上，要突出葡萄品种、酿造工艺、酿造时间、酿酒大师、生产酒庄、产地产区、口感品质、花纹图案等。这些包装设计显示的信息，不仅可让消费者知晓本产品的基本属性，而且还能了解该产品的文化底蕴。这也充分说明了包装设计在文化营销中无可替代的作用。

4. 产区与旅游

各葡萄酒产区有着特定的地理位置，通过挖掘该产区的独特地域文化，可以为产区的葡萄酒产品加上一层浓重的文化色彩。在此过程中，葡萄酒企业宣扬自己优越地理位置和精湛的酿造工艺，为消费者接触、了解葡萄酒文化做出了贡献，为消费者搭建一个沟通互动的桥梁。近几年来，法国的各大葡萄酒产区，陆续在中国的主要城市组织了多场推介活动。如：北京的“随时随意波尔多”，上海的“法国文化周”，以及在深圳、广州等地的推广营销活动，都给消费者留下了深刻的印象，让消费者感受到了酒庄的历史和文化气息。当前，葡萄酒产业不断升级，市场竞争日益激烈，国外产区营销的方式，非常值得国内产区和企业学习借鉴。

图 1-5　法国阿尔萨斯葡萄酒产区是法国重要的旅游目的地

与产区营销并驾齐驱的酒庄旅游同样是文化营销不可或缺的。据法国的旅游部门统计，在 2010 年有 750 万游客到法国选择酒庄旅游路线，其中 250 万是外国游客。在 2014 年，法国共吸引了 8400 万游客，其中有 1/3 为美食和酒庄旅游。众多的葡萄酒爱好者乐于酒庄旅游，他们既可以参观葡萄酒的生产工艺，又可以品鉴美酒；既能听酿酒故事，又能体会葡萄酒文化，真可谓一举多得。酒庄旅游作为新兴的旅游项目，如果能较好地把握市场发展趋势，合理规划多元化的“葡萄酒 +”旅游方式，并与当地的自然旅游资源进行整合，这对葡萄酒业的发展将会产生

鞍子骑士巡礼视频

极大的正面影响。虽然中国葡萄酒＋旅游起步较晚，但随着葡萄酒市场的不断发展，爱好葡萄酒的消费者不断增加，葡萄酒旅游事业将会蓬勃发展，必将成为葡萄酒文化营销的一个新途径。有关酒庄旅游宣传视频请扫二维码查看。

二、葡萄酒体验营销

美国著名未来学家阿尔文·托夫勒（Alvin Toffler）曾经预言：服务经济将会逐步演变成体验经济，并会引导人们创造越来越多的跟体验有关的经济活动，众多商家也会因提供更多的体验服务而赢得财富。

葡萄酒经营者应洞察先机，积极开展体验营销，满足消费者体验方面的需求，在市场竞争中获得优势。

（一）体验营销的含义

体验，是指消费者因某些感官刺激而产生的反应或心理感受，企业或经营者开展营销活动，必须以满足消费者的体验需求为根本，探索和研究如何根据消费者的期望，融合当代技艺、自然现象，以及人文传统等各种手段来不断完善产品的体验内涵，并以此来满足人们的娱乐、情感、审美、超现实等体验需求，同时实现营利的目的。

（二）体验营销的基本特征

随着国民经济的不断发展和人民群众消费及文化水平的不断提高，人们对价格的敏感度正逐步下降，相反，对产品或服务能带来的心理满足需求正在逐步上升。体验营销的基本特征主要表现在以下三个方面。

1. 调动消费者参与的积极性

体验营销离不开消费者，他们的主动参与是体验营销区别于其他产品营销的一个显著特征。没有消费者的主动参与，体验是难以产生的，而且消费者参与的积极性也会直接影响体验的效果。譬如在葡萄酒品尝体验中，在销售人员的指导下，积极的品尝者更可能感觉到葡萄酒的美味，获取感官享受，而一个心不在焉的品尝者更多感觉到的是葡萄酒的酸涩味。由此可见，体验营销人员必须充分调动消费者参与的积极性，并给予正确的引导，达到事半功倍的目的。

2. 满足消费者的体验需求

在商品物质不断丰富、市场竞争愈加激烈的当今社会，人们对产品的需求已不局限于单纯的购买行为上，而更在乎的是购买产品过程中的情感满足。因此，企业在提高产品质量满足用户使用需求，经销者在完善营销手段满足用户服务需求时，更应该开展各种沟通和体验活动。要从消费者的角度出发，在感觉、情感、思考、行动、关联等五个方面进行产品的更新改造和体贴关怀服务的探索，持之以恒地加以改进，最终让消费者在物质上和精神上得到双重满足。

3. 认同消费者的明智选择

消费者的明智选择，是购买产品时理性和感性行为的有机结合。传统营销者把消费者看成是产品的理性购买者，把消费者的购买行为看成是解决生活问题的过程。而体验营销者认为消费者在购买产品时，同时会受到心情的影响，产生消费冲动。这个因情感因素购买产品的概率与理性购买产品的概率是一样的。

随着人们消费观念的不断改变，体验营销的方式越来越被广大消费者所接受。在消费结构上，情感需要相对于物质需要的比重在逐渐增加。消费者在重视产品质量的同时，更加注重情感、心理方面的需要和满足。在产品的价值上，消费者不仅关注产品的使用价值，更在乎产品使用过程中的心理感受。在购买使用产品的形式上，消费者已经不再满足于企业生产的好的产品以及商家提供的传统销售服务上，更多的消费者希望实现自身需求与企业产品生产和经销方式的互动，交流产品的使用感受与体会，并提出改进意见。这成为当今消费市场的一种新潮流。

（三）体验营销实施方略

一个产品的价值，往往不是在购买时就会立即得到肯定的，它通常在消费者购买后的体验中逐步得到验证的。而消费者的这种验证和感受，就成为制约顾客满意度和品牌忠诚度的关键因素。体验营销作为销售模式，只有真正与消费体验相结合并创造一种新的生活方式，才能展现其强大的魅力。

1. 葡萄酒体验营销的意义

适量饮用葡萄酒有益健康，能辅助防治多种疾病，但很多消费者选择葡萄酒并不满足于此，他们是为了追求心理上的体验与满足。特别是高档葡萄酒消费对象，往往是一些成功人士或收入较高的白领阶层。这些消费群体一般具有生活富裕、文化水平较高的特点。他们愿意接受新的思想，追求高品质生活和独特的体验与感受。葡萄酒的体验营销完全符合他们的消费心理，可以通过这些群体去推广体验营销模式，带动更多的消费者参与体验营销活动，培养更多的消费者爱好葡萄酒，宣传葡萄酒文化，成为葡萄酒的追随者、消费者。

图 1-6　葡萄酒为休闲度假带来更多的放松感

2. 葡萄酒体验营销的方法

伯恩德·H. 施密特在他的《体验式营销》一书中指出，从心理学的角度我们可以把体验分为感官体验、情感体验、思考体验和行动体验。生产者和经营者要从消费者的体验出发，对营销方式进行重新界定和设计。

（1）感官体验：所谓的感官体验，就是通过视觉、味觉和嗅觉体验，促使消费者产生愉悦、兴奋与满足的感受。如以葡萄酒的外包装来让消费者获得视觉体验。通过慢喝细品，让味觉和嗅觉来辨认出葡萄酒的品质与风味。

（2）情感体验：所谓的情感体验，是通过激发消费者内在的感情和情绪，促使消费者对葡萄酒产生强烈喜好的一种感受。情感体验也是通过企业与消费者的互动沟通来实现的。这是因为消费者不仅关注他们所购买的产品，更关注购买的过程。他们希望在这一过程中能够得到经营者高度的尊重与关怀。经营者在营销沟通中不仅要传递产品信息，还要传递情感信息，让葡萄酒成为传递情感的媒介。销售人员则在掌握专业知识的基础上提高沟通和服务技巧，从而与消费者建立起高质量的情感纽带，赢得更大的商机。

（3）思考体验：所谓的思考体验，是经营者用专业知识、消费逻辑给消费者以心智的启迪，从理性的角度来说服消费者的行为过程。从葡萄酒漫长的历史发展中，我们可以看到葡萄酒知识与文化丰富的内涵。在葡萄品种与种植、葡萄酒酿造与品鉴，以及高档葡萄酒投资与收藏等实践活动中，都已形成了葡萄酒的独特地位与品饮文化。就我国葡萄酒消费市场而言，虽然越来越多的消费者加入了葡萄酒消费的行列，但对葡萄酒的历史、风土人情及相关知识知之甚少，其消费葡萄酒的意义则大打折扣。为此，葡萄酒经营者应积极思考和探索营销方法，针对性地在经营场所或网站上开展相关知识的宣传与讲解，定期开展葡萄酒品鉴与互动活动，充分调动广大消费者的参与热情，实现思考体验的目的。

（4）行动体验：所谓的行动体验，是指让消费者通过参与各项活动，而获得行动体验。葡萄酒文化博大精深，众多的消费者仅仅通过宣传与培训很难系统地掌握葡萄酒的专业知识。经营者可以通过举办各种各样的活动来吸引消费者参与，为其带来更多的感性认识和切身体验。譬如，经营者可在葡萄酒庄园举办游览活动、组织开展葡萄酒品酒比赛、有奖知识竞赛等活动。通过这些活动，让消费者在轻松愉快的氛围中感受葡萄酒文化，并推动葡萄酒消费市场发展。

三、葡萄酒绿色营销

当前在倡导“碳中和”“碳达峰”新发展理念及生态文明环境下，社会各界的环保意识不断增强。各行各业为了消除或减少生产经营活动对地球生态环境的破坏，把节能减排、无废无污等措施纳入整个生产经营活动的全过程。绿色营销也就应运而生了。

（一）绿色营销的概念

关于“绿色营销”的概念，社会普遍认为：它是企业生产经营以绿色文化为基础，以环境保护为指导思想，以消费者的绿色消费为中心的一种营销观念、营销方式和营销策略，是企业、消费者以及环境的共赢共生。企业实施绿色营销战略不是诱导人们消费、美化自身形象，而是要满足消费者和社会的绿色需求。同时要担负起保护生态环境的责任，建立起绿色市场、绿色产品、绿色设计、绿色包装、绿色品牌的运作机制，继而获得商机和利润。绿色营销是传统营销的补充和发展，是顺应时代发展的必然趋势。

（二）葡萄酒绿色营销的属性

在日常生活中，人们普遍欢迎纯天然的绿色食品，如：新鲜的时蔬、新鲜的水果、鲜活的水产以及可溯源的禽肉类食品等。这是人们追求健康生活、更新消费观念的真实反映。同时也预示着绿色产品市场的巨大潜力。有机葡萄酒的主要原料是葡萄，采取天然的有机种植方式，也可以说是绿色食品。从葡萄的生长特点上看，它根系发达，耐干旱、耐贫瘠，不仅可以防风沙、减缓水土流失，而且还能开发贫瘠和闲置的土地资源，同时还具有改善生态环境的联动效应。从葡萄酒产品本身的特性看，它具有一定的延缓衰老、预防心血管疾病以及美容养颜的功效，还具有自然和谐的社会属性。葡萄酒企业之所以能够获得可观的生态、经济以及社会效益，秉持历久弥新的蓬勃发展之道，是因为在葡萄种植栽培过程中的人性化、有机化照料，彰显出葡萄酒企业对自然环境的尊重，对消费者和社会负责，对绿色营销的承诺。让“红色”的葡萄酒在“绿色”的市场营销里熠熠生辉！

图 1-7　葡萄园管理注重人工养护

（三）葡萄酒绿色营销策略

实施绿色营销是整个市场营销发展的大趋势，是保护和节约自然资源，提高人们生活质量，优化人类生存空间的举措。下面就来探讨一下实施绿色营销的基本策略。

葡萄园管护的农业素养

1. 绿色产品

在提倡绿色环保主义的背景下，企业以绿色文化为生产理念，以生产绿色产品为价值观导向，保证从生产到使用、从回收到处置的整个过程，不能或极小地破坏生态环境。葡萄酒这个产品本身具有绿色环保的性质，各生产企业必须在葡萄酒各生产环节中，更好地利用绿色技术，防止环境污染和资源消耗。如在葡萄酒产品的外包装上，多采用可降解、可回收的环保材料，打上“循环利用”“可降解”等标识。

2. 绿色价格

绿色产品在投入市场前，其成本往往会高于同类传统产品，因为这里面增加了环保研发、绿色原料、对人体和环境无伤害的工艺等环节，解决这些问题，无疑都会增加生产成本。这一是要求企业制定绿色产品价格，更新经营理念，优化生产流程，加强成本控制；二是充分预见和满怀信心地迎接广大消费者对绿色产品的渴望。但是，随着科学技术的不断发展，国家环保政策的出台和扶持，绿色产品的生产成本会逐步下降。

3. 绿色渠道

简单地说，绿色营销渠道是企业把绿色产品转移到消费者手中所经过的通道。做好绿色渠道销售可以从以下几个方面来考虑和实施：一是善于选择和发现乐于从事绿色产品销售的经销商或中间商，通过引导和培养他们的环保意识，普及绿色产品专业知识，使之更好地服务于产品营销；二是指导和协助渠道经销人员做好绿色场所、绿色运输、绿色装卸、绿色储存保管等一系列基础工作；三是建立网络化销售渠道，设立不同品牌网络销售点，减少资源消耗，降低销售费用，确保销售渠道绿色化、节约化、环保化，培养渠道销售人员绿色服务意识，营造渠道绿色文化氛围。

4. 绿色促销

所谓的绿色促销，是指销售人员在传递产品信息、树立企业环保形象、引导消费者消费过程中尽可能做到低碳、环保。例如：在广告和推广方面，积极投入绿色广告，大力营造环保氛围。可以在销售现场直接向消费者宣传、推广产品信息，激发消费者的购买欲望。在销售模式方面，可以采取直销和网络销售，减少中间环节，减少销售成本支出等。在绿色公关方面，通过发表文章、演讲、影视资料以及社交联谊、印发绿色信息手册，赞助或参与社会环保等公益活动，提升企业良好的绿色公众形象。应该建立和完善绿色生产和工艺、绿色仓储和物流、绿色文化和理念等一系列体制和机制，确保绿色营销策略得到长足发展。

任务训练

1. 请搜索 OIV 组织发布的最新版葡萄酒行业数据报告，并根据报告做简要分析。

2. 假设你是一名葡萄酒城市酒窖的门店负责人，请运用体验营销的方法设计一个营销方案。

第二章
葡萄酒市场竞争与目标营销

本章导读

本章主要以葡萄酒的竞争与营销为主线，尤其以中国市场作为主阵地进行分析与思考。销售或者说营销，是任何一个成功的企业都亟须研究关注的重大问题。产品保质保量生产是第一步，接下来的目标营销则是决定某产品是否可以继续大规模生产的重要条件。这是一场无处不在、没有硝烟的市场战争。

思维导图

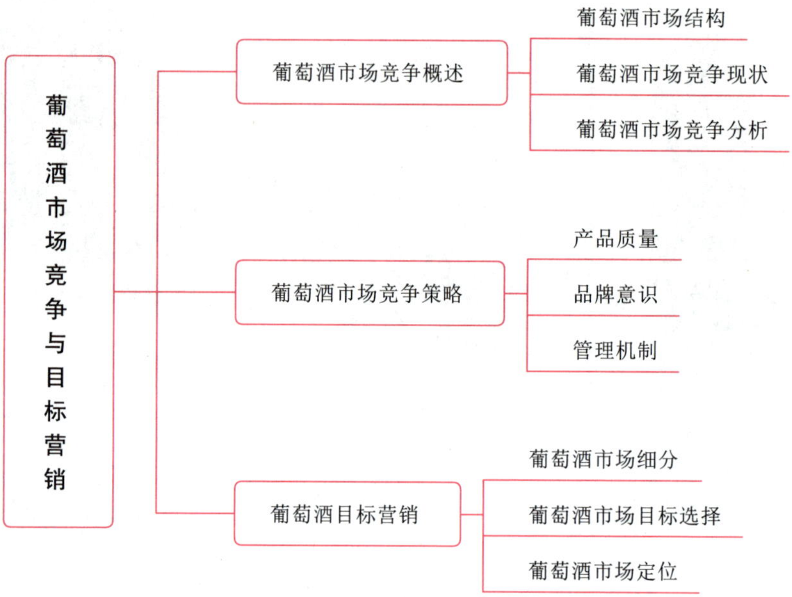

学习目标

1. 了解葡萄酒市场基本结构，以及国际、国内不同的竞争现状。

2. 能够通过竞争者、竞争者目标、市场反应分析等要素初识葡萄酒市场竞争分析。

3. 基本掌握葡萄酒产区的世界格局，尤其对我国葡萄酒产地进行重新认识。

4. 初步掌握葡萄酒市场定位的方法，并可以尝试根据不同的葡萄酒品牌提供良好的定位策略。

第一节　葡萄酒市场竞争概述

在酒文化盛行的中国，传统白酒占主导地位的格局正被多元化的消费需求所打破。曾经主要用于商务场合、高端宴饮、烘托氛围的葡萄酒正在加速平民化、大众化、普及化，越来越多地出现在大众消费者的餐桌上，进口葡萄酒随之成为众多酒类产品中的“宠儿”。中国海关统计，2019 年，中国酒精及酒类产品进口额约 50 亿美元，其中，葡萄酒居首位，占比五成左右。作为有巨大发展潜力的葡萄酒产业，如何在市场竞争中取得营销胜利呢？下面就此逐一阐述。

在市场经济条件下，市场竞争是该经济体制的基本特征。它是同类经济行为主体，出于自身利益的考虑，以增强自己的经济实力、排斥同类经济行为主体而采取的一系列符合市场规律的活动。市场竞争的主要内容有质量竞争、价格行为、服务竞争、营销竞争等。市场竞争按照竞争程度可分成两种类型：即完全竞争市场和不完全竞争市场。不完全竞争市场又可分为完全垄断市场、垄断竞争市场和寡头竞争市场。笔者认为，当下的中国葡萄酒市场属于寡头竞争市场，这是因为只有少数几家厂商供给该行业大部分的产品，每个厂家的产量占市场总量的份额较大，对市场价格和产量有举足轻重的影响。如：张裕、长城、王朝、威龙等，他们的产量和价格变动会直接影响其他生产企业的产量和价格。下面将对市场结构及市场竞争内容作出说明。

一、葡萄酒市场结构

（一）市场结构

一般地说，市场结构是指一个行业内买方和卖方的数量及其分布、产品差异程度和潜在企业进入该行业的难易程度的综合状态，是某一市场中各种要素之间的内在联系和特征。市场结构就是一个反映市场竞争和垄断关系的概念。市场结构的划分主要依据三个方面：

第一，本行业内部的企业数目。如果只有一家企业，那就可以划分为完全垄断市场；如果只有少数几家大企业，那就属于寡头垄断市场；如果企业数目很多，则可以划入完全竞争市场或垄断竞争市场。企业数目越多，竞争程度就越激烈；相反，企业数目越少，垄断程度就越高。

第二，本行业内各企业生产的产品差异度。这是区分垄断竞争市场和完全竞争市场的主要方式。

第三，进入障碍的大小。这是指一个新企业要进入某一行业所遇到的阻力。一个行业的进入障碍越小，其竞争程度越高；相反，一个行业的进入障碍越大，其垄断程度就越高。

根据以上三个方面的因素和特点，可将市场结构划分为完全竞争市场、垄断竞争市场、寡头竞争市场和完全垄断市场四种类型，如图 2-1 所示。

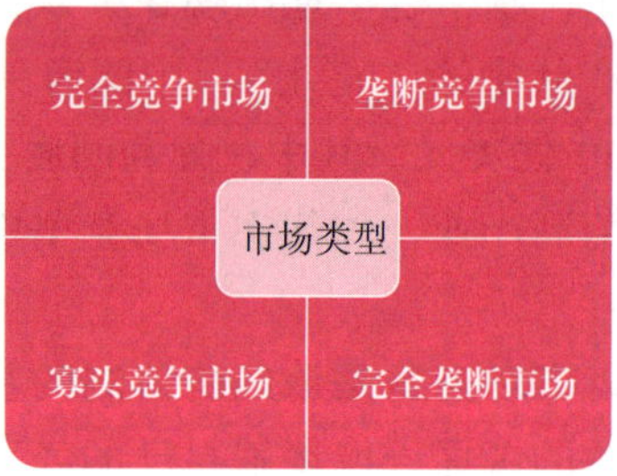

图 2-1　葡萄酒市场结构

1. 完全竞争市场

完全竞争市场不存在任何垄断因素，厂商数目众多、厂商所提供的产量相对于市场规模而言只占很小的份额，进入和退出自由。完全竞争是一种理想化的市场结构模型，而现实的市场几乎不具备完全竞争条件。这种市场结构的主要特点表现在：

一是生产企业集中度很低，产品的同一性很高。由于市场有大量的买者和卖者，买卖双方的产品数量在市场总量中所占的比例很小，提供的产品几乎没有什么差异，集中度很低，同质性很高。所以无论从买者和卖者对市场价格都没有显著的影响力，他们都是价格的被动接受者。如果企业想提高产品价格，那么所有消费者都会转向购买其他企业的产品。

二是企业进入或退出没有任何壁垒。在这个市场上，原有的企业和新的企业退出或进入都是自由的，不会受到任何资金、技术、法律等的限制和约束。

三是有完备对称的信息。企业不仅知道自己的生产成本和销售收入，而且还能掌握其他企业的生产成本和销售收入。完备对称的市场交易信息，能让生产者和消费者完全知道产品市场的价格。交易双方还可以根据这些信息对自己的战略决策进行优化，促进市场竞争。

2. 垄断竞争市场

垄断竞争市场上有许多企业，他们生产的产品有差异，并具有自己独特的属性，这是垄断竞争市场区别于完全竞争市场的地方。它介于完全竞争和完全垄断之间，偏向于竞争，是比较接近实际市场情况的一种市场经济结构。对处于垄断竞争市场的厂商来说，如果自己的商品能与众不同，它就能成为市场上唯一的卖方，具有垄断市场的能力。其主要特点如下：首先，产品差异大，这些企业生产的产品是不同质而有差别的。譬如说市场上有白酒、葡萄酒、啤酒等产品，它们是有差异的同种酒类产品，又是非常接近的替代品。这些产品的差异，不仅是质量、构造、商标和售后服务等方面的差异，而且还包括品牌、声誉、广告宣传等方面的差异。正因为有了这些差异，企业在某种程度上就能排斥其他企业，享有一定的定价自主权，在与其他企业竞争时具有垄断优势。其次，企业进入和退出壁垒较低，这是垄断竞争市场和寡头竞争市场的重要区别。一个新企业带着自己的新品牌进入市场和原有企业退出市场都比较容易。

3. 寡头竞争市场

寡头竞争市场，又称寡头、寡占垄断市场。它是由少数卖方（寡头）主导、控制着整个产业的产品供给，所占市场份额比例很高的一种市场状态。它是包含垄断因素和竞争因素而更接近于完全垄断的一种市场结构。它是一种很普遍的市场结构形式，其主要特点如下：一是由于产业集中度很高，市场被几家大企业控制，产品生产和销售所占的份额和比例都很高，所以其他企业的生产和销售只占很小的份额，对整个市场来说微不足道。这些寡头企业对产品的市场价格影响力较强，有能力控制和操纵市场的价格。二是整个市场被一些大企业所控制，他们往往因产品基本同质而相互依赖或者因为产品差异较大而相互抵触。三是企业进入和退出壁垒较高。这是因为这些大企业有着雄厚的财力、先进的生产技术和规模以及品牌魅力、销售优势等，显现出强大的垄断能力。但是，这些优势也同时意味着如果这些企业想要退出市场也会非常困难，因为这会给企业带来巨大的经济损失。对于是否要退出市场，经营者必须做出慎之又慎的决策。对于新企业来说，进入该市场也非常困难，新企业很难拥有原企业的竞争优势，因此难以与之抗衡。

4. 完全垄断市场

完全垄断市场是指在整个行业中只有一个生产者，市场上只有它可以提供产品，买方只能购买它的产品。完全垄断市场结构是与完全竞争市场结构相反的一种极端的市场结构模型。正因为其产业集中度非常高，该企业就是该行业的代表。完全垄断市场有以下几个特点：首先，它可以完全垄断市场而没有任何竞争因素，独家生产、独家销售。其次，完全垄断企业生产的产品没有直接的替代品，所以不可能受到任何竞争者的威胁。最后，这个完全垄断企业在创建时投入大量的财力、物力、人力，在发展中又具有独特的专利技术和管理手段，进入壁垒很高，所以其他企业几乎不可能进入该行业。然而通常来说，在现实市场经济中，每一种产品都有许多替代品，所以说这种完全垄断市场几乎是不存在的。

（二）葡萄酒市场结构分析

上文我们讲到了市场结构的四种类型，由于葡萄酒产业具有集中度相对较高、产品差异度较大和进入退出壁垒较高等特点，所以葡萄酒产业的市场结构属于寡头竞争市场结构模式。下面就根据这种结构的特点来做简要分析。

1. 葡萄酒产业集中度

通常来说，产业集中度是指市场上某一行业内少数企业的生产量、销售量、资产总额等对某一行业的支配程度，并且用这几家企业的销售指标占该行业总量的百分比来表示。较高的产业集中度表明这一小部分企业拥有相当的价格支配力，市场趋向于垄断，竞争性较低。在葡萄酒生产领域，国外发达的葡萄酒生产国在继承传统酿造工艺的基础上，融合了现代酿酒的先进技术和工艺，精确地掌握了葡萄酒发酵过程，规范化地生产出优良的葡萄酒产品，极大地满足了不同消费者所追求的品位与风格。在中国市场上，法国、智利、澳大利亚的葡萄酒占据较大份额。这些久负盛名的葡萄酒企业，为了抢占市场，提高利润率，积极采取高科技、规模化的生产方式，提高产品的数量和质量。他们密切关注市场动态，跟踪调研顾客需求，不断调整营销战略，增强企业竞争力。而我国葡萄酒产业相对更为集中，几个大型企业占据着主导地位。据相关统计，2016 年，中国规模以上的葡萄酒企业 240 家，其中，山东、天津、河北的葡萄酒企业数约占总数的 30% 左右，是我国葡萄酒生产相对集中的区域。而张裕、长城、王朝和威龙一直占据市场的主导地位。从以上分析我们不难看出，当前的葡萄酒市场呈现出典型的寡头垄断市场结构特点。这种市场结构一方面有利于企业规模化生产，同时又能形成良性竞争。

2. 葡萄酒产品差异度

葡萄酒生产企业为了迎合和满足顾客喜好，提高产品的市场占有率，其生产的葡萄酒必须具有特殊性，才能保持自身产品的差异度。酿酒葡萄由于受种植区域的气候变化、土壤条件、筛选培育等因素的影响，酿造出的葡萄酒具有不同的风味。再加上酿酒师的经验及工艺因素，会让葡萄酒更具特色。世界上一些葡萄酒强国经历上百年的发展历程，生产出高质量的、独具风味的高品质葡萄酒，成为世界葡萄酒市场的引领者和创新者。他们生产的葡萄酒不仅在口感、风味、包装、规格及售后服务等方面独具特色，在葡萄酒商标品牌和广告宣传等方面也各领风骚。中国葡萄酒企业在实施差异化经营方面也有动作和举措。具体表现在：一是实施品牌差异化。中国葡萄酒品牌经过漫长的培育和建设，目前得到良好的发展，形成了较为成熟的品牌体系。如张裕公司的“张裕解百纳”品牌进入中高档酒领域。长城打造了“五星”等大单品，以满足不同层次消费者的需求。他们的这些做法，对提升行业整体素质、壮大各层面的品牌起到了引领和示范作用。二是丰富产品档次。近年来，电商在售商品显示，张裕、长城葡萄酒的价位段从 20 多元一直覆盖到 500 元左右；威龙葡萄酒的价位从几十元到 400 元左右。中国葡萄酒消费日趋成熟，消费档次从低端逐渐向中高端发展。据统计，2019 年我国高端葡萄酒的消费约占整个市场的 40%，而冰酒已成为高端葡萄酒消费的亮点，张裕、王朝等冰酒产品的开发呈上升趋势。三是消费者对葡萄酒的认知提升。除了品牌之外，原料、产区、年份、酿酒师等都开始成为消费者购买产品要考虑的因素。如他们在选择葡萄酒时会关心赤霞珠、美乐、蛇龙珠等葡萄品种，而不是简单的葡萄酒的类型和价格。在消费地域方面，由东部地区向中西部转移，重庆、西安、兰州、成都和乌鲁木齐等地区葡萄酒消费在逐步升温。例如，作为葡萄酒消费比较成熟的成都市，其葡萄酒消费正逐步赶超东部城市，一些企业的品牌已经培育出一批忠诚度较高的消费者。

图 2-2　位于陕西西安蓝田的大面积葡萄种植区

3. 企业进入与退出壁垒

根据葡萄酒产业作为寡头竞争市场结构的特点，新企业带着自己的品牌进入市场和原有企业参与竞争，以及原企业退出葡萄酒市场都相对困难。具体表现在以下几个方面。

首先，追求规模效应。从中国葡萄酒产业的现状中可以看出，中大型企业葡萄酒的产量占据了大部分市场，以 2016 年为例，仅张裕、王朝、长城、威龙等四家企业的市场份额超过 40%，市场规模的不断扩大能够凸显出规模经济效应，新企业生产成本难以与原企业相比。其次，“七分材料、三分酿制”，葡萄酒的品质高低主要受酿酒葡萄自身品质的影响，一些有实力的企业开始进入葡萄种植领域，原料壁垒不断提高。他们在选种、培育及葡萄园区域选择各方面进行优化，积极创造酿造优质葡萄酒的生产条件。比如，张裕拥有 12 万亩酿酒葡萄基地，原材料能实现 70% 的自给，是国内自给率最高的葡萄酒生产企业；宁夏全区酿酒葡萄种植区域面积达到 55 万亩，占全国的 1/3，是全国最大的酿酒葡萄集中连片产区，建成酒庄 101 家。而新进入企业要获得原材料就必须开辟新的收购渠道，在现有的酿酒葡萄的生产和购销渠道已经成熟的前提下，若要改变原有的葡萄进货渠道，只能通过提高价格来实现，这无疑增加了生产成本。如果企业要投资新建葡萄园，或者创立品牌，从资本投入到葡萄成熟、品牌知名度提升，需要数年时间。这样资金会长期积压，生产就会停滞不前，短期难以见效。这也是企业进入和退出壁垒高的主要原因。第三，政策的制约。根据国家制定的《葡萄酒及果酒生产许可证审查细则》《酒类流通管理办法》《葡萄酒 GB15037—2006》等相关法规，企业要想进入葡萄酒行业，必须取得 QS（Quality Safety）认证，产品必须有“QS”质量安全标志，这是政府规范市场竞争的必要措施，同时也提高了葡萄酒生产企业准入的门槛。

二、葡萄酒市场竞争现状

（一）国外葡萄酒市场竞争动态

目前，国外葡萄酒产业已经处于成熟期。他们酿酒的葡萄种植面积大，注重栽培技术，特别是根据气候条件、地理环境、土壤的成分及土壤的微生物构成等，培育出有地域特色的优质葡萄品种。这些都为酿造高端葡萄酒提供了条件。然而，由于葡萄酒产能巨大，产量供过于求，消费总量徘徊不前，西欧葡萄酒产业趋于萎缩，生产和消费端停滞不前，对本来就过剩的葡萄酒市场无疑是巨大的冲击。从全球市场来看，葡萄酒在国际市场是一种剩余产品。根据 OIV 组织发布的数据，在 2014—2018 年，除 2017 年受到葡萄酒减产影响，全球葡萄酒生产量都远超当年的消费量，每年的差距都在 30 亿升左右，2018 年更是接近 50 亿升。随着经济全球化发展，国外葡萄酒生产商纷纷看好中国葡萄酒消费市场和发展潜力，认为中国市场有着获取经营利润的机会，便先后进军中国葡萄酒市场。众所周知，法国的葡萄酒享誉全球，成为葡萄酒产业的象征；西班牙、意大利葡萄酒也历史久远，各具特色。从这些国家葡萄酒在中国市场的表现来看，法国得益于其高品质和品牌推广稳当瓶装葡萄酒老大。智利则统领着中国散装葡萄酒市场，其享受我国零关税政策，从而体现出价格方面的优势。此外，享受葡萄酒零关税待遇的还有新西兰、格鲁吉亚等国家，他们的葡萄酒无须缴纳任何关税就可直接进入中国市场。虽然中国葡萄酒市场具有诱人的行业前景，但是由于品牌种类繁多，导致了消费者分布碎片化。又由于受各国经济、文化、习俗等因素影响，且无法承担市场巨大的宣传和推广费用，很难将自己的品牌在中国市场本土化，而无法发挥自己的运营优势。再加上中国本土的葡萄酒生产企业的技术和产量不断提升，也必然会给这些国外的厂商带来更大的竞争压力。

图 2-3　陕西西安当地的葡萄酒酿造工厂外观设计结合当地文化风情

（二）国内葡萄酒市场竞争动态

目前，我国葡萄酒市场已经经过了快速发展期，迈入了市场优化阶段。市场上一大批葡萄酒企业纷纷打响了自己的品牌。目前，我国有 600 多家葡萄酒生产企业，形成了以张裕、王朝、长城、威龙等为龙头的一线葡萄酒品牌。几大品牌占据了国内葡萄酒市场的大部分份额，集中度进一步增大，近期内，这种态势仍将保持。但是，由于受国外优质葡萄酒的巨大冲击，国内葡萄酒市场还将经历艰难的发展时期，或许在未来的一段时期内，我国葡萄酒产业将面临新一轮大规模的调整和整合，部分企业将被兼并甚至被淘汰。国家统计局 2010—2014 年对年销售收入 2000 万元以上的国有葡萄酒企业进行了统计，葡萄酒的年产量保持在 11.5 亿 ~11.6 亿升，企业主营业务收入由 380 亿元增长到 420 亿元，利润从 2011 年的 50 亿元左右降至 2014 年的 43.8 亿元。按年度来看，从 2010 年开始葡萄酒产业的产量增速明显减缓。从销售情况来看，2010 年销售增速明显减缓，2013 年出现大幅度下跌，2014 年止跌。在销量下降的同时，销售收入和利润出现更大幅度的下降。《2017—2022 年中国葡萄酒市场评估及投资前景评估报告》指出：进口酒关税归零或下调将打压国产葡萄酒的成本优势。未来几年内，国产葡萄酒除了将遭遇进口酒关税下调和归零的阶段性冲击外，长期依赖的价格优势将不再成为竞争王牌，这将是国产酒无法回避的竞争冲击。此外，除宏观经济影响、进口酒的冲击等外部因素外，行业自身存在的问题也不容忽视。一是产品结构、性价比不合理，忽视了餐酒的发展，中高端的产品品质与价格不匹配。世界上一些葡萄酒强国都以餐酒为主，餐酒的市场份额形成“金字塔”的底部；生产和消费的高端酒较少，形成“金字塔”的顶部，这样的市场结构比较合理。反观我们的葡萄酒生产企业，很多都把精力放在高端产品上，低端的餐酒却不被关注，这显然不符合原材料的自然条件和市场消费规律，以致失去不少市场和消费者。二是不注重技术和管理，酿酒葡萄及产品缺乏个性与特点，从生产到管理的各个环节跟不上葡萄酒产业快速发展的步伐。正由于这些生产企业对葡萄种植、产品个性以及技术支撑等重视不够，产区、企业种植酿酒葡萄没有表现出区域的特点和特性，导致葡萄酒产品品质没有个性，在市场竞争中丧失了核心竞争力。三是葡萄酒营销模式创新不够、市场推广力度不够以及本土葡萄酒文化建设不够。这些生产厂商缺乏市场细分和专业推广，单打品牌和概念牌，销售不接地气，不亲近消费者。而对葡萄酒文化挖掘研究不够，发扬光大不力。这样一来也就很难满足消费者需求，很难适应葡萄酒市场的快速发展。

2015 年，葡萄酒市场逐步复苏，其根本原因在于葡萄酒价格大幅下调、价值回归。生产、进口、营销、流通、投资，以及对葡萄酒的理解、热爱和消费程度上，都有良好的表现。特别从 2012 年国家限制“三公”消费起，经过 3 年多的市场调整，葡萄酒消费中以高端酒为主的公务消费已基本消失，个人消费和商务消费开始占据主导地位，年轻一代的消费者开始追捧葡萄酒，普通市民享受着葡萄酒的养生和文化功能，葡萄酒在中国饮酒人群中的普及度越来越高，大众化趋势显现。为了迎合葡萄酒市场的这种变化和需求，国产葡萄酒企业纷纷调整了营销战略。强化品牌质量意识和企业形象的塑造和推广，在国内形成了一批优秀的品牌，如张裕、王朝、长城等驰名商标。张裕发起的“酒庄模式”成为推动中国葡萄酒产业发展的新思维、新模式。他们还注重资本匹配、人才培养、市场营销组合、文化培育等竞争手段的综合利用，达到提升企业整体运营能力和市场竞争能力的目的。

进入 2019 年，中国进口葡萄酒总量为 61.2 万千升，比 2015 年增长了 10%。进口葡萄酒在中国市场占有率逐步提升，从 2015 年的 32% 上升到 2019 年的 58%。在国产葡萄酒方面，由于我国长期以来受到进口葡萄酒的冲击以及 2020 年新冠疫情的影响，导致本土葡萄酒产量持续下降。数据显示，全国规模以上的葡萄酒生产企业，葡萄酒产量由2016年的113.7万千升降至2020年的41.3万千升，2021年达到近年来产量最低值，仅为26.8万千升。2020年，纳入国家统计局范畴的规模以上葡萄酒企业共有130家，其中，亏损企业40家，企业亏损面为30.7%。2020年全年，这些企业累计完成销售收入100.21亿元，同比下降了29.8%；累计实现利润总额2.59亿元，同比下降了74.5%；亏损企业累计亏损额为4.43亿元，同比增长了176.55%。对于业绩下滑原因，大部分葡萄酒上市企业在半年报中将其归结为受新冠肺炎疫情影响，消费场景消失，葡萄酒市场萎缩以及经济增速放缓等。

整体而言，近年来国产葡萄酒行业表现低迷，特别是2020年疫情给行业带来的影响仍未消退。在2022年全国“两会”期间，人大代表、葡萄酒行业领军人物、张裕集团董事长周洪江表示，当前国产葡萄酒行业正处于低谷期，产业发展将面临一系列困难。造成这个结果主要有以下三个原因：一是国产葡萄酒产业本身的问题，国内优质葡萄种苗较为缺乏，葡萄种植环节机械化程度低，生产成本居高不下。又由于葡萄酒产量连续九年下滑，进而影响到上游的酿酒葡萄种植，农户收入偏低，积极性下降，同时也没有充足的资金去提高葡萄品质。二是国内葡萄酒产业税负过重，远超国外竞争对手。国际上葡萄酒生产国将葡萄酒列为农产品，税负较低，政府还直接或间接给予多种补贴。而中国则将葡萄酒作为工业品对待，对企业要收取增值税、消费税和企业所得税。这就使国产葡萄酒与进口葡萄酒始终处于不公平竞争状态。三是葡萄酒在中国多用于商务宴请，尚未形成较广泛的家庭消费市场。尤其是在信息不对称的情况下，部分消费者误认为进口的就是好的，对国产葡萄酒的认可度和消费信心不足。

当下，中国葡萄酒市场的竞争主要表现在国产不同品牌间的竞争以及与进口葡萄酒品牌之间的竞争。在市场竞争高压态势下，中国的葡萄酒企业已在寻求自身的变革之道，并已形成新的发展趋势。首先，葡萄酒企业在生产经营理念上发生了变化，如张裕新投产的生产线可实现小瓶葡萄酒年产3万吨，欲将小瓶葡萄酒打造成中国消费者喜爱的“低度时尚大单品”；长城则坚定不移地把长城五星作为“飞天茅台”去打造，最终定位成中国葡萄酒的“国酒”。其次，一些产区的政府、企业仍然保持了对葡萄酒产业的热情并持续投入，行业外的企业和资本也积极介入，投资葡萄酒酒庄的热度不减。第三，葡萄酒产品个性与区域相适应，一些小葡萄品种酿造的产品已经表现出该产区的特性，甚至初步表现出明显辨识度。

目前，中国葡萄酒消费市场的主要消费群体还是集中在北上广等沿海一线城市。相对其他城市来说，这里的消费者可支配收入较高，对葡萄酒文化理解更深，更能接受不同品质的葡萄酒消费。在渠道上，消费者更看重购买的便利性，电商和大卖场都成为购买葡萄酒的主流渠道。而随着一线城市葡萄酒消费趋于饱和，葡萄酒厂商们开始转战二三线城市。例如烟台金色时代庄园的市场布局就从沿海发达城市逐渐向陕西、山西、河南、东北地区等辐射，除了传统的营销模式外，还开拓了线上营销、直营体验店营销，现已在山西、浙江、江苏、安徽等地开设直营体验店 30 多家。当前，虽然突如其来的疫情影响了整个世界的经济发展，葡萄酒市场或多或少地受到一些干扰，但是，随着疫情过后的经济复苏，中国葡萄酒消费市场同样会迎来新的发展和变化。消费结构将从生存型向健康型、享受型消费等更高层次转化。在国家政策扶持和完善、促进消费增长多重因素的共同作用下，相信国产葡萄酒在市场上会有更好的表现和更大的发展空间。

三、葡萄酒市场竞争分析

市场竞争对于一个企业来说是至关重要的，在开展营销活动中，企业与自己的顾客、供应商及其他企业之间，都存在着某种意义上的竞争关系。为了生存和发展，在竞争中保持或提高市场地位和竞争力，企业必须对行业、竞争对象等进行深入分析和研究，制定具体的行动方案，立足市场、取得优势，做到“知己知彼，百战不殆”。

（一）认识竞争者

通常情况下，所谓的竞争者是指那些与本企业提供的产品或服务相似，服务的目标顾客也相似的其他企业。企业参与市场竞争，不仅要了解谁是自己的顾客，而且还要弄清谁是自己的竞争对手。在当今的中国葡萄酒市场，已经有了葡萄种植和酿酒生产的大型企业，有了葡萄酒专卖企业和各种渠道商，也有了葡萄酒教育、媒体服务等企业。如果说，一个企业在市场竞争中不能识别竞争者，不能看清复杂的竞争形势，不能把握市场需求的复杂性、层次性、易变性以及技术快速发展性，就很容易在变幻莫测的市场竞争中被淘汰。在市场实践中，企业虽然不难发现竞争者，但是若要真正地认清竞争对手的生产规划、营销策略、管理思想等战略意图却不是轻而易举的。

在葡萄酒生产领域我们又该如何来识别竞争者呢?

我们可以从竞争对手的现状和消费者需求上来判断。首先，要识别现有的葡萄酒生产企业和看好葡萄酒市场准备着手进入的新企业，分清不同酒类的生产企业，如生产白酒、啤酒、黄酒、葡萄酒等的企业。其次，要识别品牌竞争者，即同一行业中以相似的价格向相同的客户提供类似产品或服务的其他企业的品牌竞争者。如国外法国、智利、澳大利亚等，本国张裕、长城、威龙等葡萄酒生产企业的产品品牌。第三，要识别消费竞争者，所谓消费竞争者就是指目标消费者相同的企业。如许多消费者可支配收入提高后购买力大大增强，他们更愿意把钱用于购买高端服饰、汽车、房产等产品，因而把目标群体聚焦在此类消费者的服装、汽车或房地产企业间，便存在相互争夺消费者购买力的竞争关系。第四，要识别需要竞争者，即提供不同种类的产品，但满足和实现消费者同种需要的企业，如能满足消费者饮酒需要的白酒、啤酒、黄酒等生产企业。

我们还可以从竞争对手的市场地位上来判断。首先，要知道谁是市场的领导者，即在葡萄酒产品市场上占有最大市场份额的领导者企业。这个企业往往处于全行业的领先地位，其一举一动都直接影响到同行业其他厂家的市场份额，他们的营销战略成为其他企业模仿、追赶的对象。如张裕葡萄酒公司，它作为葡萄酒行业的龙头企业，与茅台酒地位相当，被媒体誉为“中国红酒之王”。市场领导者通常在产品开发、价格变动、营销力量等方面处于主宰地位。然而，市场领导者的地位是在竞争中形成的，不是固定不变的。其次，要知道谁是市场挑战者。即指在行业中处于次要地位，但又具备向市场领导者发动全面或局部攻击的企业。如长城、威龙、王朝等葡萄酒生产企业。第三，还要知道谁是市场的追随者和补缺者。所谓追随者，是在战略上追随市场领导者的企业，他们往往安于现状，不做新技术的开拓，不做市场培育，以减少风险和降低成本。所谓补缺者，是行业中相对弱小的一些中小企业，他们往往关注被大企业忽略的细小部分市场，并通过专业化经营来获取最大限度的收益，在夹缝中求得生存和发展。他们对消费者需求起到拾遗补缺的作用。

（二）竞争者目标

我们在识别了企业的主要竞争者之后，就应该考虑和关注每个竞争者在市场上寻求什么？什么是竞争者行动的动力？他们在市场上追求的目标是什么？一般认为，所有的竞争者都追求利润最大化，并以此为出发点而采取各种行动。然而这种说法过于简单和片面，容易忽视不同企业对长期利益与短期利益的侧重点。有的竞争者仅限于获得“满意”的利润；有的竞争者则是追求“最大化利润”；还有的竞争者追求的是“阶段性利润”。虽然企业有时通过一些其他的策略和措施可以获得更多利润，但他们认为只要达到既定目标就可以了。如此这般，竞争者似乎无一例外地只关心本企业的利润。而现实告诉我们，这些企业往往并不把利润作为唯一的或首要的目标。在利润目标的背后，往往是一系列侧重点不同的目标组合。如盈利的可能性、市场占有率、现金流量、技术和服务的领先度等等。我们只有了解了竞争者的这种目标组合后，才能正确地做出对不同竞争行为的反应和对策。如一个追求低成本领先的竞争者，对于他的竞争对手因技术性突破而降低成本所做出的反应，比同一竞争对手增加广告推销所做出的反应要强烈得多。如果发现竞争者在同一个消费市场发生了变化（因新技术、新产品、新营销方式等开辟或争夺市场），那么也必须做出相应的反应，以抢得先机、赢得市场。我们知道，此前澳大利亚是中国最大的葡萄酒进口国，一度占据中国接近四成的进口市场。但是从 2021 年 3 月 28 日起，我国开始对澳大利亚葡萄酒征收反倾销税，致使该国葡萄酒对华出口额大幅下跌。针对政策与市场形势突变，谁又能填补中国最大葡萄酒进口国留下的市场空白呢？张裕作为中国葡萄酒企业的龙头，已开始做出相应的调整。因为张裕是中国酒业唯一在全国乃至全球主要产区进行布局的企业，他们收购了澳洲的酒庄，澳洲葡萄酒也是其最主要的竞争对手。张裕公司的高层经过综合考量认为，这一变化给张裕带来了市场机遇，他们将在聚焦市场的战略下进行产品升级。如：张裕摩塞尔十五世酒庄的“龙谕”系列，是张裕高端酒旗舰品牌的代表系列；张裕解百纳是超级大单品，这两个品牌将是张裕葡萄酒的“航空母舰”。其主打产品的口感、定价、市场策略等，正是对标海外对手的主要品牌，并以此来占据更多的市场份额。

（三）竞争者分析

在识别和认清了竞争对手之后，就需要对每一个竞争对手做出尽可能深入、详细的分析。并通过分析找出竞争者的优势与劣势，做到知己知彼，才能有针对性地制定正确的市场竞争战略，以避其锋芒、攻其弱点。特别是竞争对手对行业变化，以及当受到竞争对手威胁时可能做出的反应。利用竞争者的劣势来争取市场竞争的优势，实现自己生产经营的目标。

我们可以从以下几个方面进行分析。第一，分析竞争企业的产品在市场上的地位如何，适应性如何以及产品系列的宽度与深度如何等。第二，分析竞争企业的生产规模，设备设施的技术先进性与灵活性，生产能力提升与新产品开发，以及生产成本与产品质量控制等。第三，分析竞争企业现有资金及融资能力是否能满足企业正常生产经营需求和今后发展需求。第四，分析竞争企业市场营销综合能力、市场调研深度、销售渠道效率、销售队伍建设等。第五，分析竞争企业管理能力，包括企业管理者的领导素质与协调能力，专业知识与管理决策能力，企业管理队伍的规模、素质和结构的适应性，管理手段科学化，管理研究与教育的实用性。

（四）竞争者市场反应分析判断

每一个竞争者都有自己的经营理念和指导思想，当一个企业采取某些措施和行动之后，竞争者就会有不同的反应。分析竞争者反应模式的目的在于让企业能确认在什么地方应集中优势进攻，在什么地方应加强防守，在什么地方应主动退让等。企业在拟定市场竞争战略时，应非常明确进攻对象，扬长避短，进退有章，全力以赴争取最大的优势。竞争者的反应模式一般有以下几种类型。

（1）从容不迫竞争型竞争者：一些竞争者对某一特定竞争者的措施和行动，没有迅速反应或反应不强烈。其主要原因是他们可能觉得顾客是忠于他们的，不需要做出应对措施；或者他们不具有做出反应所需的资金，没法做出必要的应对。

（2）选择型竞争者：竞争者可能只对某些类型的攻击做出反应，而对其他类型的攻击则无动于衷。譬如：竞争者对降价销售会做出反应，会有充分的准备和应对措施，并在实际运用中让对手明白你的任何降价行为不会影响我的销售业绩。这类竞争者对除此之外的竞争行为不做反应，如广告费用的增加、促销手段等。他们认为对手的这些行为可能不会构成威胁。

（3）凶狠型竞争者：这类竞争者对向其所拥有的领域发动的任何进攻都会做出迅速而强烈的反应。无论是广告投入、降价销售、促销手段、产品规格、包装等各方面，会动用一切资源采取针对性措施，并迅速部署和实施。这类竞争者的所作所为目的在于很强势地告诉对手，最好不要发起任何形式的攻击，因为这是徒劳的，没有胜算的。

（4）随机型竞争者：这些竞争者并不表露鲜明的反应模式，他们对市场上的某些竞争行为可能会或可能不会做出反击。鉴于这些竞争者的经济实力、生产能力或其他方面的情况，其他竞争者无法预见他们会做什么样的反应。一般来说，许多弱小公司都是随机型竞争者，当他们发现能承受这种竞争时就会采取相应的竞争措施；而当竞争成本太高时，他们就选择回避。

第二节 葡萄酒市场竞争策略

一、产品质量

葡萄酒质量无疑是打开市场的最重要途径。“入口的佳酿会说话”，勃艮第作家皮埃尔·布彭如是写道。对他来说，有的葡萄酒甚至还是个话痨。它可以像拿破仑将军列举自己参加过的战役一样，对自己的各种香气如数家珍。它用酒香作诗；拿丝绸般的顺滑口感做衣裙；再用年龄来成就自己的姿态和哲学。葡萄酒到了法国人口中，无疑就成了世界上最“健谈”的那款酒。因此，葡萄酒的质量，也就是消费者尤其关注的口感与香气，与其他任何一款商品相同，都是商业竞争中最重要的因素。

（一）葡萄酒的质量概述

葡萄酒质量受以下四个因素的影响：葡萄的种植与采摘、葡萄酒的酿造与生产、葡萄酒的储存与包装、葡萄酒的运输与销售。其中，葡萄酒主要原材料品质的好坏对葡萄酒的产品质量起着至关重要的作用，葡萄种植的自然环境、地理位置、气候形态都对葡萄酒的最后产出有决定性的影响。

葡萄酒储存环境的温度及熟成时间对酒质的影响也很重要。比如葡萄酒储存温度最好维持在 11℃左右的恒温状态，优质酒庄出产的单宁含量较高的葡萄酒一般需要经过 5 至 10 年的陈酿才能进入适饮期，而顶级干红葡萄酒的熟化时间需要 5 年甚至更长时间，适饮期可达 15 年甚至更长。

图 2-4　葡萄酒橡木桶储存发酵

（二）葡萄酒的质量分级

葡萄酒的质量信息从酒标上可以直观地获得，酒标就像是一瓶葡萄酒的身份证。从酒标本身的设计来说，名酒的酒标更为高级优雅，比如波尔多大名鼎鼎的一级酒庄木桐城堡自 1945 年起，每年的酒标都会配以一副知名画家的作品，这种做法已经成为木桐城堡的标志性特色之一。相比来看，普通餐酒的酒标往往更为直白通俗。由此可见，在葡萄酒入口之前，酒标已为消费者阐明了这瓶葡萄酒的历史与文化，渲染了葡萄酒品鉴时的体验感与氛围感。

除酒标本身，酒标上还有葡萄酒的等级信息。各国对于葡萄酒等级的相关法规不同，以法国为例，他们曾经在 2009 年对葡萄酒的等级制度进行了改革，按照最新的登记制度划分，将葡萄酒分为高、中、低不同档次。最高级别为法定产区葡萄酒，简称 AOC/AOP；第二级别是优良地区餐酒，简称 IGP；第三级别是无地域标志等级，简称 VDF。葡萄牙相关法律规定，只有经过专业评审团品尝并获得较高评价的葡萄酒才可以在酒标上标出“Grande Reserva”字样，而在相邻的西班牙，酒标上能否标出“Gran Reserva”与葡萄酒的熟成和陈年时间相关。不同葡萄酒生产国其分级原则也不相同，有的对葡萄种植和葡萄酒酿造做出限定，有的对葡萄酒的风格和口感有所要求，但是，通常来说，等级较高的葡萄酒质量高于等级较低的葡萄酒质量，我们只有了解各产酒国的分级原则，才能大致把握葡萄酒的质量。除此之外，人们积极倡导“有机产品”，“有机葡萄酒”的概念也越来越被重视，由于它和有机食品一样，不添加或者极少添加人工合成物质，有益于消费者的健康，因此备受青睐，这也是葡萄酒日后高质量发展的趋势。

二、品牌意识

自古至今，为了招揽生意，无论中西各国都会在店铺门口挂有相应的青布，上面写着“酒”或者“驿”，有的还会在青布上画各种符号，这是为了让消费者有效识别自身所售卖的产品。简而言之，这就是品牌或者 logo。随着市场竞争的加剧，葡萄酒的品牌也在不断发生着变化，它代表商品本身首先与消费者产生沟通。从狭义上讲，品牌代表了商品的形象，它用以识别和区分不同的商品。品牌可以注册，也可以不注册，注册的品牌被称为商标。从广义上讲，品牌代表商品的质量、性能、满足效用，以及市场定位、文化、内涵和消费者对品牌的认知度和忠诚度等。构成品牌的要素包括：第一，产品本身，即名称、品质、功能、外观；第二，情感要素，即消费者消费产品而获得的体验与感受。

图 2-5　中国葡萄酒企业的产品设计（玉川酒庄独立设计的“1581”葡萄酒酒标）

一个良好的葡萄酒品牌应该具备哪些功能呢？

（一）良好的葡萄酒品牌具有文化共情的传递功能

中国的酒文化源远流长。祭祀祖先、节日庆典、结婚贺寿、接风洗礼，酒都必不可少。

酒不仅是一种饮品，更是一种可以传情达意、烘托氛围的必需品。历史上我们所知的与酒有不解之缘的文人墨客不在少数，“李白斗酒诗百篇”被传为佳话，“诗百篇”更是被中国迦南酒业引用，成为该酒庄极富特色的高端系列。好的葡萄酒品牌一定渗透了强烈的文化认同与文化诉求。如驰名中外的中国名酒“茅台”“五粮液”“金六福”等品牌，无不诉说着悠久的酿酒工艺与良好的历史情缘。

（二）良好的葡萄酒品牌具有满足个性张力的独特需求

随着时代的发展、社会的进步，我国消费者的个人独立意识也在逐步增强，大家越来越追求个性化的产品。法国木桐酒庄的品牌变迁就非常具有个性化人文色彩。1924 年，他们邀请古巴海报设计师，开创了巴黎设计和绘画业的时尚风潮。1973 年，画家毕加索去世，他的名画《酒神祭》成为该年份酒标的装饰画作。张裕百年酒窖作为中国葡萄酒的杰出代表，不仅展现了独特的中国葡萄酒风格，更是古老的中国酿酒文化的成功符号。

（三）良好的葡萄酒品牌是产品特色与企业文化的有机融合

葡萄酒不仅是一个产品，也是一个地区特色产业的代名词。如我们熟知的法国波尔多国际葡萄酒展览会，它不仅是当地文化交流的重要途径，更是酒庄把自己的产品形象深入人心的宣传媒介。葡萄酒生产企业可以将自身的理念、宗旨、目标、组织、职员行为规范、经营管理制度、企业环境、品牌个性、价值观等企业文化元素融入品牌营销之中，通过文化的影响力，提高本土葡萄酒企业的市场影响力。

三、管理机制

目前，葡萄酒世界分为新旧两个世界，在这里，我们分别选取传统葡萄酒产酒国和新型葡萄酒产酒国的代表来进行说明。

（一）传统产酒国代表——法国篇

近年来，随着欧盟对于农产品分级制度的改革，为了进一步保护欧盟国生产的农产品，响应欧盟的改革并配合欧洲农产品级别标注形式，法国也于 2009 年进行了一次葡萄酒分级改革，如图 2-6 所示。法国葡萄酒质量评定等级的依据是：葡萄生产地、酿酒使用葡萄的品种、酒精浓度、单位产量、葡萄汁糖分、葡萄的种植方法、酒的发酵方法、酒的储藏规定、装瓶时间的规定和酿酒使用葡萄收获年份等。

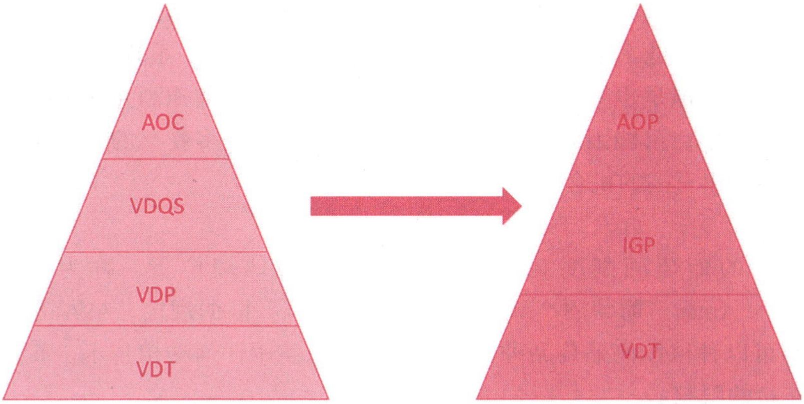

图 2-6　2009 年法国葡萄酒分级制度变革

1. 法定产区酒 AOP（Appellation d'Origine Protegée）

AOP 是法国最高等级的葡萄酒级别，改革之前被称为 AOC 级别，这个级别也就是我们所熟悉的原产地命名保护级别，其使用的葡萄品种、酒精含量、最高产量、培植方式、修剪以及酿酒方法等都受到最严格的监控。AOP 是欧盟原产地命名保护的标志，其成员国生产的农产品，如高级橄榄油、水果、蔬菜、奶制品等都有这个标识。这有点类似我们每年金秋时节畅销的大闸蟹，虽然螃蟹在我国南方各地都有，但是真正的“阳澄湖”大闸蟹却格外受到广大消费者的喜爱，价格也会因此比其他种类的大闸蟹贵上好几倍。法国葡萄酒也正是因为采取了这种非常严格的规定才确保了 AOP 等级的葡萄酒始终如一的高贵品质。例如法国的拉菲、玛歌、木桐和罗曼尼康帝等顶级葡萄酒基本都属于这个级别。需要指出的是，AOP 等级的葡萄酒并不一定都是名贵的酒，AOP 等级包含的范围非常广，市场零售价从几十到上万的葡萄酒都可以属于这个级别。

2. 地区餐酒 IGP（Indication Geographique Protegée）

IGP 是受保护的地域标志，它与 AOP 的区别在于 AOP 是指葡萄酒的原料、生产、包装等都是在原产地完成的，而 IGP 则是对 AOP 的相关规定放松了要求，比如原本 AOP 法规中不能使用的葡萄品种可以在 IGP 法规中进行使用。所以，有一些追求个性的酒庄为了酿造符合自己要求的酒而自行降级成 IGP 等级，酿造出的葡萄酒的价格往往比同产区 AOP 等级的葡萄酒更高。

3. 非法定产区酒 VDF（Vin de France）

这一级别的葡萄酒也被称作日常餐酒，简称 VDF，它取代了之前的 VDT 级别。此等级的酒可用法国同一产区或不同产区的酒调配而成，因此，这一级别不能标示地理来源。法国酿酒历史悠久，酿造工艺精湛，因而大部分日常餐酒品质也不低，是法国大众餐桌上最常见的葡萄酒。虽说 VDF 葡萄酒是等级最低的，但是也并非一无是处。由于这个级别的葡萄酒允许不同产区的葡萄进行混酿，可能因此形成独特的风格，这也为许多新兴的法国葡萄酒品牌创造了冲出重围的机会。

（二）新兴产酒国代表——美国篇

美国的葡萄酒制度规定了葡萄酒产地的地理位置，称为 American Viticulture Areas（葡萄酒产地制度），简称 AVA。根据规定，AVA 等级相关葡萄园可以种植任何葡萄品种，酿酒师也可以使用任何种植技术，而且没有葡萄产量的限制。

美国 90% 的葡萄酒都在加利福尼亚（California）酿造，主要产区为纳帕谷（Napa Valley）、索诺玛（Sonoma Valley）和俄罗斯河谷（Russian river Valley）。其中种植面积最大、所产葡萄酒品质最高的产区是纳帕谷（Napa Valley）。

（三）新兴产酒国代表——中国篇

中国葡萄酒产区主要集中于北纬 38° 至 53° 之间的黄金带上，由东向西，梯次布局。目前，中国酿酒葡萄生产正向着区域化、基地化、良种化的方向发展，已形成昌黎产区（包括河北的昌黎、卢龙、抚宁、青龙等县区）、沙城产区（包括河北的宣化、涿鹿、怀来等县区）、天津产区（包括天津的蓟县、汉沽区等）、宁夏贺兰山东麓产区（包括银川、青铜峡、石嘴山等市，红寺堡区等）、胶东半岛产区（包括山东的烟台、平度、蓬莱、龙口等市区）、黄河故道产区（包括河南的兰考、民权县，安徽的萧县以及苏北地区）、云南产区（包括云南的弥勒、蒙自、东川和呈贡等区市）、河西走廊产区（包括甘肃的武威、民勤、古浪、张掖等市县）、东北产区（包括长白山麓和东北平原）、新疆产区（包括吐鲁番盆地的鄯善、玛纳斯平原和石河子地区等）十大产区，这些产区的气候和土壤差异很大，风格迥异。

下面我们以我国葡萄酒特色产区宁夏贺兰山为例来讲解中国特色因地制宜的葡萄酒管理机制。宁夏贺兰山东麓土地贫瘠，但却被认定为酿造葡萄酒的风水宝地。这里摒弃了传统的以量取胜、追求规模化量产的模式，反而根据基地特色与原料品种，重视品质把控，突出风味特色，逐渐形成了小产区和酒庄的趋势与特色。“好葡萄酒是种出来的！”宁夏的葡萄种植与酿造正在学习创新管理机制，不断与世界接轨并寻找自己的特色。在酒庄自有庄园，高标准种植、品种更新、技术改良等成为宁夏葡萄酒香飘世界的关键。

下面将分析我国现代优秀的葡萄酒管理机制。

1. 生产标准更高

我国采取深沟培肥、浅沟定植、水肥一体化、行间生草、合理负载、农业机械化等高标准栽培技术，把葡萄园作为“第一车间”进行更加严格的质量把控。以市场为导向，加强葡萄酒产业发展市场调研，实现酿酒葡萄品种优良化和栽培区域多元化。建立符合市场规律的集种植、酿造、加工为一体的生产经营模式。依靠科技创新驱动力，强化和提升专业科技人才的培养，不断提高葡萄酒产业的研发能力和科技含量，加强政府、科研机构与葡萄酒庄（酒厂）之间的沟通与合作，同时加大高校与生产基地之间的校企合作力度，全面推进葡萄栽培及葡萄酒产业的技术创新、管理创新和文化创新。

2. 葡萄品种更新

我国先后从国外引进 138 个品种试种，27 个品种品系的酿酒葡萄陆续栽植成功、表现良好，根据不同品种在不同产区的适种性，强化了产区品种品系的区域化布局。结合酿酒葡萄产区气候等特点，尊重葡萄自然属性，培育和筛选适于该产区的品种品系；创新栽培管理模式，使园区栽培管理模式由传统分散的种植模式向标准化、集约化、机械化和智能化方向转变；加强标准化原料基地建设，建立健全葡萄种植管理体系，不断规范葡萄种植的技术规程和操作规范，促进葡萄园区土、肥、水等栽培管理的精准化，加大对葡萄园水、肥一体化技术的研发投入，大力推广根域局部干燥灌溉、调亏灌溉和风—光互补节水灌溉技术，从源头提升酿酒葡萄的质量，由高产、稳产向节本、优质、绿色、高效发展。

3. 酿造技术更优

注重提升我国葡萄酒的品质和风格，以控制成本为重点，通过降低人工成本、降低生产成本和压缩非生产性投入，进行精细化管理，全面提升葡萄酒的性价比。性价比关键是“性”，无论是低、中端还是高端葡萄酒，应是相应档次品质最优、价格最低的葡萄酒。同时，重视不同葡萄酒产区和品牌的个性化培育，结合国内外市场需求，研发先进的酿酒工艺技术，开发具有地域特色的葡萄酒创新性产品，打造具有中国风范的葡萄酒品牌和中国特色的葡萄酒区域文化。

图 2-7　位于陕西西安的葡萄酒酿造工厂一角

第三节　葡萄酒目标营销

一、葡萄酒市场细分

市场细分的概念是美国市场学家温德尔·史密斯（Wendell R.Smith）于1956年提出来的。他认为市场细分是从顾客的不同购买欲望和需求差异性出发，按照一定的标准将整体市场划分为子市场，进而确定企业目标市场的活动过程，强调顾客需求的差异性和细分标准的针对性。起初，市场细分为企业寻找目标顾客、开拓市场起到了积极作用，但随着市场的进一步发展，产品项目数大幅增加，细分工作难度加大。营销人员研究发现，过分强调顾客需求差异性会导致营销成本急剧增加，在整体上会降低营销工作的绩效评价。因此，适度掌握市场细分的应用是十分必要的。

（一）葡萄酒市场细分的标准

1. 葡萄酒市场细分的目的

市场细分是企业的一项基础工作，是企业制定营销策略的前提和基础。进行市场细分可以帮助葡萄酒的决策者发现新的市场机会，有利于一线销售人员掌握市场行情与顾客需求的第一手资料。企业一旦准确发现了顾客需求，就可以对营销成本和广告投入进行有效控制，提高营销工作绩效，增加企业利润。

2. 葡萄酒市场细分的方法

市场细分必须借助于一系列科学的指标来进行。目前被广泛应用的市场细分指标有地理指标、人口指标、心理学指标和行为学指标等四大类，从而形成了地理细分、人口细分、心理细分和行为细分等四种常用的市场细分工具。

（1）地理细分：地理细分，顾名思义就是对所在地区（国家）的市场、气候、自然环境进行分类。它主要是根据地区消费总量的差别，以及不同地区所占总量的比例，确定主要的、次要的甚至不必要的细分市场。地理细分的指标数据易于获得，结果易于评价，因此被广泛采用。由于地理细分涉及的目标市场范围较大，所以该方法主要被一些跨区域组织机构所采用，比如国际葡萄与葡萄酒组织（OIV）对其成员单位在葡萄酒生产、消费和进出口贸易等方面进行的长期持续记录和研究都是以地理细分为标准的。

（2）人口细分：人口细分是根据消费者人口数据，如年龄、收入、性别、职业或教育程度等开展的。比如，林恩·兰开斯特（Lynne Lancaster）等根据出生年代的不同，将美国消费者细分为：①传统的一代（Traditionalists），出生于 1925—1945 年，约 7500 万人；②婴儿潮一代（Baby Boomers），出生于 1946—1964 年，约 8000 万人；③新生代（Generation X），出生于 1965—1980 年，约 4600 万人；④千禧年一代（Millennials），出生于 1980—2002 年，约 7600 万人。他们研究发现，葡萄酒主要消费群体为 26~45 岁的中青年消费者，他们对于葡萄酒的认识水平是最高的。

他们的研究表明，葡萄酒的消费与消费者本身对于葡萄酒的知识基础有直接关系。

传统的一代由于经历了经济大萧条、第二次世界大战等，他们主张爱国、忠诚，生活节俭、保守，将葡萄酒视为奢侈品。

婴儿潮一代则经历了水门事件、人权运动，开始接触到电视等新媒体，他们生活乐观，追求理想，敢于竞争，注重生活品位，认为葡萄酒是高雅生活方式的代名词。无论是生活层次的提高，还是出于追求时尚的需要，这类葡萄酒消费者基本具有高学历、高收入、高地位的特点。但他们对于葡萄酒文化的了解却是比较缺乏的，这也为葡萄酒企业后期营销和宣传提供了参考与指南。

新生代是在特定历史背景下产生的一个消费群体，具有“独立、特行、直觉、迷惘与叛逆、内心孤独与外在张扬”的群体特征，重视格调的高雅，讲究品牌消费，强调自我需求的满足。他们期望那些给自己带来精神享受的消费，追求新颖时尚，消费方向极不确定，消费热情高，并且可能主动接触和尝试葡萄酒。

千禧年一代则是迅速成长的一代，现实、敢于尝试新鲜事物是他们的特征。为了研究千禧年一代的葡萄酒消费行为特征，伊丽莎白·撒奇（Elizabeth C. Thach）等对 108 名加州大学生进行了抽样调查，结果表明：① 66% 的被访者饮用葡萄酒，远远高出美国饮用葡萄酒人群的平均比例（26%）；在饮酒者当中，喜欢葡萄酒口味者占 31%，认为葡萄酒与食品能很好搭配者占 20%，认为饮用葡萄酒能使人放松的占 16%，有 10% 的人认为葡萄酒有助于营造愉快的氛围；在不饮用葡萄酒的被访者中，57% 是因为不喜欢葡萄酒的口味。②被调查者对葡萄酒企业提出的建议主要有：对他们多样化的需求予以关注（27%）；多做广告（24%）；降低价格，提高质量（13%）；对消费者进行教育，使饮用葡萄酒变得简单（8%）；提供更多品酒的机会（7%）；改善包装，便于饮用（3%）；设立更多的酒吧（2%）；强调葡萄酒的保健功能（1%）；举办更多的音乐酒会（1%）等。

图 2-8　瑞士卢特里（Lutry）的葡萄酒产区美景如画，是当地人们放松休闲的好去处

（3）心理细分：心理细分是根据消费者的消费动机、个人喜好、生活方式、价值观取向来进行分类。约翰·布鲁尔（John Bruwer）等在对澳大利亚南澳洲 302 户家庭走访调查后，从生活方式的角度将南澳葡萄酒市场细分为 5 个部分：①享乐型、社会型葡萄酒饮用者；②时尚型、印象型葡萄酒饮用者；③专业型、自我表现型葡萄酒狂热者；④目的型、非炫耀型高端葡萄酒饮用者；⑤基本的葡萄酒饮用者。另有国外学者对处在不同家庭生命周期阶段的葡萄酒消费者进行了调查研究，根据葡萄酒消费的时间和原因将美国葡萄酒市场

区分为 5 种不同类型：①放松；②佐餐；③娱乐；④社会兴趣；⑤旅游。在法国，欣赏古典音乐的、去歌剧院的、穿着晚礼服的，都比较热衷于能拥有一瓶波尔多顶级葡萄酒。而在亚洲，追求声望者往往会购买高价位葡萄酒，正因为生活方式与葡萄酒的消费程度最密切，因此它也在市场细分中被最广泛应用。

（4）行为细分：行为细分是根据消费者对葡萄酒产品的了解程度、个人态度、使用感受来分类。有研究认为，如果没有调查清楚消费者对葡萄酒产品特性的认知水平以及消费偏好，生产者便投入资金开展产品创新是没有实际意义的。与此同时，产品属性是通过个人购买行为在生产者与消费者之间逐步建立起来的，所以有关葡萄酒产品特性的问题，如葡萄酒的原料是什么？哪儿生产的？由谁生产的？应该通过个人调查来获得。在美国，大约 45% 的成年人不饮用任何酒精饮料。在剩余的人群中，不足 20% 的消费者经常饮用葡萄酒，他们饮用了市场上绝大多数葡萄酒。而偶尔饮用葡萄酒的人口相当于经常饮酒人数的 2 倍，他们喜欢葡萄酒而且会在条件允许的情况下购买葡萄酒。从职业分类来看，对于葡萄酒有消费动机、具备一定知识基础且有消费能力的基本可以分为外企员工、国企员工、公务员和一般事业单位人员。而农民、离退休人员、学生对葡萄酒的普遍认识与消费程度都较低。

（二）葡萄酒市场细分的途径

葡萄酒相关企业或者供应商在分析消费者购买数据时，应充分考虑到市场数据的动态性、多样性和针对性。其中，动态性是指葡萄酒市场细分中的某些数据并不是恒定的，例如葡萄酒消费者的年龄、学历、收入和购买动机等；针对性是指对葡萄酒市场上具体产品和特色服务都应选取具有针对性的数据变量，这样才能发现细分市场中的目标客户群。因此，在选取市场细分变量时，经常会选取多个数据变量进行针对性的研究和分析，同时要考虑到数据变量的动态性。

1. 市场细分的数据变量选取

（1）一维变量法：这里的“一维”是指选取某一个影响葡萄酒消费者行为最重要的因素，然后按照这个维度对整个葡萄酒市场进行划分。比如针对葡萄酒市场，是选择按照性别划分为男性市场和女性市场，还是按照葡萄酒含糖量的不同划分为干红、半干、半甜型和甜型葡萄酒市场。

（2）多维变量法：顾名思义，这里的“多维”就是选取两个或者两个以上影响葡萄酒消费者购买行为最重要的因素，然后按照多维的变量组合对整个葡萄酒市场进行划分。由于维度更多更广，我们能将消费者市场划分为更多类别。因此在具体营销实践中，葡萄酒企业可以选取消费者性别、年龄、地区和消费习惯等多种数据变量进行市场细分策略的研究。

2. 葡萄酒市场细分的具体途径

根据美国市场营销学家麦肯锡提出的一套市场细分的程序，我们可以按照如下途径进行葡萄酒的市场细分。

（1）选定自身葡萄酒产品的市场范围：葡萄酒产品和服务提供商应该明确自己的产品能够进入哪些市场，还要确定自己的产品定位于满足哪一类消费者的需求。葡萄酒企业应明确自己在本行业中的市场范围，并以此作为制定市场开拓战略的依据。

（2）发掘分析葡萄酒潜在消费者的不同需求：为了发掘葡萄酒消费者的潜在需求，我们可以通过深度访谈法、问卷调查法、文献分析法等不同的方法研究葡萄酒消费者某些未被满足的需求。例如，越来越多的消费者期待将美味的葡萄酒与美好的文化体验相结合，因此很多潜在消费者非常喜爱具有特色的葡萄酒文化节，在交流沟通中与大家共饮美酒。我们也可根据地理、人口、心理等方面的因素梳理影响葡萄酒市场需求和顾客购买行为的各项数据，在鉴别消费者差异化和个性化的需求之后，进而确定潜在消费者的市场细分类型。

（3）根据消费者市场数据进行营销实战：根据消费者的异质性、个性化和差异化来进行市场细分才能保证细分市场的有效性。而以葡萄酒消费者消费行为特点制定的营销策略是对细分市场与营销策略的再次检验。调查、分析、评估各细分市场是否有错误及划分是否有效，最终确定之后方可进入细分的目标市场，并制定相应的营销策略。

二、葡萄酒市场目标选择

葡萄酒企业的一切营销活动都是围绕目标市场进行的。葡萄酒企业在市场细分的基础上才能根据自身产品特色、竞争能力、消费者喜爱度确定正确的目标市场。市场细分最初的目的在于葡萄酒企业有效地选择并且进入目标市场，所以葡萄酒行业的目标市场就是葡萄酒企业拟投入资产、选定消费者，并为之开展服务的具有相同或者相似需求的客户群体。能否在市场细分的基础上正确地选择目标市场，是葡萄酒企业目标营销成败的关键环节。例如，中国食品土畜进出口商会酒类进出口商分会发布的 2021 年上半年进口酒类数据显示，随着后疫情时代的来临，2021 年葡萄酒市场开始出现反弹迹象，我国多个进口来源国的数据都开始回升，但值得注意的是，法国、意大利、西班牙、智利几个以精品酒见长的国家，其进口额增幅都远高于进口量的增幅。除此之外，中粮名庄荟在秋糖酒会公布的数据显示，在 2019—2021 年期间不同价位段销售瓶数占比，500 元以上葡萄酒的比重从 2019 年的 0.8% 上升至 2021 年的 1.9%，这体现出高端消费者受疫情的影响相对更小。由此不难看出，在进行市场分析时确定相应的目标市场尤为重要。

（一）葡萄酒理想目标市场的定义

葡萄酒目标市场是葡萄酒企业的目标消费群体，即葡萄酒企业产品的销售对象。市场细分与目标市场既有区别又有联系：市场细分是按照不同的消费影响因素划分消费群体的过程；目标市场是在市场细分的基础上，挑选少量细分的市场目标作为消费群体的过程。市场细分是目标市场的前提与基础，目标市场是市场细分的目的与期待。一般来说，葡萄酒企业选择的目标市场，应该符合以下几个条件。

（1）葡萄酒目标市场应有利于进行有效的市场细分，有效的市场细分是选择和确定葡萄酒目标市场的重要条件和先决因素。法国葡萄酒占进口主导的中国市场，近些年来逐渐被西班牙红酒占领了一部分市场，这得益于他们有效的市场细分工作。近 10 年里，西班牙葡萄酒企业应对市场需求进行了学习与创新，很多新生代的酿酒师都在专业的酿造学校学习，并在国外一些大名鼎鼎的酒庄实习，积累经验，然后回到在西班牙的家乡酿酒，种植更加适合西班牙的葡萄品种，运用更加适合当地特色的酿造方法，因此才酿出了很多惊世之作。

（2）葡萄酒市场需要有一定的购买力，即要有足够的销售额。中国海关统计，2019 年中国酒精及酒类产品进口额为 50 亿美元，其中，葡萄酒居首位，占五成左右。由此我们不难发现，中国的葡萄酒市场购买力强，消费市场巨大。近年来，虽然全球经济走向十分不明朗，但国内每年的“双 11 购物狂欢节”不知吸引了多少人的目光。因为葡萄酒是女性酒类消费的首选品类，在这里我们就以中国女性消费力来分析。数据显示，2020 年中国女性用户消费最多的是红酒品类，占到了总量的 35.19%。随着中国女性受教育水平不断提升，女性自我独立意识觉醒，越来越多的女性积极参与就业，积极推动了女性消费的升级。除了日常的生活、母婴、服饰、美容方面的消费外，购房等大额消费、文化旅游等精神消费也在不断上涨。2020 年中国“她”经济市场规模达到 10 万亿元，女性已经成为消费领域中不可忽视的主力军。

（3）葡萄酒企业必须有能力满足目标市场的需求。换言之，我国的葡萄酒企业要独立于世界葡萄酒之林，就要有能力占领当前国内市场乃至国际葡萄酒市场。但事实上，我国当下是一个依赖葡萄酒进口的消费国。在第一章中我们已经介绍过，中国近年来葡萄酒进口额总体呈波动上升趋势。只不过从 2020 开始，由于受新冠肺炎疫情影响，这一数额出现了回落。根据联合国商品贸易统计数据库的数据，2018 年全球葡萄酒进口额超过 20 亿美元的国家有美国、英国、中国、德国、加拿大，中国居第三位，约占全球总进口额的 8.3%。

（二）葡萄酒企业目标市场战略选择

根据 STP 战略（即市场细分 Market Segmenting，目标市场 Market Targeting，市场定位 Market Positioning），市场细分之后就该进行目标市场的选择。葡萄酒企业应通过评估不同市场细分的吸引力和规模增长率，如通过市场的大小、成长性、盈利率、经济规模、风险高低等来判定市场细分的吸引力，然后结合企业的目标与资源，再进行比较分析，选择适合企业目标和资源的理想的目标市场。所有葡萄酒企业都应该重视对细分市场的评估，根据自身优势、劣势亲自去评估市场，从所在市场的特点和企业的需求点出发，找到适合自己的数据，而不是为了图方便，一味地效仿其他企业。

以澳大利亚和智利为代表的新世界葡萄酒生产国就对自己的葡萄酒口味有深刻了解，因此在中国市场的覆盖率才可以快速提高。自《中国—澳大利亚自由贸易协定》生效以来，中国自澳大利亚进口的葡萄酒关税在五年内降为零，期间进口额持续增长，由 2015 年的 4.5 亿美元增长至 2019 年的 8.7 亿美元，年均增长 17.5%。除了自贸区优势之外，澳大利亚葡萄酒果香浓郁、口感圆润的风格深受中国消费者喜爱。与此同时，2019 年，中国自智利进口葡萄酒价值 3.5 亿美元，2015—2019 年进口额年均增长 10.3%。智利葡萄酒单宁较高，层次丰富且性价比高，他们经过市场细分与研究之后发现自己的产品很适合中国消费者的口味与需求，因此这在一定程度上促进了智利葡萄酒在中国迅速走红。

葡萄酒企业在确定其目标市场时，一般有三种方案选择。

1. 葡萄酒企业的无差异营销

无差异营销是指葡萄酒企业在市场细分之后，不考虑各子市场的特性，而只注重子市场的共性，决定只推出单一葡萄酒产品，运用单一的营销组合，力求满足尽可能多的顾客的需求。这种战略的优点是可以促成葡萄酒产品的品种、规格、款式简单统一，有利于标准化及大规模的葡萄酒量产。例如我国本土葡萄酒品牌西鸽酒庄玉鸽单一园赤霞珠干红，就是这样一款单一优质的葡萄酒，受到了众多葡萄酒消费者的喜爱。它是西鸽酒庄单品种葡萄的高端产品，由法国橡木桶熟成，入口柔顺，单宁细腻，余味悠长，非常雅致而平衡。作为单一产品，它的优势如下：西鸽酒庄是国际一流水平的中国鼎级名庄，2020“年度十大国产酒庄”；宁夏贺兰山东麓产区：中国葡萄酒“黄金地带”；酒标设计：原型来自帝王之笔，浓浓中国风；玉鸽单一园：西鸽酒庄单品种葡萄的高端产品，20 年老藤酿造的赤霞珠干红获 2 金 4 银的高分赞誉，具体奖项分别为：2019 IWC · China 国际葡萄酒品评赛，中国金奖；2019 吉尔伯特 · 盖拉德（Gilbert & Gaillard International Challenge）国际葡萄酒大赛 94 分金奖；2019 品醇客（Decanter）世界葡萄酒大赛银奖；2019 品醇客（Decanter）亚洲葡萄酒大赛银奖；2019 香港国际葡萄酒与烈酒大赛银奖；第九届宁夏贺兰山东麓国际葡萄酒博览会银奖。

2. 葡萄酒企业的差异营销

差异营销是指葡萄酒企业决定同时为几个子市场服务，设计不同的葡萄酒产品，并在渠道、促销和定价方面都加以区别。很多国产的葡萄酒品牌都在试图开发多重产品来赢得更广大的消费者，例如张裕品牌 1892 年在山东烟台创立掀开了中国葡萄酒工业化生产的序幕。1915 年，张裕的可雅白兰地、红玫瑰葡萄酒、琼瑶浆、雷司令白葡萄酒一举荣获巴拿马太平洋万国博览会四枚金质奖章和最优等奖状。中华人民共和国成立以后历届全国乃至世界名酒评比中，张裕产品一直榜上有名，先后获得 16 枚国际金银奖和 20 项国家金银奖。岁月积淀，中国的葡萄酒市场越来越明晰，已经逐渐成了一个汇集全球品牌、葡萄酒产量快速增长、利润逐步提高的阳光产业。

3. 葡萄酒企业的集中营销

集中营销也称之为聚焦营销，是指某个葡萄酒企业集中自己所有的力量，不是面向整体市场而是以一个或少数几个性质相似的子市场作为目标市场，试图在较少的子市场上实现较高的市场占有率。这种策略的优势为会比较适应企业资源有限的特点，可以集中力量迅速占领某个细分目标市场。同时，生产和营销的集中性，会帮助企业降低成本。例如近几年在年轻人中非常流行的白酒品牌——“江小白”就是个非常典型的成功范例。江小白 CEO 陶石泉曾说过：“我们不要在乎是谁抢了我们的饭碗，而应该真正关心谁给了我们饭碗”，正因为如此，江小白真正在意的是年轻人的需要。意识到这一点之后，江小白在白酒口感和品牌宣传的娱乐文化上做了很多努力，将白酒品牌定位拉低，十分准确地找到了自身的市场定位，找到产品和消费者的共性进行营销策划，达到强烈的情感共鸣效应。“肚子胖了，理想却瘦了。”“青春不是一段时光，而是那一群人。”“所谓成熟，就是你该哭该闹的时候，选择了不言不语的微笑。”这些打动人心的文案对于正在奋斗中的年轻人来说恰到好处，你的任何情绪江小白都已为你找到了合适的表达与出口，于是随即买一瓶吧！

（三）葡萄酒企业在选择目标市场战略时需考虑的因素

单从产品角度看，好产品不需要营销，但对葡萄酒这样的商品来说如此做法却行不通。葡萄酒产品越来越多，同质化越来越强，强大的营销能力才能带来良好的销售业绩。

葡萄酒企业在选择目标市场战略时需考虑五个方面的主要因素，即企业资源、产品同质性、市场同质性、产品所处的生命周期阶段、竞争对手的目标市场涵盖战略等。

1. 市场密集单一化营销

如果企业资源雄厚，可以考虑实行差异性营销；否则，最好实行无差异营销或集中营销。倘若某个葡萄酒企业试图通过单一产品获得很大的市场份额，在资源雄厚的条件下也应该采用无差异营销。企业通过密集营销，可以更加了解该细分市场的需要，并在该细分市场建立巩固的市场地位。另外，葡萄酒企业通过生产、销售和促销的专业化分工，可以形成规模效应，从而获得更多的经济效益。如果细分市场没有大的波动，企业对单个细分市场的投资便可以获得高报酬。

2. 产品同质性营销

产品同质性是指不同的葡萄酒产品在性能、特点等方面的差异很小。对于同质产品或需求上共性较大的产品，一般应实行无差异营销；反之，对于异质产品，则应实行差异性营销或者集中性营销。众多品牌商的进口产品宣传难以脱离酒庄产地、大师、年份等传统标签，随着进口葡萄酒不断拥入，产品高度同质化现象会越来越明显。由于品牌同质化竞争，我国消费者无法区分，进而无从选择。对于葡萄酒品牌来讲，其战略的重心在于如何有效解决消费者选酒难、买酒贵的问题。通过深入探索消费者的需求规律，挖掘行业的发展脉络，将埋藏在混乱竞争中的品类深层价值以最简单的方式还原给消费者是葡萄酒品牌战略的基本逻辑。只有了解消费者的消费痛点，建立自身葡萄酒品牌的顾客黏性，才是长期销售战略的制胜法宝。

3. 市场同质性营销

如果市场上所有顾客在同一时期偏好相同，购买的数量相同，并且对营销刺激的反应相同，则可视为同质市场，这种情况下葡萄酒企业宜实行无差异营销；反之，如果市场需求的差异性较大，则为异质市场，宜采用差异性营销或集中性营销。

4. 关注产品所处的生命周期阶段

对于处在导入期和成长期的新葡萄酒产品或者品牌，营销重点是启发和巩固消费者的偏好，最好实行无差异营销或针对某一特定的子市场实行集中营销；当之前的葡萄酒产品或者品牌进入成熟期时，市场竞争激烈，消费者需求日益多样化，可改用差异营销的战略以开拓新市场，满足新需求，延长产品生命周期。面对这个时代不断变革的消费者，葡萄酒企业在营销时要更理性，在对待客户时要多感性。有些葡萄酒代理商过于看重葡萄酒的产地、品牌、口感、酿造，反而会在实际营销时忽略了消费者的感受。只有两者相结合，才能达到营销的目的。例如，刚开始打造一个新品牌时，葡萄酒名称要顺口好记，寓意美好，就像我们之前讲到的“玉鸽”品牌，广告语新颖，同时恰当地突出品牌，让人印象深刻；品牌包装设计独特美观；打造品牌时渗透创意故事，打动人心。总而言之，要时刻关注葡萄酒品牌所处的不同生命周期，采取相应的营销手段。

5. 竞争对手的目标市场涵盖战略

一般来说，葡萄酒企业的目标市场战略应与其竞争者有所区别，之后要反其道而行之。如果强大的竞争对手实行的是无差异营销，企业则应实行集中营销或更深一层的差异营销；如果企业面对的是较弱的竞争者，必要时可采取与之相同的战略，凭借实力击败对手。

（四）葡萄酒目标市场战略实施效果的影响因素

西方学者曾尝试对基于细分的营销战略出现失败的问题进行归类，这些问题的提出为评价通过市场调研得到的市场细分模型的适用性提供了进一步甄别的工具。在实施具体的葡萄酒目标市场战略时，需要评价的问题如下。

1. 组织结构

葡萄酒企业一般按照职能部门及其各种分支机构组建，具体结构取决于企业的任务分配和与外部世界打交道的方式，可以大致分为“经营”和“管理”两个大的结构组织，虽然经营和管理各有侧重，但总体上是经营为先、管理为辅。管理是为经营服务的，而不是“管”经营的。

2. 内部政策

市场细分在本质上是一种跨职能的销售活动，要求许多不同职能、不同部门、不同领域的人员参与其中并发挥专长。如果由于对权力的争夺和对自己专业知识的保守导致各职能部门无法协作或者一起工作，市场细分战略就很可能会失败。由于葡萄酒商品特性比较特殊，国家、产区、品种、酒种等等，注定葡萄酒的产品结构往往比较多，同时，价格带也比较宽。葡萄酒企业的产品开发的总体原则是“合适”，既不能太少又不能太多，因此内部政策的配合、相互扶持才能让每款产品都有人爱，有人买。主次分明，这是最重要的。

3. 企业文化

消费者对于任何一款商品青睐有加，一定是对这个企业相应文化的赞许与认同。我们喜爱意大利或者法国的葡萄酒，除了它良好的口感之外，更是对于它每个品牌背后所流露出的文化的喜爱。1924 年，为了庆祝第一支瓶装酒成功，罗斯柴尔德男爵邀请古巴海报设计师，开创了巴黎设计和绘画业的时尚风潮。1973 年，画家毕加索去世，他的名画《酒神祭》成了该年份的酒标品牌。张裕百年酒窖作为中国葡萄酒的杰出代表，是古老的中国酿酒文化的成功符号。

图 2-9　创建于 1354 年的法国拉菲酒庄成为葡萄酒文化的重要代表

三、葡萄酒市场定位

随着市场经济的发展，在同一市场上有可能出现许多相似或者相同的葡萄酒产品。科特勒是这样解释市场定位的："定位是对企业和形象的策划行为，目的是使它在目标顾客的心理上占据一个独特的有价值的位置。"葡萄酒企业为了使自己生产或者销售的产品获得稳定的销路，要从各方面赋予产品一定的特色，树立产品鲜明的市场形象，以求在顾客心目中形成一种稳定的认知和特殊的偏爱，这就需要市场定位。

（一）市场定位的含义

葡萄酒行业的市场定位是指某个葡萄酒企业针对潜在顾客的心理进行营销设计，创立产品、品牌或者企业在目标顾客心目中的某种形象或个性特征，保留深刻的印象和独特的位置。市场定位的实质是取得目标市场的竞争优势，确定产品在顾客心目中的适当位置并留下深刻的印象，以便吸引更多的顾客。

中国酒文化源远流长，中国历史上，我们熟知的与酒有不解之缘的文人墨客不在少数，可见，酒类品牌的市场定位除了质量的竞争外，还有文化的传承。

市场定位是营销体系中的重要组成部分，对于树立企业及产品的鲜明特色，满足顾客的需求偏好，从而提高企业的市场竞争力有重要的意义。分析消费者心理特点和购买动机，不难发现，不管是生产商还是营销商，只有找到消费者的需求点才可能满足消费者在购物时的理性化以及非理性化的需求。开发国产葡萄酒高端市场，需要对我国葡萄酒市场现状进行分析才可得出结论。

（二）市场定位的步骤

市场定位的关键是企业要塑造比竞争者更具有竞争优势的产品品牌，一般有两种基本类型：一是价格竞争优势，即在同等质量条件下比谁的价格更低，二是偏好竞争优势，即能提供鲜明的特色产品来满足顾客的特定偏好。企业的市场定位可以通过以下三个步骤来完成。

1. 确认本企业可能的竞争优势

要确认一家葡萄酒企业是否具备竞争优势，一般可以从以下两种情况进行判断：第一，这家企业是否先天就具有高壁垒和较强的差异化，例如某些国内驰名的白酒品牌和公共事业设施。第二，虽然葡萄酒行业是高度同质化的，但这家企业是否通过自己的高效经营与同行拉开了差距，并形成了强大的竞争优势。

在确定葡萄酒企业竞争优势的同时，还需要了解葡萄酒消费者的消费模式。葡萄酒消费者购买新产品的基本模式是 AIDA，即：注意—兴趣—欲望—行为。而个人收入、家庭状况、生命阶段、朋友推荐、企业形象、产品形象、销售服务都会或多或少地影响整个消费环节。因此需要对目标人群进行特定的分析，分析他们的群体特征、个人需求、产品期待等，从而有助于企业竞争优势的确定。所有的消费者都希望在尽可能经济节约的条件下，满足自己的高欲求。我国消费者购买葡萄酒主要基于三种动机：社交、佐餐和保健。不同购买动机的主要影响因素存在明显差异：女性、年长者更注重葡萄酒的保健功能；男性、年轻消费者更关注葡萄酒的社交和收藏功能；受教育程度越高者越重视葡萄酒的佐餐功能。葡萄栽培知识、葡萄品种知识对葡萄酒投资动机的形成有积极影响，葡萄酒品尝知识对消费者的保健动机和佐餐动机有促进作用，但对于社交动机的形成有负面影响。相关内容详见本书第三章葡萄酒消费者行为。

图 2-10　葡萄酒在社交场合广泛流行

2. 准确地选择合适的竞争优势

竞争优势主要是表明企业胜过竞争对手的能力，这种能力可以是现有的，也可以是潜在的。选择合适的竞争优势就是一个企业与竞争者各方面实力相比较的过程，比较的指标是一个完整的体系，主要包括经营管理、技术开发、采购、生产、市场营销、财务和产品等七个方面。其中，葡萄酒企业的竞争优势主要体现在葡萄酒质量开发、产品文化设计、产品定价及体验销售等方面。分析哪些是强项，哪些是弱项，并与竞争对手对比，从而发现自己的竞争优势，从中选择几个合适的优势从而进行合适的市场定位。

相对竞争优势表明企业具有能够战胜竞争对手的能力与潜力。准确地选择相对竞争优势是一个葡萄酒企业各方面的实力与竞争者实力相比较的过程。消费者在购买商品时会注重价格，但不会只注重价格。大多数消费者更关注的是产品性价比，同等的消费价格自然会是质优者胜出。葡萄酒作为一种选择性、奢侈型商品，购买它的消费者会在同等质量的条件下选择更具竞争力、更高性价比的产品。国内葡萄酒企业生产的葡萄酒大多是中低档产品，高端葡萄酒市场一直被进口葡萄酒品牌占领，国内葡萄酒企业难以在高端葡萄酒市场获取利润，我国本土葡萄酒品牌要想在葡萄酒市场获取不俗的销售业绩，就必须调整市场结构，更加注重高端葡萄酒的生产与营销，与进口葡萄酒品牌一争高下。布局国内高端葡萄酒市场无疑将成为国内葡萄酒行业领先品牌的共同选择，国内葡萄酒行业的主流厂商在把握与顺应葡萄酒行业发展趋势的前提下，调整产品结构，推出高端葡萄酒产品，向高端葡萄酒市场突围，努力与进口品牌葡萄酒在新一轮竞争中占据有利地位，获取更广泛的市场空间。

3. 显示独特的竞争优势并重新定位

这一阶段的主要任务是葡萄酒企业通过一系列的宣传促销活动将其独特的竞争优势准确地传播给潜在消费者，并在消费者心中留下深刻的印象。

（1）葡萄酒企业应使目标消费者了解并且认同市场定位，在消费者心目中建立起与该定位一致的形象。要结合区域市场的人口分布、经济状况、消费习惯而进行细致的产品细分。

（2）葡萄酒企业需要通过各种努力强化在目标消费者心中的特定形象，保证目标消费者对产品的了解度，稳定目标消费者的态度并加深消费者的感情。

（3）葡萄酒企业应注意目标消费者对市场定位理解出现偏差时或者宣传失误时造成的概念模糊与错乱，及时纠正与市场形象不一致的地方。

消费者是主观的，尤其是千禧年一代，购买产品时已经不满足产品本身，更期待可以得到期待之外的惊喜。只有跨界、合作、创新、体验才能抓住新兴消费者的需求。

以我国特色葡萄酒产区宁夏为例，他们与在葡萄酒领域技术较为成熟和发达的国家开展葡萄酒领域的合作办学，由 20 多个国家的技术团队、60 多名国际酿酒师不间断地为宁夏葡萄酒产业提供技术支持。这里的酿酒葡萄种植面积 55 万亩，综合产值 280 亿元，建成酒庄 101 家，110 家投资葡萄酒的企业有自己的葡萄园。贺兰山东麓葡萄酒产区品牌价值近 300 亿元。在葡萄酒发展的时间轴上，年轻的宁夏贺兰山东麓产区被业界人士称为“中国葡萄酒的未来”。这里拥有业界公认的“黄金纬度”、地势均衡的“黄金海拔”，黄河水的哺育、贺兰山的呵护、光热风的加持，造就了葡萄酒“甘润平衡”“香气馥郁”的独有品质和典雅大气的东方风格。葡萄酒产业上接农业、中间依托加工、下连文旅健康，是典型的“第六产业”。放眼未来，宁夏贺兰山产区将以葡萄酒为主导，推动产业融合发展，探索形成绿色生产、智慧化管控、利益联结的产业发展模式，加快构建现代产业体系、生产体系和经营体系，培育新型经营主体，力争满足更多中国消费者的需求。

进行市场竞争还要满足消费者对潜在的高品质生活的追求，如举办葡萄酒文化节、葡萄酒旅游周、葡萄酒品酒会等，不定时推出葡萄酒推广活动吸引80、90后前来感受体验，既可以让消费者享受葡萄美酒，更可以体验到沉浸式的葡萄酒文化，感受到有趣新潮的葡萄酒酿造工艺，体悟到深刻绚烂的葡萄酒文化脉络。

图2-11　位于陕西西安蓝田的葡萄酒酿造工厂与当地民居建筑相结合的休息大厅

（三）葡萄酒市场定位的意义

葡萄酒企业进行准确的市场定位，主要有以下几个意义。

1. 有利于葡萄酒企业建立竞争优势

葡萄酒企业需要建立竞争优势，最大限度地让顾客满意，让消费者如获至宝，就必须事先明确自己的葡萄酒产品在哪些方面与竞争对手不同，在消费者心目中处于什么样的位置。

2. 有利于葡萄酒企业营销组合的高效实施

解决好葡萄酒企业市场定位的问题，才能够帮助葡萄酒企业解决好营销组合的问题，进而保证营销组合高效实施。如果说，确定目标市场是让营销人员知道为什么要制定相应的营销组合，那么，准确的战略定位和市场谋划则要告诉营销人员如何设计营销组合的内容。

3. 避免葡萄酒同行之间出现恶性竞争

葡萄酒企业如果不能寻找自身优势，突出自身优点，让自己与竞争对手区别开来，那么在开拓同一片市场时，必然会进一步加剧市场竞争，甚至形成恶性竞争的局面。

（四）葡萄酒市场定位的依据和方法

1. 根据葡萄酒产品进行市场定位

在葡萄酒营销实践中，企业可以根据葡萄酒产品的属性，口味、特点、价格、质量来进行市场定位，以形成自己的竞争优势。

（1）根据葡萄酒产品的属性定位：构成葡萄酒产品特色的因素有许多，

诸如产品的品质、价格、成分、原料等，都可以作为定位的依据。这是最为常见的一种定位方法，这种定位方式也可以说是根据消费者或者葡萄酒爱好者的关注点进行定位的。通过自身产品获得某种身份的确认，可以强化消费者的逻辑认知。例如我们耳熟能详的市场宣传广告语洋河蓝色经典：世界上最宽广的是海，比海更高远的是天空，比天空更博大的是男人的情怀。它将男性消费者的个人认同感与酒品属性同步定位；金六福：中国人的福酒，紧紧抓住中国人逢年过节团聚之时对于幸福、福气的需求属性。

（2）根据葡萄酒产品的消费者进行定位：对于葡萄酒产品消费者需求的了解与剖析即是根据消费者进行定位，我们来列举其中常用的两种方法。第一，消费者健康养生需求。许多人越来越喜爱葡萄酒，是因为逐渐认识到葡萄酒的保健作用，很多爱美女性将"每晚睡前一杯葡萄酒"纳入自己的护肤抗氧化的生活计划中；第二，消费者的情感精神需求。在这个方面，国酒茅台提供了一个较好的案例。贵州茅台定位为国酒，是身份地位"尊贵、显赫"的象征。之所以这样定位，是因为茅台具有这样的历史文化基础，已经深入消费者的内心。茅台酒曾在新中国外交史上发挥了举足轻重的作用，被尊为国酒。"国窖 1573"定位于"中国第一窖"，因为其公司拥有我国建造最早（始建于公元 1573 年）、连续使用时间最长、保护最完整的老窖池群，1996 年经国务院批准为全国重点文物保护单位，被誉为"中国第一窖"。"国窖 1573"以其独一无二的社会、经济、历史、文化价值成为世界酿酒史上的奇迹。

（3）根据葡萄酒竞争状况定位：这种方法是指葡萄酒企业可通过与市场上声望较高的某一企业进行比较，借助竞争者的知名度来实现自己的市场定位。但这种定位方法需要对本行业基本竞争状况有清晰的了解与把握，而且必须比竞争对手具有更为明显的优势，拥有更多的资源和能力，能让大多数消费者乐于接受本企业的产品而不是竞争对手的产品。在饮料市场上，作为后起之秀的百事可乐在进入市场时就采取了这种方式。"你是可乐，我也是可乐"，与可口可乐进行了面对面的较量。凉茶品牌"王老吉"上市之时与"加多宝"之间的竞争扑朔迷离，一下子走进了消费者的视野。

2. 根据葡萄酒市场状况来定位

（1）避强定位：这是一种避开强有力的竞争对手的市场定位方法。其优点是能够迅速地在市场上站稳脚跟。由于这种定位方式市场风险较少，成功率较高，常常为多数葡萄酒企业所采用。这对于入门级和中级葡萄酒企业来说比较可行，常见的如旧世界日常餐酒、地区餐酒、大区 AOP 或新世界普通酒等。此类酒大多不适合陈年，属于即买即饮型葡萄酒，特征是果香丰富，口感清新，红酒的单宁含量低、入口柔顺，干白清新芳香。符合大众消费者的饮用习惯，味觉价值较容易体现。

（2）迎头定位：这是一种与市场上占据支配地位的，亦即最强的竞争对手“对着干”的定位方式。这种定位有时会很危险，但不少企业认为这样能够激励自己奋发上进，一旦成功，就会取得巨大的市场优势。实行对抗性定位，必须知己知彼，尤其应清醒估计自己的实力，不一定试图压垮对方，只要能够平分秋色就是巨大的成功。这种方法一般适合于高级葡萄酒，如法国波尔多的列级酒庄、勃艮第的列级园、年份香槟、意大利的顶级 DOCG、德国的 TBA、匈牙利的顶级托卡伊或者美国纳帕山谷的赤霞珠佳酿等。这些都属于可陈年的佳酿，一些葡萄酒还具备收藏价值。此类酒的品质极高，有良好的陈年潜力。感官上，香气更加丰富多变，口感和谐完美，经陈年后会转化出经典的陈年酒香。此外，还附着丰富的文化价值。对于有丰富品鉴经验的专业人士来说无疑是最高的味觉享受。

（3）重新定位：这种定位是对销路少、市场反应差的葡萄酒产品进行二次定位。这种重新定位旨在摆脱困境，重新获得市场活力。很多的中级葡萄酒在对自身特色认知不清晰时就可以再次进行定位。如一些比较好的旧世界大区 AOP 和地区餐酒，村庄级葡萄酒，低等级的葡萄园或者普通列级酒庄等。此类酒的酒体结构中等或饱满，香气比较丰富，不仅有果香和花香，一些酒还有陈年香，口感相对比较复杂，成熟期在 5~10 年间，适合大多数有品尝经验的消费者饮用。

在 2019 中国葡萄酒极客大会上，伟达酒业 CEO 薛德志先生把整个葡萄酒市场定位为 5 个层级：

① 69 元以下是国产酒、奔富洛神、黄尾袋鼠等产品的天下。

② 70~100 元价格区间的酒我们称之为大众酒，主要是拉菲传奇、纷赋、大量的进口二三线品牌以及张裕解百纳系列产品等。

③ 100~299 元价格区间的精品酒，比如奔富麦克斯、拉菲巴斯克、拉菲梅多克以及张裕解百纳、张裕摩塞尔、长城天赋、长城星级等。

④ 300~999 元价格带以次高端商务消费为主，集中了奔富 407、389、138、128，法国四、五级列级庄，张裕爱斐堡，卡斯特，张裕巴保男爵等。

⑤ 1000 元以上的属于超高端消费品，主要有拉菲、拉图、奔富 707、法国列级庄、作品一号、长城桑干等产品。

图 2-12　酒窖中储存着不同价位的葡萄酒

3. 葡萄酒市场定位的信息收集

收集关于葡萄酒定位的定量信息，最简单的一种方法就是衡量态度或属性。这种方法将受访者在区分和选择不同产品时所考虑的主要因素加入了调查项目，通过对受访者进行单独访问，也可能是通过网络调查或电话访问的方式进行信息收集。选择信息源时，需要从类别特征上对其加以认识。

（1）定性信息源和定量信息源：在对葡萄酒消费者的市场研究中，定量信息可以从统计数据、抽样调查资料中获取。定性资料的采集难度大，费用也更高，比如对于葡萄酒消费者消费成因的探测研究。

（2）正式渠道信息源和非正式渠道的信息源：正式渠道信息源相对稳定，内容可信度大。但是由于知情者多，因此收集的结果往往是宏观性的，不具有特定性。把通过非正式渠道所获得的市场信息作为销售决策的依据欠妥，但是可以将之作为某种指导思路，独辟蹊径。

（3）事实性信息源和预估性信息源：事实性信息源是已有的销售额和官方部门的量化统计；预测性信息源也称为“软信息”来源，是葡萄酒企业根据自身生产经营发展趋势以及相应结果的预计而得到的有关企业未来的财务状况、经营业绩等具有前瞻性的财务信息。

任务训练

根据本章所学内容，请大家以小组为单位为这一款“万紫千红”干红葡萄酒找准市场定位，并根据此款葡萄酒品牌特色提供良好的定位策略并提交策划报告。葡萄酒的具体信息如下：

清峪河万紫千红干红葡萄酒

产区：蓝田 · 玉川
品种：美乐
年份：2019
酒精度：13.5%VOL
树龄：19年
年产量：9999瓶

酿造工艺：
2019清峪河万紫千红干红葡萄酒的原料经过手工筛选，整串轻柔入罐，最大限度避免葡萄破碎，在入罐后 24 小时内持续充入二氧化碳气体，温度控制在 30℃左右，整个二氧化碳浸渍过程（即细胞内发酵）持续 8 天左右；随后整串葡萄完全除梗破碎，部分带皮浸渍进行酒精发酵，温度保持在 20℃左右，充分保持二氧化碳浸渍带来的果香与花香；快速后处理，在发酵完成当年装瓶上市。

评语：
酒体呈清亮的宝石红色。香气以树莓，草莓和水果糖为主体，辅以清新优雅的紫罗兰花香。酒体轻盈，口感圆润，爽脆的酸和香甜的花果香提醒着人们又一个春天的到来。
适饮温度：13℃
建议配餐：葱香鲫鱼、糖醋小排

零售价：188（元 / 瓶）
整箱价：1128（元 / 箱）
整桶价 :45 000（300 瓶 / 桶）

第三章
葡萄酒消费者行为

本章导读

葡萄酒消费是指葡萄酒消费者在系列心理活动基础上产生的具体的葡萄酒购买以及饮用等行为。本章在对国内外葡萄酒消费者行为研究成果进行梳理总结后，对消费者购买动机、影响消费者购买行为的因素、消费者购买决策的过程进行了具体阐述及总结。通过本章的知识传递，学习者在了解和掌握葡萄酒消费者消费心理、行为的相关知识后，为后期制订精准的葡萄酒营销策略决策积累经验、提供依据。

思维导图

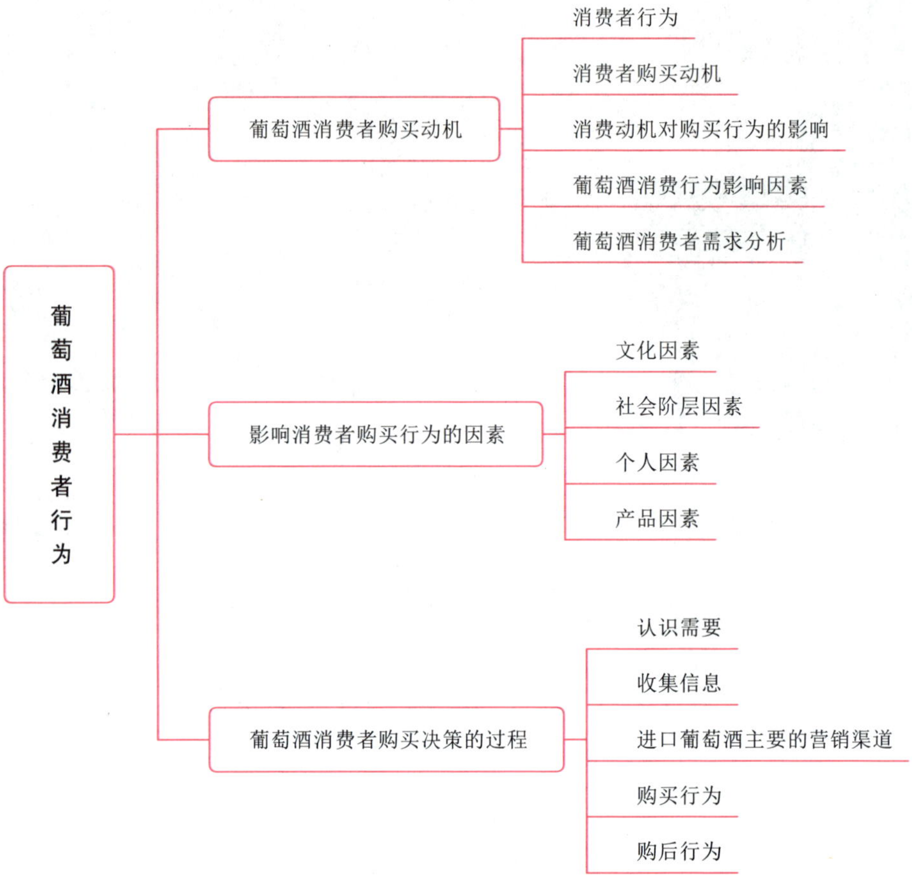

学习目标

1. 了解并掌握消费者行为、消费者购买动机、消费动机对购买行为的影响等相关概念和知识要点。

2. 了解并掌握葡萄酒消费行为影响因素暨葡萄酒消费者需求分析、消费动机对购买行为的影响等相关概念和知识要点。

3. 深入了解影响葡萄酒消费者购买行为的因素、葡萄酒消费者购买决策过程的相关知识要点。

4. 能够综合运用各指标因素为葡萄酒营销策略决策提供依据和指引。

第一节 葡萄酒消费者购买动机

一、消费者行为

（一）消费者

消费者是市场的主体和核心，企业的全部生产经营活动，都是以消费者需求和消费者满意为中心的，企业生产的产品，只有被消费者购买和消费，才能实现其价值，企业才能继续进行再生产活动。

企业营销管理的实质是对消费者需求的管理。根据参与消费活动主体的性质，可将消费者区分为个人消费者与组织消费者。狭义的消费者是指购买、使用各种消费用品（服务）的个人或居民户，其购买产品或服务主要是为了个体自身的需要，因此个人消费者又被称为最终消费者。组织消费者则包括政府单位、学校、医院等机构和各类企业，广义的消费者包括了个人消费者和组织消费者。

在购买决策过程中，消费者可能扮演一种或多种角色，不同的角色对最后的购买行为会产生不同程度的影响。被称为“现代营销学之父”的美国经济学家菲利普·科特勒把消费活动的参与者区别为5类不同的角色：发起者——提议购买某商品或服务的人；影响者——有意识或无意识地影响购买产品或服务的人；决策者——真正做出购买决定的人；购买者——最后真正购买产品或服务的人；使用者——真正使用产品或服务的人。

（二）消费者行为、消费者购买行为

狭义的消费者行为是指人们在获得所需要的东西时所进行的活动，包括选购、比较、购买、使用产品和服务等内容。美国市场营销学会把消费者行为定义为“感知、认知、行为以及环境因素的动态互动过程，是人类改造生活中交易职能的行为基础”。这一定义至少包含了三层含义：第一，消费者行为是动态的；第二，它涉及了感知、认知、行为以及环境因素的互动；第三，它涉及了交易。

消费者购买行为是指消费者为了满足个人或家庭的生活需要而发生的购买和使用商品或服务的各种行为活动。社会生活中，任何人都在不断地消费各种物质生活资料，以满足其生理和心理需要，因此，消费者购买行为是人类社会最普遍的一种行为活动，它广泛存在于社会生活的各个空间、时间，成为人类行为系统中不可分割的重要组成部分。

心理学理论认为，每一个消费者的行为背后都隐含着行为原因。影响消费者行为的有个人内在因素，如认知、动机、学习及本能。消费者的购买行为实际上是一种习惯的建立过程，消费者对消费对象和消费方式的喜好是在重复使用和消费中建立起来的，是一种固定化的反应模式。

二、消费者购买动机

消费者购买动机是指消费者为了满足个人的一定需要而引发购买行为的意念或欲望。现实生活中，每个消费者的购买行为都是由其购买动机引发的，而动机一般是由人的需要而产生的。人类个体作为一个生存于自然及社会中的有机体，总是不断受到来自机体内部和机体外部的刺激。

来自机体内部的刺激一般有：饥饿、疲乏、病痛等，如人饿了要吃饭，渴了就想喝水，这是由人的需要而产生动机、动机而引起行为的具体表现；来自机体外部的刺激如：同龄人的成就、同事的擢升等，这类刺激因素多会使人产生一种压力或紧张感，如果紧张感的强度上升到一定程度，就会产生需要，需要的强化则会演变成动机，各方条件允许的情况下，动机将驱使个体去采取能满足需要的行为。

由此可见，个体的购买动机是与其需要密切相关的，消费者购买行为也就是满足个体需要的过程，需要是消费者产生购买行为的原动力，消费者的购买动机是推动消费者进行购买活动的内部动力。

（一）按性质划分消费者购买动机

1. 生理性购买动机

生理性购买动机，是指由消费者生理本能引起的、旨在购买满足其生理需要的动机，它是人类个体作为自然人为维持自身生命的延续和种族的繁衍而与生俱来的需要。《礼记·礼运》篇讲：“饮食男女，人之大欲存焉。”此处的“欲”就是“需要”或者“动机”。饥思食、渴思饮、寒思衣等本能动机都属于生理性动机的范畴。生理性动机可分为维持生命的动机、保护生命的动机、延续生命的动机、发展生命的动机等。

生理因素是引起消费者生理性购买动机的根源。由生理性因素引起的购买动机，是消费者本能的、最能促成其购买的内在驱动力，其购买的商品也必然是生活必需品，一般具有经常性、普遍性、重复性、习惯性和主导性等特点。有时也与其他购买动机联系在一起，尤其表现在对所要购买的生活用品的外观、质量、性能和价格的选择方面。

随着社会生产力的提高以及广大消费者在物质、精神生活条件等方面的改善，消费者的购买行为单纯受生理性动机驱使的情况已经不多，即使是购买食物充饥往往也混杂交织了非生理性动机，例如对食物的色、香、味、形的要求，就体现了消费者的审美欲、表现欲、享受欲等。商品和劳务不仅要考虑满足消费者生理性需要，也要注重商品和劳务的实用价值，强调商品的内在质量，力求物美价廉；同时，也要兼顾消费者在满足生理性需要的购买行为中所渗透的非生理性动机，使消费者完成购买行为后，其需要得到更多、更好的满足，从而在消费者中建立良好的企业信誉。

图 3-1　色、香、味、形俱佳的干红葡萄酒

2. 心理性购买动机

心理性购买动机，顾名思义，是指人们由于心理需要而引发的购买动机，消费者个体心理因素是引起消费者心理性购买动机的根源。人类个体是作为社会人在长期协同生存中逐渐形成的，受历史条件、社会制度、文化知识水平、种族和风俗习惯等众多复杂因素的影响和制约、浸润，心理性购买动机比生理性购买动机要更为复杂多样。特别是当经济发展到一定水平，随之而来的社会信息传播技术越现代化、消费者与社会的联系越紧密，激起人们购买行为的心理性购买动机就越占据更加重要的地位。

从引起消费者心理性购买动机的主要因素来分析，心理性购买动机又可分为情感动机、理智动机和惠顾动机等。

（1）情感动机：情感动机是由消费者的情绪和情感两方面所引起的购买动机。在一件事中，消费者的需要是否得到满足，会较大程度影响其对事物的好恶，从而引发其肯定或否定的情感体验，如求名动机、好胜动机、求新动机、求美动机等。

（2）理智动机：消费者在对商品的分析、比较基础上所产生的购买动机称之为理智动机，如求实动机、求廉动机等。在消费者队伍中，有相当一部分消费者的购买行为是以理智为主、感情为辅的。这类消费者在采取购买行为之前，会根据自己的经验和对商品的认识，尽可能收集商品信息、了解市场行情，再经过周密的分析思考，做到对商品的特性心中有数。他们在选择商品时，比较注重商品的品质，讲究实用、耐久、可靠、使用方便、价质相宜、设计科学、有效率和辅助服务等。理智型消费者常常具备客观性、周密性和控制性的性格特点。

（3）惠顾动机：惠顾动机是消费者基于感情和理智的经验，对特定的商品或商店产生特殊的信任或者偏好，形成习惯、重复光顾的购买动机。产生惠顾动机的原因很多，如交通地点便利、售货效率高、服务周到贴心、购买秩序良好、商品陈设美观、品种齐全、质量可靠、价格适宜和环境优美等。惠顾动机是基于信任的前提基础，因而其具有经常性和习惯性的特点。

（二）按形态划分消费者购买动机

1. 现实性需要

即消费者不仅有目标指向明确（具体商品）的需要，而且有货币支付能力。这种需要也称为有效需要，它是企业制定当前市场营销策略的现实基础。满足顾客现实性需要是企业当前市场营销活动的中心。

2. 潜在性需要

表现为两种形式，一种为消费者有目标指向明确的需要，但缺少货币支付能力；一种为消费者有货币支付能力，但需要的目标指向不明，即需要处于一种不完全确定状态。第一种潜在性需要，在消费者一旦有了支付能力，或企业采取了适当的市场营销措施，如降价、分期付款等，此时，这种潜在性需要即有可能转为现实性需要。第二种潜在性需要，当企业推出具有可以满足这种需要的功能的产品，或者企业采用适当的市场营销措施，如广告宣传、示范表演等，则可以诱导这种潜在性需要转化为现实性需要。可以说，凡是人们感到生活不便时，都有潜在需求存在。

三、消费动机对购买行为的影响

消费动机对消费者购买行为的影响主要表现在以下三方面：

1. 消费动机决定购买行为

购买行为的产生和最终实现是建立在需求的基础上的，基本步骤是：消费需求——购买动机——购买行为——需求满足——新的需求。受内驱或外在因素的影响，消费者产生某种需求时，一般会形成一种紧张状态，并逐渐促使其内在的驱动力发酵升温，这就形成了购买动机，进而导致个体的购买行为。当购买行为完成、需求得到满足时，动机自然消失，但新的需求又会产生，再形成新的购买动机，导致新的购买行为。由此可见，消费者的购买行为是在其需求的驱使下进行的。从这个意义上说，消费需求决定购买行为。

2. 消费动机的强度决定购买行为实现的程度

一般情况下，需求越迫切越强烈，购买行为实现的可能性就会越大。反之，消费者的购买行为就可能延迟，甚至不发生。例如，对一个没有外套御寒的人来说，第一件外套对他的使用价值最大，他对第一件外套的需求性最强，走进一家商店，只要看到他能穿的就会买下来，而对外套的式样、颜色、价格、质量等要求不会太高。但当他买了可以御寒的外套以后，他对外套的需求就不那么迫切了，其使用价值对他来说就不那么重要了。也许他还会产生买的需求，但需求的迫切性大大降低，这时，他要考虑价格、质量、式样等各方面的因素，因而对购买行为的阻力就很大，购买行为就不易实现。

3. 需求水平不同影响消费者的购买行为

对于经济发达国家而言，消费整体水平相对高，消费者购买食物的费用在整个购买费用中所占的比例比较小；经济发展水平低的国家，情况正相反，这就是著名的恩格尔定律。其内容是：随着家庭收入的增加，人们在食品方面的支出在总收入中所占的比例会越小，而用于文化、娱乐、卫生、劳务等方面的费用支出所占比例则会越大。

此外，处于不同消费水准的消费者，在购买同类商品上会出现较大差异。例如，同样是购买衬衣，消费水平较高的人可能会花较多的钱购买一件高档衬衣，而消费水平较低的人，则可能会花同样的价钱去买两件、甚至三件低档衬衣。一些商品在消费水平较高的家庭中属于普通消费品，经常购买；而在消费水平较低的家庭中，可能是奢侈消费品，很少购买。所以说，消费水平的差别会影响消费者的需求，从而影响他们的购买行为。

四、葡萄酒消费行为影响因素

（一）葡萄酒产品

葡萄是人类最早栽培的植物之一。putao 一词是外来音，关于它的音源有希腊语、波斯语、粟特语、大宛语等不同说法。从目前已知的考古发掘来看，苏美尔人在美索不达米亚最早种植葡萄树并酿造了葡萄酒，后在公元前 4000 年传至埃及。

图 3-2　用于酿造的新鲜葡萄

图 3-3　葡萄酒展示陈列

葡萄酒是人在一定的生态条件下，采用相应的栽培技术，种植某葡萄品种，并通过相应的工艺进行酿造的结果，葡萄酒质量受到两大类因素的影响：一是自然因素；二是人为因素，即与原产地特殊性相一致的工艺技术。

根据国际葡萄与葡萄酒组织的规定，葡萄酒只能是破碎或未破碎的新鲜葡萄果实或葡萄汁，经过完全或部分酒精发酵后获得的饮料。在不同的社会经济发展阶段，我国曾经使用过不同的葡萄酒概念。本书的研究叙述，采用了现行《葡萄酒》国标（GB 15037—2006）有关葡萄酒的定义，即“葡萄酒是以鲜葡萄或葡萄汁为原料，经全部或部分发酵配制而成的，含有一定酒精度的发酵酒”。此标准对葡萄酒的类型进行了新规定：葡萄酒按色泽可分为白葡萄酒、桃红葡萄酒、红葡萄酒；按含糖量可分为干葡萄酒、半干葡萄酒、半甜葡萄酒、甜葡萄酒；按二氧化碳含量可分为平静葡萄酒、起泡葡萄酒、高泡葡萄酒、低泡葡萄酒。

（二）葡萄酒产品特征

1. 葡萄酒是生物发酵制品

葡萄酒的生产过程是利用微生物将葡萄转化为葡萄酒的过程，从葡萄成熟、酵母菌及细菌的转化到葡萄酒的成熟，经历了一系列有序而复杂的各种生物化学转化。葡萄酒的这一生物学特征使其具有许多突出的特性，如多样性、变化性、复杂性、不稳定性和自然特性。多种多样的葡萄品种加上各种气候、土壤等生态条件，再加上各具特色的酿造方法和不同的陈酿方式，便产生了颜色、香气、口感各异的丰富的葡萄酒产品类型。

2. 葡萄酒是高价值农产品

葡萄酒是葡萄的深加工产品，又是劳动密集型农产品，属于高价值农产品。葡萄栽培、葡萄采摘、葡萄酒酿造到葡萄酒销售等每一个环节、阶段都需要大量的劳动投入，劳动力投入较大，市场化、专业化程度高，产品复杂程度高，对生产操作和工艺控制有着较高的要求，在产品加工、包装、运输等方面均有严格的操作规范和质量审查。

3. 葡萄酒是文化产品

葡萄酒还是一个文化产品，凝聚了当地的人文历史，承载了特有的葡萄酒产区文化，可以为消费者带来物质层面和精神层面的双重享受，与消费者需求的发展方向（即由物质需求逐步向精神需求发展）一致。

（三）葡萄酒消费行为影响因素

葡萄酒消费是消费者在复杂心理活动基础上产生的具体的葡萄酒购买及饮用行为，它包括心理认知和行为知觉两个阶段。认知阶段包含刺激、印象、记忆、思维、想象等多项心理活动内容，总体上表现为消费者对某种葡萄酒产品质量、功能、形象的评价。在葡萄酒认知的基础上，消费者会产生葡萄酒的消费需要，进而形成葡萄酒购买动机，当环境条件达到要求时，葡萄酒购买动机就会逐步外化为具体的葡萄酒购买行为。

葡萄酒消费是消费者在历经一系列复杂的心理活动之后而产生的具体的葡萄酒购买行为及葡萄酒饮用行为，和其他商品一样，葡萄酒消费会受到各种因素的影响。

1. 宏观因素

宏观因素有经济因素、政治法律因素、社会文化因素、自然因素、科学技术因素。

（1）经济因素：随着我国城镇人均可支配收入的逐年增长，人们在基本的生理需求得到满足之余，具备了消费更高品质产品、更高层次产品的能力，也就是说，民众经济收入的提升为葡萄酒商品消费提供了物质基础。

（2）政治法律因素：葡萄酒法规体系渐趋完善，新国标《葡萄酒》（GB15037—2006）于2006年12月11日获得批准，并于2008年1月1日正式实施，“十一五”期间对新国标进行了修正。与旧国标相比，新国标中规定的葡萄酒概念的内涵和外延更加严谨，对于业界普遍关注的年份葡萄酒、品种葡萄酒和产地葡萄酒，新国标都给出了定义，且术语和定义属强制性条款。在《中国酿酒产业十二五规划》中，明确提出了注重葡萄酒原料基地建设，逐步实现品种多样化，促进高档酒、中档酒和佐餐酒同步发展的要求。

（3）社会文化因素：经济全球化的不断深入，国外饮食文化和国内饮食文化的交融，使得国人接触国外饮食文化的机会愈来愈多。而现代信息技术和物流、仓储等技术的发展，及现代交通运输工具的高效、快速、便捷，也带动了国内中西部市场与东部市场的交流与发展。西方葡萄酒文化对我国的影响，进一步刺激了葡萄酒消费。

图 3-4　葡萄酒创意海报

（4）自然因素：我国的环渤海湾、西北、东北、云南、黄河故道等葡萄酒产区，有具备适合酿酒葡萄生长的土壤、光照、地貌、气候等条件。经过多年的发展，国内的葡萄酒形成了以华夏长城、张裕、王朝等一线品牌，新天、莫高、通化、威龙、西夏王、云南红、御马等二线品牌相互竞争的局面。良好的自然资源为葡萄酒企业出产高品质的葡萄酒提供了自然基础，也为消费者提供了众多的选择机会。

（5）科学技术因素：近年来，酿酒葡萄种植基地建设和企业技术改造升级得到高度重视，行业技术基础建设将进一步加强。国内多所大专院校开设了葡萄酒专业，积极建立产学研联盟。骨干企业通过引进国际先进技术装备，生产技术达到世界先进水平，葡萄酒生产处理过程中能源损耗大大降低，葡萄酒品质进一步提高。

2. 微观因素

微观因素包括卖场购物环境、售货员服务技能与态度、家人和朋友的看法等。卖场购物环境影响消费者心情，从而改变消费者的消费态度。干净整洁，无异味、噪音较低的购物环境会延长消费者的购物时间，促使消费思考，刺激消费者的购买欲。售货员的服务技能与态度则直接影响消费者对于产品信息的认知获取。对产品充分了解，对顾客态度友好，耐心细致介绍产品特点的售货员会赢得顾客好感，从而刺激、引导顾客购买。

顾客家人或朋友的看法亦会影响消费者对产品的认知、态度。

3. 心理因素

心理因素一般包括消费者认知、消费者的个性、消费者的学习、消费者的态度等。

（1）消费者认知：消费者对葡萄酒的认知与葡萄酒购买行为正相关，认知越全面，消费频率越高。当前，我国葡萄酒消费总体处于引导期，人们对葡萄酒的认知度低，对葡萄酒的功能、品鉴、文化、礼仪了解较少。葡萄酒消费大多是源于好奇、被动，或购买之后用于赠礼。

（2）消费者的个性：个性是指人的整体心理面貌，是个体心理活动的稳定的心理倾向及心理特征的总和。个性中的需要和动机是促成消费行为的直接动力。根据马斯洛需要层次论，人的需要由低到高分为5个层次：生理需要、安全需要、社交需要、尊重需要和自我实现需要。葡萄酒非生活必需品，但它具备满足个体的社交需要、尊敬需要和成就需要的功能。

（3）消费者的学习：学习指由于后天经验而引起个人知识结构和行为的改变。知识爆炸时代，个体只有不断更新知识才能适者生存。对于葡萄酒企业来讲，若能通过正确策略的制订实施，引起消费者注意、刺激消费者主动去搜集与葡萄酒相关的知识，对于葡萄酒消费市场的拓展将起到非常有力的促进作用。

（4）消费者的态度：态度是个体对某种因素的全面而稳定的评价。消费者态度包括：产品信念、评估产品和购买意向。产品信念指消费者对产品的属性和利益了解后形成的认知。评估产品，是消费者对产品的情绪或情感反应。购买意向则是消费者对态度标的物做出特定反应的倾向。消费者的态度一定程度上决定了消费行为。

4. 人口特征因素

人口特征因素包括年龄、性别、职业、收入、文化程度。消费者在不同的年龄阶段会有不同的信息收集习惯，不同的购买决策过程，对广告持有不同的态度；生活习惯、价值观不同，会导致男女消费者在评估产品和服务时持不同的看法；信息收集渠道不同，亦会影响其对企业实施的营销策略持不同态度。

职业对消费者个人的价值观、消费动机会产生重要影响，职业群体成员之间信息的相互沟通对消费者的产品认知有一定的影响；收入会影响消费者购买产品的种类、数量及档次；文化程度会影响消费者的信息收集习惯和购买决策过程。

5. 营销因素

（1）产品：产品是指通过交换满足消费者或用户需求和欲望的有形物品或无形的服务。产品能否给消费者带来价值决定了消费者的购买行为。

葡萄酒是一种营养丰富的饮品，经现代化检测手段证实，葡萄酒中含有250 种以上的营养成分。其中，矿物质、维生素、氨基酸、烟酸和白藜芦醇等，都是对人体健康有益的物质。葡萄里含有的多酚具有较强的抗氧化功能，有美容功效。葡萄酒还具有礼仪交际功能、欣赏功能、烹调美食功能及文化功能等。相比白酒、黄酒、啤酒，葡萄酒能带给顾客更高的综合价值。

（2）价格：价格关系到消费者对产品的接受程度，决定消费者的购买成本，涉及消费者的利益。葡萄酒分为高档、中档和佐餐酒，每个档次的葡萄酒消费者都有期望价位。尽可能对应消费者的消费需求，综合葡萄酒的品质、产地、品种等因素，制定有竞争力的价格对于葡萄酒销售至关重要。

（3）渠道：渠道影响消费者获得产品的可能性与便利性。消费者的需求受到时间、地点的限制。在某时间段有某种需求，或许过了这个时间段，这种需求可能就不存在了；获得需求的地点也有限制，消费者一般不大可能为了购买几瓶葡萄酒而特意去葡萄酒厂。所以，产品能否在合适的时间和地点提供给消费者，也会影响消费者的购买行为。

（4）促销：促销是企业通过人员和非人员等方式，沟通企业与消费者之间的信息，引发、刺激消费者的消费欲望和兴趣，促使其产生购买行为的活动。促销的核心是信息沟通。

葡萄酒企业制订战略计划应以消费者为中心，针对葡萄酒消费市场的特点及消费者的需求，通过各种措施引发消费者对葡萄酒的兴趣。如：结合我国传统文化，各区域历史、民族、饮食等文化，举办品酒会，开展有奖知识问答、葡萄酒旅游等活动，并巧妙灵活、广泛宣传葡萄酒的健康功能、美容功能、社交功能，刺激消费者的购买欲望，倡导理性、健康、科学消费，建立消费者对葡萄酒的认知度和忠诚度。

五、葡萄酒消费者需求分析

（一）葡萄酒消费动机概述

作为一种国际通用型酒种，葡萄酒具备美容养颜、防衰抗老等多种营养保健功效，且色泽艳丽、口感醇美、令人赏心悦目，一度被人们视为高端消费品。但随着经济繁荣和社会进步，人民大众的生活态度、生活方式均出现了巨大变化，物质层面的消费比重逐步降低，精神文化层面的消费比重逐步提高。消费者对食品消费的重点由满足“温饱”转向追求“健康”，更加注重食品的营养、健康及安全，更加追求感官的享受和身心的愉悦。作为健康、时尚、营养的代名词，葡萄酒也逐渐从高端消费品转而以大众酒的身份出现在家庭聚会和日常餐厅的酒水牌上，从少数精英人士的餐桌走进普通老百姓的日常生活，越来越多的普通消费者开始习惯饮用葡萄酒。

不同消费情境之下消费者对葡萄酒价值的取向不同。常见的葡萄酒消费情境有：佐餐、取悦别人、物有所值、调节氛围、作为招待、拒绝负面情绪等。研究发现，在商务宴请场合，葡萄酒最主要的功能是“取悦别人”；在家饮用、与朋友一起饮用、作为礼品赠送等三种情景下消费者对于葡萄酒产品的属性偏好不同，对葡萄酒产品的理解亦不同。

不同消费情境下消费者购买葡萄酒的动机会有所不同，最常见的葡萄酒购买动机有健康动机、佐餐动机和社交动机三个方面。

消费者对葡萄酒功能属性具有较高的支付意愿。消费者购买葡萄酒的八种动机：放松、佐餐、乐趣、社交、旅游、新颖、时尚、环保等。消费者更喜欢轻松、娱乐、有趣的葡萄酒广告，期待葡萄酒的包装和标签有更多的创新，渴望从葡萄酒产品中得到更多的个人价值，希望葡萄酒经销商能提供更多的品尝活动，他们非常看重葡萄酒消费场所的环境和氛围。

（二）国内消费者对葡萄酒的主要需求动机

我国生产葡萄酒的历史开始于 1892 年，经过一个多世纪的发展演变，中国葡萄酒市场日趋繁荣，国内外众多品牌的葡萄酒出现在葡萄酒市场，消费者对葡萄酒的需求量高速增长，葡萄酒的消费群体日益壮大，无论是商务宴请，还是家庭聚会，葡萄酒越来越多地出现在大众餐桌上，慢慢融入了大众消费群体的日常生活。作为一种含酒精饮品，被越来越多的人接受和喜爱，不仅是因为葡萄酒拥有浓郁的水果香气和甘甜温润的口感，还跟葡萄酒本身的保健价值、文化价值、交际价值和礼品价值等是分不开的。

国内消费者对葡萄酒的主要需求动机有四种，即自饮、聚餐、赠礼和婚宴宴请。

1. 自饮

众所周知，白酒一直占据着国内含酒精饮品之王的称号。白酒的酒精度比葡萄酒高，长期过量饮用会引发心血管、肠胃和神经系统疾病，导致人体内营养成分缺失，这与葡萄酒的保养功效形成较大反差。葡萄酒富含多种维生素、氨基酸和矿物质，非常容易被人体吸收和消化，能够维持和调节人体各项机能的平衡。葡萄酒中的单宁成分，对人体胃肠起着重要的调节作用，葡萄酒中含有超过 600 种对人体有益的营养成分。科学家表示，葡萄酒是含酒精类饮品中营养成分最高、保养价值最高的保健饮品。

图 3-5　家庭聚餐饮用葡萄酒

此外，随着普通民众消费升级，人们对酒的消费观念越来越趋于追求其营养性和保健性，集保健、美味、享受于一体的葡萄酒在酒类消费中的比例不断提升，享受葡萄酒成了人们追求生活质量的一部分。家庭消费、个人消费在葡萄酒消费市场变化中占比越来越高，基于感官享受和保养功效诉求的家庭自饮型葡萄酒消费群体比例显著提升。

自饮消费者以“追求健康”为首位需求，其次是“追求品味”，再就是收藏跟时尚购买。

（1）追求健康的消费心理：早在公元前 5 世纪，葡萄酒的医疗和保健作用就被古希腊名医希波克拉底肯定，古罗马时代的名医塞尔萨斯，曾用自制的葡萄酒与蜂蜜混合液治病。

科学研究表明，葡萄酒中富含的多种有机物和无机物，均对人体健康起着积极的促进作用，葡萄酒生产商也将葡萄酒的保健功效作为广告宣传和市场推广的重点。例如，适量饮用葡萄酒可预防癌症的发生，预防心血管疾病，利尿、镇定、助消化，提高人体免疫力，对女士来说，最吸引人的一点就是葡萄酒具备美容养颜功效。正是基于这些保健功效，使葡萄酒区分于其他酒类饮品，成为公认的健康含酒精饮品，吸引了众多消费者。

饮用葡萄酒要适量。国际公认的标准是，男士每天建议饮用 300~400 毫升，女士每天建议饮用 200~300 毫升，当然也要根据个人的差异而定。

（2）追求品位的消费心理：调查显示：我国葡萄酒的主要消费群体是中青年群体，他们一般有较高的学历、修养，有较高且稳定的收入和相对固定的交际圈；他们愿意以丰富业余生活的方式去缓解来自职场的压力，追求有品质的生活情调，喜欢并愿意接受新文化、新思想、新事物，愿意购买可以提高生活品质的商品，彰显独特的生活品位。葡萄酒易于营造小资、高雅的生活情调，更易受到这类群体的推崇和喜爱。

图 3-6　受中青年群体喜爱的葡萄酒餐饮

对此类消费群体而言，葡萄酒不仅是一种高档饮品，更能满足文化的体验和社交的需求，能彰显个人的独特个性。品鉴不同品牌的葡萄酒，可以感受葡萄酒文化的魅力，享受葡萄酒带来的味蕾享受，追求葡萄酒文化带来的心理满足。

对应消费者追求品位的心理，将葡萄酒文化融合到营销战略中，树立差异化品牌形象，宣传品牌特点，集合社会文化资源并搭建具有特色的企业文化营销平台，是向此类消费群体营销的较为适宜的路径。

2. 聚餐

在人类社会交际应酬中，酒作为一种载体，独具沟通情感、活跃现场气氛的作用。葡萄酒以其独有的高雅气质和迷人魅力，在社交场合一直备受青昧。这不仅仅取决于葡萄酒本身，更多的源自葡萄酒的饮用文化。我们为什么要喝葡萄酒，我们喝什么种类的葡萄酒，我们怎么喝葡萄酒，我们如何进行葡萄酒与美食的搭配等，这些都是葡萄酒吸引消费者的地方，也正是众多消费者的文化诉求。

品酒本身是一门艺术。所谓品酒，即品尝鉴赏葡萄酒，需要遵循品鉴的程序，在品鉴的过程中，体会葡萄酒的饮酒文化，体会葡萄酒带来的味蕾享受。按照观色、闻香、品味的程序进行葡萄酒的鉴赏。

首先是视觉品鉴。在品尝葡萄酒之前，要观察酒体的颜色，将葡萄酒倒入无色透明的高脚玻璃杯中，以白布作为背景，观察酒体是否澄清，观察酒体颜色是深还是浅。一般来说，红葡萄酒的年份越高越失去其鲜艳的颜色，通过观察酒体边缘的颜色也可以判断出葡萄酒酿造时间的长短。

其次是嗅觉品鉴。将装有葡萄酒的酒杯轻轻晃动几秒，使葡萄酒与氧气充分接触，释放香气，再将鼻子靠近酒杯口，通过嗅闻葡萄酒的气味，分辨出该葡萄酒是由哪种或者哪几种葡萄品种酿造，还可以分辨出该葡萄酒是否在橡木桶中储存过，储存的时间有多久，含有哪些独特的香气。

最后是味觉品鉴。喝一口葡萄酒，用舌头感受葡萄酒的滋味，体会葡萄酒的酸涩度、圆润度、浓烈度，让葡萄酒的香气在口中驻留。

葡萄酒在交际场所也发挥着越来越重要的作用。

（1）朋友、家人聚会：如果不是特别的品酒聚会，只是朋友或家人一起谈心交流，可以选择一款普通葡萄酒，搭配食物、水果，旨在增添聚会气氛，起到助兴的作用。

图 3-7　增添聚会气氛的葡萄酒会

（2）高端商务宴请：随着经济的繁荣发展，近年涌现出许多高端会所，这些会所除了提供场地、饮食外，还提供种类繁多的高端葡萄酒，如知名的酒庄酒、品牌年份酒，甚至是一些高端限量酒，作为商务宴请之用。此时，葡萄酒不仅是一种饮品，更承载着一种消费文化，彰显消费群体独特的品位。

图 3-8　增进沟通的公司年会总有葡萄酒的身影

图 3-9　高端商务宴请选用葡萄酒

3. 赠礼

礼尚往来是中华民族的传统美德。日常交往中，家人、朋友、同事，甚至是商业伙伴之间，都喜欢以赠礼的方式来传递彼此间的情谊。特别是一些重要的传统节日，如春节、元宵节、中秋节等，走亲访友时，采购一些礼品，可表达自己的敬意和情感，亦能增添节日的喜庆氛围。

当下市场上的礼品，其角色定位不单是为了满足走亲访友的需要，还要满足商务礼品的高端需求。商业伙伴间馈赠礼品，更要符合赠予者的身份，体现赠予者的品位和档次。酒类礼品是礼品市场上最受欢迎的产品之一，这与中国上千年的社交文化密不可分。酒历来就是中国人社交场合必不可少的饮品。中国的白酒市场，特别是高端白酒在国内享有较高的知名度和美誉度。近年，随着葡萄酒市场的日趋繁荣，葡萄酒饮用文化在中国不断深入，葡萄酒越来越成为消费者喜爱的礼品。

葡萄酒之所以在短时间内抢占白酒礼品市场份额，在商超市场占有一席之地，主要有以下几点原因。

（1）葡萄酒具有很高的保养功效：白酒虽然一直深受消费者的喜爱，但由于其酒精度偏高，过量饮用会危害健康。葡萄酒酒精度低，适当饮用对人体有益，正是葡萄酒的这种保养功效被人们接受和认可，使其成为消费者喜爱的馈赠礼品。

（2）高端葡萄酒满足商务礼品的需求：部分商务人士喜欢储存和收集知名酒庄的葡萄酒，如世界闻名的拉菲，价格都在几千元甚至上万元，一些葡萄酒品牌提供的高端葡萄酒正好迎合了商务宴请或者商务礼品的需求，能彰显商务人士的品位，满足商务场合的高端需求。

（3）葡萄酒礼盒包装高档时尚：赠送葡萄酒本身就体现了时尚与高雅，与其他酒类不同的是，葡萄酒无论瓶型、标签，还是礼盒包装、广告宣传、设计等都具备较高的审美特点，在充满喜庆氛围的礼品市场独树一帜，给人耳目一新的独特感受，深受年轻人喜爱。

图 3-10　高档葡萄酒礼盒

4. 婚宴宴请

婚宴市场出现的时间并不长，但是发展潜力巨大。近年，随着婚庆市场的升温，许多年轻人都想方设法将自己的婚礼个性化，彰显自己的与众不同，葡萄酒逐渐成为婚礼庆典上不可缺少的庆祝饮品。针对年轻人的个性化需求，为其提供定制服务，精心设计独一无二的个性化酒标，并在酒标的明显位置突出公司的品牌 logo，在满足婚宴市场个性化需求的同时，还可以利用婚礼庆典这个特殊的场合，为品牌进行营销推广。

根据婚宴档次，可以将婚宴市场做进一步的细化。

（1）大众婚宴市场：设计适合大众婚宴需求的葡萄酒，在酒体的口感上要适合大众需求，在酒标的设计上突出婚宴的喜庆氛围，葡萄酒的命名也要喜庆吉祥，价位不宜过高。

（2）高端婚宴市场：针对高端婚宴市场，从酒体到包装设计都应提供个性化的定制服务。根据顾客的不同要求，配合不同的婚宴主题，可以让顾客自己挑选葡萄酒的酒液，请设计师定制独特的酒标。

第二节 影响消费者购买行为的因素

购买这一行为是一个决策过程，是消费者围绕购买生活资料所发生的一切与消费相关的个人行为，包括从需求动机的形成到购买行为的发生，直至购后感受总结这一购买或消费过程中所展示的种种心理活动、生理活动及其他实质活动。

消费者的购买动机复杂多样，一般表现为五个阶段：第一，确认需要，消费者经过内在的生理活动或外界的某种刺激来确认某种需要。第二，搜集资料，消费者通过相关群体影响、大众媒介物宣传以及个人经验等渠道获取与商品有关的信息。第三，评估选择，对所获信息进行分析、权衡，作出初步选择。第四，购买决定，消费者最终表达购买意图。第五，消费效果评价，包括满意度及是否重购的态度。

社会学者认为，人类行为具有社会倾向性，容易受到社会阶层、参考群体等社会倾向的影响；人类学者侧重从文化形态、文化差异及文化变迁等民族特性方面对人类的行为进行分析；经济学者以“效用”作为衡量消费者行为的基础，认为个人从产品的消费上获得满足，亦能理智地评判个人的口味及偏好，以做出合理的购买行动。

葡萄酒消费者的购买决策是在复杂的“内心世界”中完成的。研究表明，葡萄酒消费者“内心世界”的活动受到下述因素的影响。

一、文化因素

中国现存的先秦古籍中，不涉及酒的书很少，中国最古老的文字甲骨文和金文中都有“酒”字。翻开史籍，在记载政治、经济、文化、风俗的变化沿革和天文地理、礼乐制度、科学技术的重大事件的同时，也记载着众多有关酒的精彩故事。从商纣王的酒池肉林，到秦代末年的鸿门盛宴，从曹刘的煮酒论英雄，到宋太祖的杯酒释兵权，酒无不与政治、军事、经济、社交、礼仪密切相连。中国的五十六个民族，如女真族的酒宴、仫佬族的重阳酒、傣族的咂酒之俗、布依族的酒歌等，也都与酒有着不解之缘。“兰陵美酒郁金香，玉碗盛来琥珀光”“劝君更进一杯酒，西出阳关无故人”等抒写“酒”的千古绝句，更是数不胜数。

葡萄酒是一种文化附加值很高的特殊酒品。但是，在不少人眼中，葡萄酒是舶来品，代表的是西洋文化，我国传统的豪饮十大碗的气势与葡萄酒专家眼中的葡萄酒文化格格不入。

（一）葡萄酒文化

葡萄酒文化是指以葡萄酒为文化载体而衍生出的一种酒文化，主要是指葡萄酒的生产技术、消费者心理意识和行为规范的总和，包括葡萄酒的酿造、斟饮方式与人体健康的关系等一系列与葡萄酒有关的知识、政府政策、营销战略、葡萄酒文化交流，以及与葡萄酒有关的文艺作品等。广义上，葡萄酒文化包括几千年来不断改进和提高的葡萄栽培管理技术、葡萄酒酿造技术、法律制度、酒俗酒礼、饮酒器皿，以及文人墨客创作的与葡萄酒相关的书画、诗文词句等；狭义上的葡萄酒文化则仅是指葡萄酒品饮的礼节、风俗、佚闻等。

（二）葡萄酒的文字记载

葡萄，中国古代曾叫“蒲陶”“蒲萄”“蒲桃”“葡桃”等，葡萄酒则相应地叫做“蒲陶酒”等。此外，在古汉语中，“葡萄”也可以指“葡萄酒”。关于葡萄两个字的来历，李时珍在《本草纲目》中写道：“葡萄，《汉书》作蒲桃，可造酒，人酺饮之，则醄然而醉，故有是名”。“酺”是聚饮的意思，“醄”是大醉的样子。按李时珍的说法，葡萄得名是因为这种水果酿成的酒能使人饮后醄然而醉，故借“酺”与“醄”两字，叫做葡萄。

中国最早有关葡萄的文字记载见于《诗经》中的《周南·蓼木》：“南有樛木，葛藟累之。乐只君子，福履绥之。”《王风·葛藟》：“绵绵葛藟，在河之浒。终远兄弟，谓他人父。谓他人父，亦莫我顾。”《豳风·七月》：“六月食郁及薁，七月亨葵及菽，八月剥枣，十月获稻，为此春酒，以介眉寿。”从以上诗歌里，可以了解到在《诗经》所反映的殷商时代，人们就已经知道采集并食用各种野生葡萄了。《周礼·地官司徒》记载：“场人掌国之场圃，而树之果蓏珍异之物，以时敛而藏之。”郑玄注：“果，枣李之属。蓏，瓜瓠之属。珍异，蒲桃、枇杷之属”。管果树的园艺师，指导百姓，种植葡萄、枇杷等物，按时收敛储藏。这样推算，大约在3000年前的周朝，中国已经开始种植葡萄，人们就已经知道怎样储藏葡萄了。

图3-11 尚未采摘的新鲜葡萄

（三）中国葡萄酒文化特征

对葡萄酒文化而言，仅从餐桌礼仪讲，西方人通过长时间不断探索，逐渐形成了一套享受葡萄酒的餐桌礼仪。如注重酒杯与葡萄酒种的搭配、葡萄酒种与菜肴的搭配；讲究在恰当的温度范围内饮用香槟酒，干红、干白等各种葡萄酒。另外，在斟酒、倒酒、品尝、菜肴的配搭各方面都有近乎严格的要求。

中国的葡萄酒文化是集体主义的，讲究的是呼朋引伴，开怀畅饮。而西方的葡萄酒文化更为侧重个人主义，表现在两方面：一是既有群聚而饮，也颇多浅尝独酌；二是产品多样化、个性化，突出酿酒师的作用。

中国葡萄酒文化的权力距离大，表现在饮酒礼仪上，尊卑、长幼、主客、亲疏分明，一旦破坏距离，就会有人心里不适；西方葡萄酒文化的权力距离较小，更为率意随性。中国葡萄酒文化偏男性主义，“美酒醉人”多用于男性抒怀消愁；西方葡萄酒文化则更多加入了女性主义的因素，偏于中性。此外，虽然中国古代有着非常灿烂的葡萄葡萄酒文化，遗憾的是，它却没能随着时代的前进而发展。

中国葡萄酒市场真正兴起的初始阶段，葡萄酒仅被作为一个新酒种得以推广，出于猎奇心理和跟风心理购买葡萄酒的消费者居多，很多人喝葡萄酒还是一种尝鲜的心理。相当一部分消费者对葡萄酒的认知度很低，缺乏对葡萄酒的欣赏与辨别能力，缺乏科技文化的支撑，缺乏有关的标准、监督和引导。

很长一段时间，葡萄酒在中国的发展，更多的是作为一种奢侈品或者说是一种身份象征。对葡萄酒本身的追求者寥寥无几，对葡萄酒的酿造工艺及品质更是缺乏了解，消费者习惯于用中国的白酒文化来认识葡萄酒。其实，葡萄酒无论从颜色到口味、从标注到饮用都与中国传统的白酒、黄酒有着很大的区别。

二、社会阶层因素

社会阶层是由具有相同或类似社会地位的社会成员组成的相对持久的群体，指一个社会中具有相对的同质性和持久性的群体。往往是按照等级排列的，不同等级的成员被培养成一定的角色，而且不能改变他们的成员资格。每一阶层的成员具有类似的价值观、兴趣爱好和行为方式。

同一社会中，人们由于所处的经济地位不同而具有不同的价值观、生活态度及生活情趣，从而表现出不同的消费取向和消费行为。

（一）社会阶层的消费者行为差异

1. 支出模式上的差异

不同社会阶层的消费者所选择和使用的产品是存在差异的。有的产品如奢侈品、古董、豪华汽车等更多地被上层消费者购买，而另外一些产品如廉价服装及日常饮品则更多地被下层消费者购买。下层消费者的支出行为从某种意义上带有“补偿”性质。一方面，由于缺乏自信和对未来并不乐观，他们十分看重眼前的消费；另一方面，由于所受的教育水平较低而使他们更容易产生冲动性购买。

2. 休闲活动上的差异

社会阶层从很多方面影响个体的休闲活动。一个人所偏爱的休闲活动通常是同一阶层或邻近阶层的其他个体所从事的某类活动，其选择新的休闲活动往往也是受到同一阶层或较高阶层成员的影响。虽然在不同阶层之间，用于休闲的支出占家庭总支出的比重相差无几，但休闲活动的类型却差别颇大。

3. 信息接收和处理上的差异

信息搜集的类型和数量也随社会阶层的不同而存在差异。处于最底层的消费者通常信息来源有限，对误导和欺骗性信息缺乏甄别能力。出于补偿的目的，他们在购买决策过程中可能更多地依赖亲戚、朋友提供的信息。中层消费者则比较多地从媒体上获得各种信息，而且会更主动地进行外部信息搜集。随着社会阶层的上升，消费者获得信息的渠道会日益增多。

4. 购物方式上的差异

人们的购物行为也会因社会阶层而异。一般而言，人们会形成哪些商店适合哪些阶层消费者惠顾的看法，并倾向于到与自己社会地位一致的商店购物。

（二）葡萄酒消费在中国的兴起

20 世纪 80 年代，中国相继成立了三家国营葡萄酒厂，分别是与法国合作的王朝葡萄酒厂、中粮集团旗下的长城葡萄酒厂以及烟台张裕集团。

与西方葡萄酒文化强调土壤、气候、年份、地理等风土条件不同，中国国营葡萄酒厂所选取的品牌名称均是能代表国家形象与历史的象征符号，如长城、华夏、古代中国的王朝等，由此试图传达中华民族振兴发展经济的决心：中国，作为曾经并一直拥有辉煌灿烂历史与文化的古老国度，在经历了无数艰难坎坷后，自强不息，不断崛起，如今已经具备足够的能力与技术，可以生产出与欧洲与美国出品相媲美的优质葡萄酒。

图 3-12 葡萄酒日常陈列

伴随葡萄酒产业发展的是，在 20 世纪 90 年代，葡萄酒消费受到政府的鼓励与推动。这股消费浪潮被社会学者与人类学者理解为一种中国式的“消费革命”(consumption revolution)，即在中国政府的支持与影响下拉动内需、促进消费。葡萄酒，不论国产或是进口，正是在国家政策的支持与发展经济的需求这一大背景下进入了国人的消费领域。在这种“自上而下”式的带动性消费情境中，法国葡萄酒尤其是波尔多葡萄酒最先受到中国消费市场的追捧，究其原因，这与中国政府对法国葡萄酒最先认可，与波尔多的列级庄分级制度，以及中国现代化进程中人们对于葡萄酒的消费想象密切关联。

（三）中产阶层成为消费葡萄酒的中坚力量的时代来临

在中国，高端葡萄酒尤其是红葡萄酒，一度被视作地位和身份的象征。澳大利亚葡萄酒业和中国政府的数据显示，近年来中国进口葡萄酒的数额不断减少。西澳玛格利特河（Margaret River）产区的航海家酒庄（Voyager Estate）酒窖经理 Janine Carter 表示：“当中国人不再单纯把葡萄酒用作礼品赠送或视作身份的象征，而是对葡萄酒本身和葡萄酒与美食的搭配产生兴趣之后，我们将看到葡萄酒的销量再度上涨。”

近年，中国奢侈葡萄酒的时代已经结束，一二线城市中逐渐发展壮大起来的中产阶级被认为是当今中国葡萄酒消费的中坚力量。

即便是在人们的日常消费中，一种葡萄酒的社会话语依然强烈影响着个体对葡萄酒的消费认知与行为选择。不论是对法国与波尔多葡萄酒的认同，或是对健康、浪漫品位、特殊时刻等的品饮的认可，都会受到政治与经济力量的影响。其中蕴含了一种所谓的“购买权力”（purchasing power），亦即人们看似随意性的购买行为并非源于简单的个体动机，而是由政治、历史与文化多种元素的力量驱使。

（四）“专业性消费”行为

葡萄酒消费增长源于一系列原因，包括葡萄酒教育的发展；社交媒体，如微信的广泛运用；葡萄酒品饮会的大量举办；更为便宜与丰富的进口葡萄酒品牌可被选择等。根据一项对 2017、2018 及 2019 三年在北京、成都与昆明对葡萄酒饮品展开的田野调查发现，葡萄酒的消费者群体并非都集中在高收入阶层，许多是月薪 5000~8000 元人民币的白领阶层以及部分大学生，他们参加品酒会的主要原因是好奇，品饮葡萄酒被认为是一种新奇且带有异国情调的行为，他们享受这样的休闲时光。这一消费行为被称为一种“专业性消费”，与葡萄酒的政治性与奢侈性消费不同的是，这种消费行为侧重于葡萄酒品鉴知识的学习与实际的品味体验，强调个人生活的丰富与素养而不再是用于构建社会网络关系或是简单的炫富。当下，这种消费趋势可被理解为“为自己而活”（living for oneself），即个体开始越来越强调自身的个性追求。

三、个人因素

（一）心理性购买动机

消费者的需要多种多样，有来自消费者本体的生理需要，也有社会环境影响下形成的心理需要；有生存需要，也有发展需要。按照马斯洛的需求层次理论，消费者的需要分为生理需要、安全需要、爱与归属的需要、尊重的需要以及自我实现的需要。与消费者的需要相似，消费者的购买动机也是复杂多样的，一般可区分为生理性购买动机和心理性购买动机。

个人因素主要体现在个人心理动机上，心理动机是引发个体活动并使之向一定目标和方向前进的内在心理活动，是引起个体行为发生、造成行为结果的内在驱动力。心理性购买动机具有深刻、隐匿、多样化的特点。

随着人类社会的发展，单纯的生理性购买动机越来越少，多数是生理性购买动机与心理性购买动机相互交织在一起，基于某一类动机起主导作用，从而衍生出求实、求新、求美、求廉、求名、求新、从众、自我表现、好胜攀比、满足嗜好等多种动机类型。

（二）食品消费动机

民以食为天，人人都离不开食品。但是，不同消费者购买和消费食品的动机各异，有些消费者购买食品主要是为了满足本体生理的需要，如充饥、解渴等，而有些消费者购买食品则是为了休闲、放松、享受生活。食品消费者的购买动机主要有健康、感官、自然，环保、品质、交际等。

学者对日本、马来西亚、新西兰等国的食品购买者的动机进行了比较研究，发现女性消费者比较关注健康、心情、便利、感官、成分、价格、控制体重、熟悉和伦理关怀。人们的食品安全意识、与自然环境关系的态度和他们的绿色蔬菜购买行为存在相关性。营养健康和环保支持两类动机对消费者的安全农产品消费意愿有影响，天然安全、营养健康、时尚潮流、环保支持与品质保证五类动机对安全农产品消费行为均会产生影响。

（三）不同性别消费者的购买动机

1. 男性消费者购买动机的特点

（1）动机形成迅速、果断、具有较强自信心：男性善于控制自己的情绪，处理问题时能够冷静地权衡各种利弊因素，从大局着想。具有较强的独立性和自尊心的特点直接影响他们在购买过程中的心理活动。因此，动机形成果断迅速，并能立即导致购买行为，即使是处在比较复杂的情况下，也能够果断处理，迅速做出决策。

（2）购买动机具有被动性：就普遍意义讲，男性消费者购买活动远远不如女性频繁，购买动机也不如女性强烈，比较被动。在许多情况下，购买动机的形成往往是由于外界因素的作用，如家里人的嘱咐，同事、朋友的委托，工作的需要等等，动机的主动性、灵活性都比较差。

（3）购买动机感情色彩比较淡薄：男性消费者在购买活动中心境变化不如女性强烈，不喜欢联想、幻想，感情色彩比较淡薄。所以，当动机形成后，稳定性较好，其购买行为也比较有规律。男性消费者在购买某些商品上与女性的明显区别就是决策过程不易受感情支配，如购买汽车，男性主要考虑商品的性能、质量、名牌、使用效果转售价值和保修期限。如果上述条件符合其要求，就会做出购买决策。而女性则喜欢从感情出发，对车子的外观式样、颜色严加挑剔，并以此形成自己对商品的好恶。另外，男性消费者认为男性的特征是粗犷有力，因此，他们在购买商品时，往往对具有明显男性特征的商品感兴趣，如烟、酒、服装等。

图 3-13　葡萄酒消费决策受性别影响，男性往往偏爱酒体饱满的葡萄酒

2. 女性消费者购买动机的特点

（1）具有较强的主动性、灵活性：女性较多地进行购买活动的原因是多方面的。有的是迫于客观需要，如操持家务；有的则是为满足自己的需要；有的把买商品作为一种乐趣或消遣等，所以购买动机具有较强的主动性、灵活性。

（2）具有浓厚的感情色彩：女性的心理特征之一是感情丰富、细腻，心境变化剧烈，富于幻想、联想，因此购买动机带有强烈的感情色彩。如看到某种儿童服装新颖漂亮，马上会联想到自己孩子穿上这套服装会是什么样子，从而引起积极的心理活动，产生喜欢、偏爱等感情，促发购买动机。

（3）购买动机易受外界因素影响，波动性较大：女性购买动机的起伏波动较大，这是因为女性心理活动易受各种外界因素的影响，如商品广告宣传，购买现场的状况，营业员的服务，其他消费者的意见等。例如，许多商店为了招徕顾客，用醒目大字标明“减价商品”“处理商品”“出口转内销”等，这些往往对女性具有特别吸引力。

图 3-14 葡萄酒消费决策受性别影响，女性往往偏重葡萄酒营造的氛围

（四）不同收入水平消费者的购买动机

研究表明，月收入低于 1000 元的消费者，购买葡萄酒主要用于佐餐，购买动机不明确的比例亦最高；月收入 1001~3000 元的消费者比较关注葡萄酒的社交功能和保健功能；月收入 3001~5000 元的消费者最关注葡萄酒的社交功能；月收入 5001~7000 元的消费者购买葡萄酒主要是为了社交、投资和收藏；与其他组相比，月收入高于 7000 元的消费者购买葡萄酒用于投资和收藏的动机最强烈，亦比较关注葡萄酒的保健功能。

不同收入水平的消费者，其葡萄酒购买动机存在极显著差异，说明个人收入对葡萄酒购买动机具有显著影响。

（五）不同职业消费者的购买动机

不同职业的消费者群体其葡萄酒购买动机存在较大差异。学生群体比较关注葡萄酒的佐餐功能，农民消费者不清楚葡萄酒购买动机的比例明显高于其他职业者，佐餐动机最低；自由职业者、国企职工、外企 / 私企职员购买葡萄酒主要出于社交动机、投资动机和收藏动机；离退休人员购买葡萄酒主要是追求葡萄酒的保健功能，对葡萄酒的投资功能也有较高关注度，社交动机最低，购买动机不明确比例比较高；事业单位人员则比较关注葡萄酒的保健功能；公务员群体购买葡萄酒主要出于社交动机和健康动机。

四、产品因素

（一）品牌

由于葡萄酒饮用在我国兴起的历史较短，多数消费者并不了解进口葡萄酒品牌，也有部分消费者曾经购买过进口葡萄酒品牌，如奔富、黄尾袋鼠、桃乐丝、拉菲、卡思黛乐等。

消费者对国产品牌了解度较高，几乎每位消费者都知道烟台张裕集团并且购买过张裕葡萄酒，其次是长城葡萄酒、威龙葡萄酒等，而对其他国产酒品牌如王朝、通化、尼雅、楼兰、紫轩、莫高、夏桐、西夏王、戎子、怡园等了解相对少，对这些品牌葡萄酒购买力较低。

在国产酒和进口酒产品选择之间，原先消费者对于进口酒的认知程度较低，消费者接触到的进口酒较少，所以消费者更多地会选择国产酒。随着世界贸易的不断发展和信息化时代的到来，中国消费者对于进口葡萄酒的消费呈现出增长的势头。

相对于进口酒品牌和其他国产品牌而言，消费者对于烟台地区葡萄酒品牌的认可度较高，特别是张裕、君顶、威龙、黑尚莓等品牌的知名度较高，不过宁夏产区也在近年来展现出极大的潜力，贺兰晴雪、银色高地等品牌也在市场上声名鹊起。

（二）口感

消费者在购买葡萄酒产品时，在注重品牌的同时也非常重视葡萄酒带来的口感。从年龄角度分析所调查的消费者：年龄在 18~20 岁的消费者选择酸甜、涩感轻的葡萄酒居多；21~50 岁的消费者偏向于酸甜、甜味重、涩感轻的葡萄酒；50 岁以上的消费者倾向于酸甜和涩感重的葡萄酒。几乎所有年龄段消费者都倾向于选择酸甜口感的葡萄酒，对于涩感的喜好则是随着年龄的增长而略有加重。因此，葡萄酒企业可以根据消费者不同的口感偏好酿造出不同口味的葡萄酒，供不同年龄段的消费者选择。

（三）价格

性价比是消费者在购买葡萄酒产品时考虑较多的因素。38% 的消费者在购买时会选择 120~300 元的葡萄酒，25% 的消费者会选择 80~120 元的葡萄酒，15% 的消费者选择 300~1000 元的葡萄酒，12% 的消费者会选择 30~80 元的葡萄酒，而只有各 5% 的消费者会选择 30 元以下和 1000 元以上的葡萄酒。从消费者月收入的角度分析购酒行为，绝大多数消费者能接受 80~300 元的葡萄酒，主要是一些中低端的葡萄酒，不太愿意购买较高价格的葡萄酒产品，低收入和中等收入的消费者也会选择 30~80 元的葡萄酒，也存在部分消费者愿意选择高端葡萄酒，能接受较高价格的消费者多是高收入人群。随着收入的提高，消费者购买的葡萄酒的产品价格也随之升高。

（四）葡萄品种

世界上大约有 1/3 葡萄酒产于欧洲，主要的出产国是意大利、法国、西班牙、葡萄牙等。欧洲以外的主要产酒国有美国、智利、澳大利亚、新西兰、阿根廷和南非，而中国在不久的将来会成为葡萄酒的生产大国。

每个葡萄酒出产国都有适合酿酒葡萄生长的气候条件，葡萄产区一般都位于南北纬 30°~50° 的气候带。大多数葡萄酒出产国都生产不同类型的葡萄酒，但是每个国家或产区都有自己特色的葡萄品种和酒品，比如波尔多的多品种混酿红葡萄酒，指定采用的葡萄品牌有赤霞珠（Cabernet Sauvignon）、美乐（Merlot）、品丽珠（Cabernet Franc）、小味而多（Petit Verdot）等，勃艮第的黑皮诺（Pinot Noir）红葡萄酒和霞多丽（Chardonnay）白葡萄酒，香槟区由黑皮诺和霞多丽所酿制的起泡酒，新西兰的长相思（Sauvignon Blanc）白葡萄酒，阿根廷的马尔贝克（Malbec），澳大利亚的设拉子（Shiraz），智利的佳美娜（Carmenere），南非的皮诺塔吉（Pinotage），美国的金粉黛（Zinfandel）等等。

（五）年份

年份是评价葡萄酒质量的一种指标，不同年份的葡萄酒有不同的特性，它的香气、颜色、口感等都会有所不同。参与调查的消费者对于葡萄酒年份的看法各不相同，有 34% 的消费者认同年份越久葡萄酒质量越好的看法，而仅有 3% 的消费者认为年份越新葡萄酒的质量越好，还有 13% 的消费者认为年份与葡萄酒质量无关，绝大多数消费者认为葡萄酒的质量不仅受年份的影响，还有其他因素的影响。

（六）功效

消费者熟知葡萄酒具有软化血管、抗氧化、防衰老、美容养颜的功效，除此之外，葡萄酒还可以增进食欲、助消化、减肥、利尿、杀菌、改善睡眠等，消费者在购买葡萄酒时，葡萄酒所具有的这些功效也会影响到消费者的购买行为。

（1）葡萄酒是具有多种营养成分的高级饮料：适度饮用葡萄酒能直接对

人体的神经系统产生作用，提高肌肉的张度。除此之外，葡萄酒中含有的多种氨基酸、矿物质和维生素等，能直接被人体吸收。因此葡萄酒能对维持和调节人体的生理机能起到良好的作用。尤其对身体虚弱、患有睡眠障碍者及老年人的效果更好。

（2）葡萄酒助消化作用：饮用葡萄酒后，如果胃中有 60~100 毫升的葡萄酒，可以使胃液的形成量提高到 120 毫升。

（3）葡萄酒助医学作用：葡萄酒中的单宁，还可以调整肠道肌肉系统中平滑肌纤维的收缩性，调整结肠的功能，对结肠炎有一定的功效。虽然葡萄酒的营养价值很高，但是它毕竟是酒的一种，总会有一定的酒精含量。因此，不管葡萄酒有多大的功效，都不能过量饮用。否则，将会破坏人体的免疫机能，增加人体的患病机会。

（4）延缓衰老：人体跟金属一样，在大自然中会逐渐“氧化”。人体氧化的罪魁祸首不是氧气，而是氧自由基，它是一种细胞核外含不成对电子的活性基团。这种不成对的电子很易引起化学反应，损害脱氧核糖核酸、蛋白质和脂质等重要生物分子，进而影响细胞膜转运过程，使各组织、器官功能受损，促进机体老化。红葡萄酒中含有较多的抗氧化剂，如酚化物、鞣酸、黄酮类物质、维生素 C、维生素 E，以及微量元素硒、锌、锰等，能消除或对抗氧自由基，所以具有抗老防病的作用。

第三节　葡萄酒消费者购买决策的过程

消费者购买决策是指消费者谨慎地评价某一产品、品牌或服务的属性并选择、购买能满足某一特定需要的产品的过程。

广义的消费者购买决策是指消费者为了满足某种需求，在一定的购买动机支配下，在可供选择的两个或者两个以上的购买方案中，经过分析、评价、选择并且实施最佳的购买方案，以及购后评价的活动过程。它是一个系统的决策活动过程，包括需求的确定、购买动机的形成、购买方案的抉择和实施、购后评价等环节。

一、认识需要

消费者购买决策的第一步是问题认识，这是消费者决策过程的开始，这种需要可能由内在的生理活动引起，也可能因外界的某种刺激而引发。对于葡萄酒消费者来说，为何购买葡萄酒是他们消费行为的开端。

（1）在购买葡萄酒方面，最常见的认识需要为健康动机、佐餐动机和社交动机3个方面，从跨文化角度比较分析澳大利亚、意大利、希腊、德国等国家居民的葡萄酒购买动机，可以概括为社交动机、健康动机、时尚动机、佐餐动机、专业动机。年轻消费人群饮用葡萄酒主要是为了享受葡萄酒的美妙、社会交际和个人体验。

（2）在评估待购商品时，文化价值会影响到消费者对葡萄酒的选择。受中国传统文化影响，消费者认为白色代表不吉利，从而导致了白葡萄酒未能在市场上流行。在传统的葡萄酒消费国家（如意大利、法国），饮用葡萄酒是一种生活习惯，人们几乎每天都饮用葡萄酒，包括普通用餐也会饮用葡萄酒，而新兴葡萄酒消费国家（如爱尔兰、中国）则明显不同，葡萄酒饮用频率较低，且主要是在过节、聚会或举行大型庆典仪式时才会购买和饮用葡萄酒。用使用生活方式指标对澳大利亚葡萄酒市场进行细分研究，则可以发现信念、价值观及其生活方式都是根植于葡萄酒消费行为当中的，对消费者的行为具有重要影响。

（3）对生活的重要程度：消费者对购买决策的重要性认识是不同的，如果非常重视该消费活动，则认为该购买决策是非常复杂的；如果认为该消费活动可有可无，则会认为该决策是简单、轻松的。介于二者之间时，消费者往往会发生习惯型决策。具备较高葡萄酒摄入水平的消费者往往拥有较全面的葡萄酒知识，购买葡萄酒的兴趣和动机亦比较高，他们常常购买产品属性比较复杂的葡萄酒品牌；相反，摄入水平较低的消费者往往购买产品属性较为简单的葡萄酒品牌（比如新西兰的长相思葡萄酒，仅仅涉及葡萄品种和原产国），摄入水平较低的消费者在购买过程中亦不会投入太多时间去评价待购商品。研究表明，产品摄入程度和购买摄入程度较高的消费者往往比产品摄入和购买摄入程度较低的消费者更加关注葡萄酒的原产地信息。相比之下，具有较高产品摄入水平的消费者会降低对价格的敏感程度。

二、收集信息

消费者的信息来源主要有四个方面：个人来源，如家庭、亲友、邻居、同事等；商业来源，如广告、推销员、分销商等；公共来源，如大众传播媒体、消费者组织等；经验来源，如操作、实验和使用产品的经验等。

葡萄酒产品的信息需要通过营销渠道发布扩散。美国市场营销学家菲利普·科特勒认为营销渠道是指某种货物或劳务从生产者向消费者移动时，取得这种货物或劳务所有权或帮助转移其所有权的所有企业或个人。简单说，营销渠道就是商品和服务从生产者向消费者转移过程的具体通道或路径。

目前，主要的葡萄酒营销渠道有以下几种：商超模式、商业会所模式、传统餐饮娱乐场所模式、团购模式、新型的便利店终端、参与展会开拓资源和电商模式。

商超模式有严格的葡萄酒质量监测系统和商户资质认证流程，进货渠道可靠，但入驻门槛较高，进店费、上柜费、店庆费、条码费等各种费用转嫁到最终的消费者身上，价格虚高。

商业会所模式是各行业高端人士聚集地，消费实力不言而喻，但拓展这一渠道需要丰富的社会资源和人脉关系，客户群体有限。一般为原产国原瓶进口的酒庄酒，品牌信誉度有保障。

传统餐饮娱乐场所模式指宾馆、酒吧、KTV、夜总会、舞厅等，客流量大，销量大，分销商操作，利润率不高，需要一定的进场费同时存在账期问题。年轻一代消费居多，由于消费者对葡萄酒知识匮乏，真假难辨，假酒横行。

和商超相比，新型的便利店终端规模较小，各项费用较低，但货物储存、展区小。葡萄酒品质有保证，但供货种类和数量受限。

通过参与展会开拓资源的，参会消费者具备一定的葡萄酒专业知识，社会各界的广泛参与亦能为葡萄酒商搭建展示的平台，为打造和完善葡萄酒全产业链发力，向社会及消费者展示葡萄酒的魅力及文化。此外，还可以设置品鉴学堂，特邀五星级酒店主厨烹饪高水准佳肴搭配顶级葡萄酒；让公众在吃美食、喝美酒的同时，更加深入地了解葡萄酒文化。此模式葡萄酒品牌品质、商家服务态度专业素养都有保障，只是参会时间地点有其局限性，需要会后继续保持接洽联络。

通过电商模式，依托新媒体营销（如当下常见的微博、微信等），可实现供需即时性。发展势头强劲，且费用率低，除了网络运营和物流系统费用，并无其他成本投入，但因缺乏行业监管，鱼目混珠现象层出不穷。

三、进口葡萄酒主要的营销渠道

（一）专卖店和品牌连锁系统

专卖店是目前葡萄酒销售的主要渠道之一，对于大部分经销商而言，往往会选择直营或者加盟专卖店的方式，如建设成直营的酒窖，加盟进口葡萄酒连锁品牌。这样做的优势是修正输出形象，给消费者沟通提供一个专业的场所，同时能够储存、批发兼零售进口葡萄酒，让消费者现场品尝和体验，进而了解和学习葡萄酒知识和文化，有利于培养顾客忠诚度。

图 3-15　葡萄酒专卖店陈列

（二）大型卖场和连锁商超系统

大型卖场和连锁商超系统是非常传统的进口葡萄酒线下销售渠道，也是主要销售渠道之一，它给进口葡萄酒提供了一个较为广阔的展示平台和活动特价专区，并且可以让经销商公司的促销人员驻场，能够直接面向消费者促销推荐，在团购市场趋于固定甚至有些下滑的背景中，大型卖场和连锁商超系统成为在葡萄酒行业调整期内进口葡萄酒经营企业不得不重视的一类渠道。该渠道有大量的人流量，可以使品牌曝光度得到显著提升，但其进驻费用很高，使得一些中小型企业望而却步。

图 3-16　商超葡萄酒零售展示

（三）电子商务系统

随着互联网技术日益成熟，新型购物消费模式不断创新。移动互联网快速发展，消费方式也在变化。电子商务时代的到来势不可挡，进口葡萄酒行业也不例外。尽管很多进口商担心在网上销售存在很大风险，例如网络低价破坏产品价格体系，或是网络假冒伪劣产品影响企业信誉，但是葡萄酒行业开启电商之路已是大势所趋，酒仙网、也买酒、挖酒网、酒美网、1919 酒类直供等全国大型知名平台纷纷登场，地方上也大量出现了类似的平台，如郑州的酒便利、石家庄的酒快供、哈尔滨的小酒喔等专业的葡萄酒销售平台，进口葡萄酒电子商务业务正在飞速发展。

图 3-17　出现于在线葡萄酒销售平台上的海报，主打平民消费

（四）其他系统

进口葡萄酒的销售渠道有很多，除上述三种主要销售渠道外，还有餐饮渠道、娱乐渠道、个人团购渠道、展会渠道等。餐饮和娱乐渠道属于终端渠道，较适合普通大众，这种终端通常客流量比较大，消费者较多，但目前餐饮渠道多数允许自带酒水，而娱乐渠道多数是以啤酒为主，对进口葡萄酒的销售尚未较大规模的拉动。个人团购渠道曾经被誉为行业赖以生存的生命线，这一说法充分证明了个人团购渠道过去的重要性，但国家颁布的各项禁酒政策使之受到很大的冲击，加之进口葡萄酒已逐渐迎来去暴利化的时代，个人团购渠道已不复往日的辉煌。通过展会渠道去购买葡萄酒的客户相对于普通客户来说会更专业，往往有明确的目标，一般来说会有一定的成交率。

四、购买行为

消费者对商品信息进行比较和评选后，已形成购买意愿，然而从购买意愿到决定购买之间，还要受到两个因素影响。

（一）参照群体

参照群体是影响消费者行为发展的一个重要因素，可区分为直接参照群体和间接参照群体。直接参照群体是与消费者直接接触进而影响消费者行为的群体，如家庭成员、亲戚朋友、同事、邻居等。间接参照群体是指消费者推崇或熟悉的群体，如电影明星、新闻人物、知名人士等。

图 3-18 葡萄酒消费易受家庭成员影响

调查研究显示，过往的品酒感受和他人推荐对消费者的葡萄酒购买行为都产生了重要影响，亲友推荐对消费者的葡萄酒购买有显著影响，葡萄酒杂志对消费者的葡萄酒购买产生了重要影响，杂志当中的一些观点对消费者选购葡萄酒起到了重要的指向性作用。一项对英国 1512 名经常饮用葡萄酒的消费者的调查研究结果表明，在英国，60% 的消费者认为朋友、家人的推荐为他们选购葡萄酒提供了有价值的信息，30% 左右的葡萄酒消费者认为店面标识、店员建议、葡萄酒评论对其购买行为有重要影响，29% 的葡萄酒消费者表示受到奥兹 - 克拉克（Oz Clarke）、奥利 · 史密斯（Olly Smith）、杰西斯 · 罗宾逊（Jancis Robinson）、罗伯特 · 帕克（Robert Parker）等知名葡萄酒评论家观点的影响。

图 3-19　葡萄酒消费易受酒评人影响

经常消费葡萄酒的人群不但受到葡萄酒评论家在报刊、论文、评论区等发表的个人观点的影响，而且越来越多的消费者受到书籍、电视、电子邮件、杂志、互联网等各种各样信息媒体的影响。

（二）意外的情况

如果发生了意外的情况，如失业、意外急需、涨价等，消费者则很可能改变购买意图。

1. 价格差异

当线上和线下分销葡萄酒的时候，发生价格的冲突是在所难免的，线下主要传统渠道为流通、团购、商超和餐饮。这些渠道价格体系设置的价格阶梯模式都十分成熟，但网络渠道的价格因为减少了中间环节，价格优势极为明显，而面对的也不只有终端消费者，同时还会有传统渠道上的订购，若是未能恰当处理，就会造成混乱。

2. 风险因素

顾客在购买时可能存在产生风险的行为。在金钱上产生风险，是否会对产品产生依赖，购买之后将来产生依赖性而导致自己陷入消费陷阱又或是第一次购买是否物超所值，在心理上产生风险，当消费者现实收到产品与当时在购物场景所选择的产品的期望不相符合时，就会产生失落感。

五、购后行为

消费者购后的满意程度取决于消费者对产品的预期性能与产品使用中的实际性能之间的对比。购买后的满意程度决定了消费者的购后活动，了解消费者是否重复购买该产品，决定了消费者对该品牌的态度，并且还会影响到其他消费者，形成连锁效应。

图 3-20　葡萄酒复购受满意度影响

2019 年 3 月 21 日，胡润研究院发布《新零售时代的新需求——2019 中国酒类消费行为白皮书》。这份 32 页的专业报告揭示了后物质时代下的中国高净值人群酒类消费新趋势、酒类消费行为特征，以及对新零售的认知。

胡润研究院对 300 位中国一二线城市的高净值饮酒人士开展了一对一问卷访问形式的定量研究（他们是酒类主力消费者，单瓶酒消费价格平均在 500 元以上）。样本平均年龄 34 岁，平均家庭总资产 1290 万元，男性占 53%，女性占 47%，85% 已婚，85% 拥有大学本科或以上学历，中高层管理人员占 68%，一般职员占 25%，总经理 /CEO/ 总裁占 7%。样本覆盖中国主要酒类消费城市，包括上海、南京、杭州、北京、石家庄、天津、成都、重庆、广州、深圳、长沙和武汉。

研究结果显示，酒类对于中国高净值人群逐渐衍生出了较高的社交价值、品牌价值与收藏价值，他们在消费目的与场景上的需求更加明确。高净值饮酒人群最看重的购买考虑因素是口感和品牌，在购买渠道上也更加多元。95% 的高净值人群对于新零售有着一定的认知，85% 体验过新零售服务模式，对于新零售的接受度普遍较高。

个性化、多样化、智能化、场景化、精准化、跨界化发展将是未来新零售业的基本特征。80、90 后是未来葡萄酒主力消费人群，女性消费群体正在崛起。葡萄酒是她们自饮和收藏的心头好，固定消费习惯已成主流，她们信赖 KOL 经验分享，热衷娱乐综艺，热爱即时社交，喜欢逛街购物。最受青睐的葡萄酒品牌是拉菲。

图 3-21 消费群体注重葡萄酒消费的场景化成为新零售业态趋势

在购买葡萄酒后，口感和品牌是他们最看重的购买考虑因素。葡萄种类、年份、产地都是重要的考虑因素。他们最信赖的购酒信息渠道是品牌官方在销售渠道的陈列及展示，其次为口碑宣传。除此之外，品牌官网信息与日渐流行的公众号或是嵌入式小程序在信息宣传上也颇具影响力。

任务训练

1. 学生扮演一家葡萄酒厂商的顾问，该厂商要为自己的葡萄酒新品设计一种包装以打开已饱和的市场，运用消费者心理活动过程相关知识，对产品外观的颜色、象征意义、包装等方面提供建设性意见，并陈述你所提建议的原因。

达成效果：对消费者心理活动过程有更进一步的理解和认识，明白各个阶层、年龄段的人群对产品的需求是不同的，能为葡萄酒企业的产品设计、广告宣传等方面提供可行性建议。

2. 以 APP 在线调研的方式，完成一份葡萄酒消费者市场调研报告。

报告内容须含：

· 样本市场消费者对葡萄酒的需求层次、品牌认知度；

· 样本市场消费者的饮酒（葡萄酒）类型、习惯、场合、男女比例、年龄层次等因素，挖掘潜在市场消费者。

第四章
葡萄酒销售概述

本章导读

葡萄酒的销售是一门既简单又复杂的学问。说其简单，是因为相比于充满技术和高尖端的某些专业领域，葡萄酒销售显得颇有些浪漫色彩，不需要专业的数据和冷冰冰的代码，有时只需要向顾客描绘某款酒的美好以及在舌尖的微妙感觉，即可达成交易。说其复杂，是因为一般来说，客户接收到的产品的信息越多越真实，越可成交。但对于葡萄酒来说，有时过多的信息会破坏顾客对于葡萄酒的想象，反而适得其反。所以销售人员不仅需要懂得葡萄酒方面的知识，还需要了解一些心理学知识，站在客户的角度考虑问题，这种尺度的拿捏往往是最难的。当然，不同的场景或不同的产品有不同的销售模式和销售方法。本章将根据葡萄酒特性，对葡萄酒的各种销售方式、销售流程，以及如何进行谈判展开详细的讲解。

思维导图

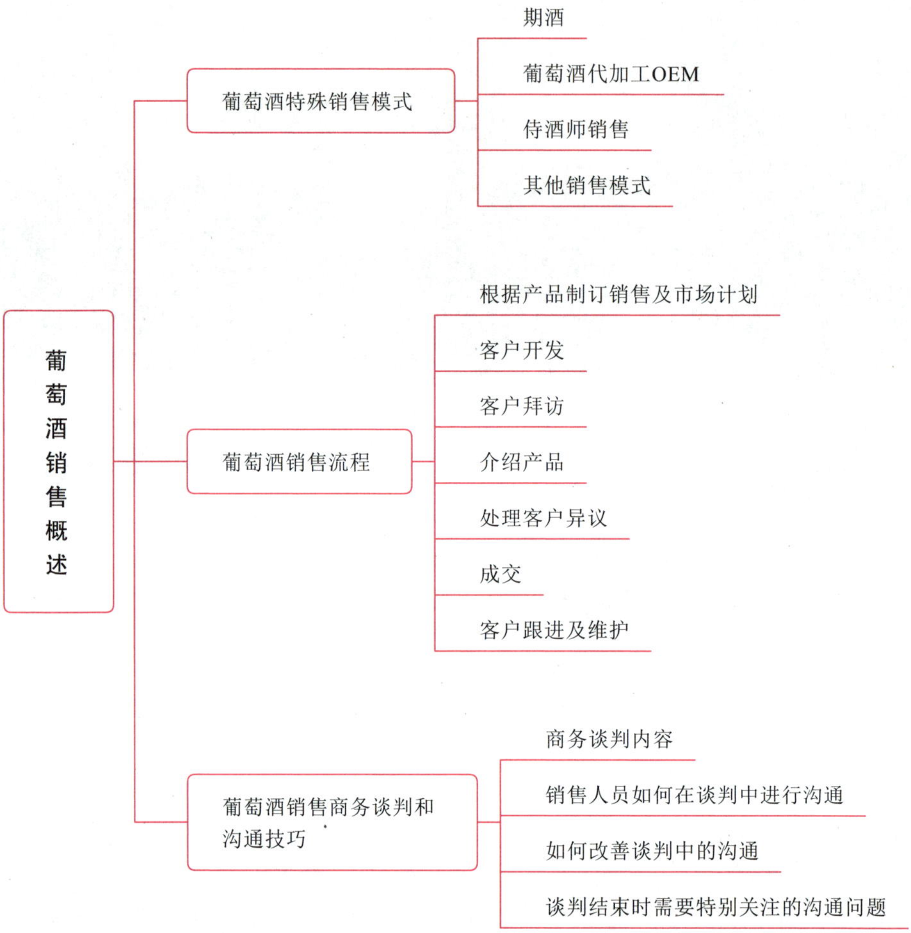

学习目标

1. 能够阐述不同葡萄酒的销售模式。
2. 能够掌握销售流程并灵活运用。
3. 对于谈判过程中需要注意的问题能够保持敏感。

第一节　葡萄酒特殊销售模式

一、期酒

期酒，法语为“En Primeur”，它是指当年的葡萄酒还在木桶里尚未装瓶时，消费者便有机会进行购买，类似于通常所说的期货。酒庄将结束酒精发酵以及苹果酸乳酸发酵，尚在橡木桶中进行陈酿的葡萄酒，以预估的价格提前卖给买家，回笼资金，等葡萄酒装瓶后再交付买家。对于买家来说，购买葡萄酒期酒的好处是，葡萄酒的价格可能比未来装瓶后在市场上出售时低很多。

这种期酒制度并不针对所有的葡萄酒。一般某个酒庄或者某款酒较稀少或者很珍贵时，才会实行期酒售卖的销售模式。世界上最有名的期酒交易是在法国的波尔多地区，不少1855分级和圣埃美隆分级的酒庄都采用这种特殊的销售方式。除此之外，还有其他国家和产区，比如法国的勃艮第和罗纳河谷产区，意大利的皮埃蒙特和托斯卡纳产区，以及美国的加州产区等，也实行期酒销售模式。

期酒制度并不是一开始就出现在葡萄酒销售中的，最开始，酒庄生产出成品灌装好的葡萄酒后，买家再进行购买。然而在20世纪中期，第二次世界大战严重影响了酒庄的经济，使得很多酒庄无法维持生计，于是酒庄便要求酒商在拿到葡萄酒之前，先支付一部分费用，使得酒庄可以回笼一部分资金从而维持下去。这便是最开始的波尔多期酒制度。

如今，波尔多期酒制度在此基础上演变得更加复杂。除了酒商（merchant），还有中介（courtier），每个酒商或者中介所拥有的酒庄配额不同，某些情况下，配额也可以转卖。酒最后才会流通至餐厅、葡萄酒专卖店、经销商、进口商或者终端消费者手中。期酒本质上是销售一种“未完成”的葡萄酒，而葡萄酒最终的售价还是要看它可以上市销售时的状态。购买期酒存在一定的风险，上市的最终状态不佳可能导致售价低于收购价。但总体来看，能进入期酒系统销售的酒庄出品的葡萄酒是有品质保证的，酒商对期酒将来的发展也需要有预期才能在合适的价格入手。所以在葡萄收获的第二年春天，酒商或贸易组织将对尚在橡木桶内陈年6~8个月的半成品酒进行取样品尝。在波尔多，酿造葡萄酒通常会使用到几种葡萄品种，酿酒师也会借此机会品尝并决定最终成品酒的混酿品种和比例。最终成品酒的构成可能与酒样有所不同，这取决于每一个橡木桶内酒液陈年过程中的成熟程度。基于最初的酒样，参加品尝的人将对最终的成品酒的预期质量给出一个初步的评分或酒评。这也是波尔多著名的期酒周活动，每年均会吸引全球众多知名的酒评家及专业人士前往品鉴，酒评家的分数常常是酒庄制定当年期酒价格的重要参考依据。

波尔多期酒周通常于每年 3 月举办，届时会有来自世界各地的葡萄酒专业人士前来品酒参观。同一产区的品鉴在其中的某个酒庄中进行。在酿造车间或者参观大厅中摆满桌子，在桌子后面，每个酒庄的代表会为大家倒酒并回答大家提出的各种专业问题。刚刚完成酒精发酵，以及苹果酸乳酸发酵的葡萄酒，由于还未经过长时间的橡木桶陈酿而会略显粗糙。酒评家和品酒师将根据这些酒的潜力对葡萄酒进行打分及评论，通常来说，这也是最难的地方。在此之后，酒庄会根据葡萄酒的产量、质量、评分以及各种市场因素做出综合考量并给出价格和配额分配建议，酒商或者中介在拿到配额后再将其售出。最终客户会在两年或者更久之后拿到预定的葡萄酒。

图 4-1　法国波尔多葡萄酒交易广场（Place de Bordeaux）

除了波尔多有期酒制度以外，勃艮第的期酒活动也十分有名。由于在当下的中国葡萄酒消费市场上，波尔多的知名度要远高于勃艮第，所以勃艮第期酒活动一直以来都被大家所忽视。实际上，勃艮第的期酒同样吸引了世界各地的葡萄酒专业人士和富豪们。从 1859 年开始，每年 11 月的第三个星期日会在勃艮第大区伯恩市（Beaune）市中心的伯恩济贫院（Hospices de Beaune）举行拍卖会和慈善酒会。伯恩济贫院最早是一家医院，由勃艮第大学的校长尼古拉斯罗林在 1443 年创立，建立的目的是为那些饱受瘟疫、战乱和饥荒折磨的穷人提供庇护。由于医院收治了大量的穷人，在经济上常面临入不敷出的困境，由此便开始了葡萄酒慈善拍卖会为医院筹集善款。最开始，拍卖会并不进行公开售卖，而是贵族们以捐赠形式购买。从 1859 年开始，伯恩济贫院的葡萄酒改为公开招标。拍卖会为期三天，期间最出名也是所有人关注的焦点是每年的总统桶（Piece de Président）。总统桶的拍卖时间以三根蜡烛的燃烧时间为限。拍卖官不是名流就是政要。例如 2010 年是由中国影星刘烨和法国影星法布莱斯·鲁奇尼（Fabrice Luchini）共同主持，2018 年则变成了法国女影星娜塔莉·贝伊（Nathalie Baye）与艾曼纽·贝阿（Emmanuelle Béart）主持。这些义务拍卖师不仅要为总统桶寻找好的买家，也要想尽办法帮助伯恩济贫院将总统桶的价格抬到一个尽可能的高度。如今，伯恩济贫院期酒拍卖会的规模及影响力已经远超当年，甚至在中国的北京、上海和香港也设有品酒会。由于有大批名流富豪参加，拍卖会的最终成交额往往会非常可观，尤其是总统桶。近些年以来，中国的买家也开始踊跃参与其中。比如 2013 年和 2016 年，也就是第 153 届和 156 届拍卖会，总统桶 Genevrieres 1er Cru Cuvee Philippe le Bon，和 Corton Renardes Grand Cru 拍出了 13.1 万欧元以及 20 万欧元的价格。后者更是打破了拍卖会的记录。而在近期的 2020 年，第 160 届拍卖会上总统桶 Clos de la Roche Grand Cru，成交价格更是达到了惊人的 66 万欧元，由中国匿名买家委托 Albert Bichot 拍得。

图 4-2　法国勃艮第伯恩济贫院

总体来说，期酒作为一种交易方式，更作为一种投资方式，在如今仍然具有其独特的魅力。对于酒庄来说，尽管看起来收益要比直接销售成品酒要小得多，但是这一套系统能够让酒庄维持稳定的现金流，使生产者能够不用过多理会销售环节，将精力完全投入到葡萄园管理及葡萄酒的酿造上，以提高葡萄酒的质量。对于消费者来说，购买期酒使得他们能够确保购买到产量非常小、上市后不容易买到的酒。因为在某些比较好的年份里，有些波尔多列级庄甚至可能在酒上市前就把整年的存货分配或卖光。而对于投资者来说，能够看准时机入手往往意味着几年之后能够赚上一笔，像 2009 年 4 月，2008 年份的波尔多期酒以比过去几年平均低 30% 的价格发布。这在市场中引发了非常大的购买狂潮，同时也显现了投资机会。但是值得注意的是，有些酒款在上市后也会发生最终价格低于购买期酒时的价格的情况，给买家造成损失。虽然这种情况很少，但也是客观存在的，值得买家注意。

二、葡萄酒代加工 OEM

OEM 是英文 Original Equipment Manufacturer 的缩写，也称为定点生产，俗称代加工（生产），基本含义为品牌所有者不直接生产产品，而是利用自己掌握的关键核心技术负责设计和新产品开发，控制销售渠道，具体的生产环节由合作工厂完成。在葡萄酒领域，OEM 酒一般是指贴牌酒或者定制酒。简单来说，OEM 是由酒商或者进口商向酒庄或者是葡萄酒工厂提出定制产品的计划，包括酒标、酒帽甚至酒液等，生产出适合其销售渠道的产品。

为什么会出现 OEM 产品呢？在很多人的印象中，葡萄酒都是以酒庄产品出现在人们的视野中的。城堡、酒庄、家族、传统这些关键词常常与葡萄酒同时出现。但实际上，仅仅是酒庄生产的酒庄酒并不能完全满足人们对于葡萄酒的消费量。比如在欧洲，法国、德国这些国家人均葡萄酒年消费量超过 50 升，没有 OEM 酒，单纯靠酒庄自身的产量远远不够。其次，酒庄生产能力有限，无法降低生产成本。这时，酒厂或者大型的葡萄酒酿造车间就能派上用场了。OEM 不仅可以降低人力成本，也可以生产出酒庄不能生产的更适合市场的产品。实际上 OEM 并不是葡萄酒行业专属，而是广泛存在于社会的各个行业，如服装、手机等热门大类商品。比如我们熟知的小米，它的产品线中有很大一部分是采用 OEM 的方式进行生产的。这类产品并没有属于品牌方自己的生产线和厂房，他们将自己的概念和要求传递给工厂，工厂再根据要求进行生产。这种方式是行业细分必然的结果，也是提升行业效率、降低行业成本的重要方式。然而值得一提的是，在葡萄酒市场中，由于 OEM 产品的质量良莠不齐，导致市场和一部分消费者对于 OEM 产品整体存在偏见。

OEM 在葡萄酒市场中占有重要的地位，也有相当一部分的市场占有率。在线上、微商、超市等众多销售渠道中，OEM 的产品无论在外观、口感还是价格上，都具有酒庄酒所不能比拟的优势。比如，淘宝店中销售量排名前列的那些甜型桃红酒或者甜型白起泡酒，它们的均价都在 100 元以内，包装十分小清新，可用于照相摆拍分享朋友圈，非常符合当下二十多岁年轻人的消费需求。对于他们来说，新奇的事物总能激起他们的兴趣。而这类“网红葡萄酒”在酒庄酒中少之又少，所以就需要定制，品牌方需要精心设计的内容包括酒液、酒瓶、酒标、外包装，以及酒瓶上的小标签等等。除了此类产品，中国市场上有很多来自于新兴产酒国比如智利和澳大利亚等的贴牌酒。它们的质量参差不齐，购买这类产品时，需要消费者对于酒的质量有一定的鉴别能力。

OEM 大部分为原瓶进口，即葡萄酒在国外灌装，贴标，包装好以后正常报关在国内进行销售。近些年还流行一种 OEM 的做法被称作小标酒或简标酒，小标酒也同样在国外酒厂生产灌装完毕后，再被运输到国内保税区，这种酒灌装好后背面会标注年份、产区、酒精度等基本信息，通常标签较小，所以称为小标酒。运送到保税区后，不同进口商根据自身对于葡萄酒口感、酒精度或国家产区等需要进行挑选。选定酒液后，进口商还可选择适合客户的酒标，再由贴标机贴上，即为成品酒。小标酒的起订量一般为 3000 瓶或者 6000 瓶，一般低于进口酒的数量要求。对于进口商来说可以缩短资金链，减少资金压力。但是此种方式进口的葡萄酒也有很明显的缺点，即酒液的稳定性差。保税区的储存条件不如酒庄，尤其是温度控制很难达到和酒庄一样的条件，加上销售时间如果过长，酒质难免会受到影响。其次产品的稳定性不够。由于酒液的供应有可能会有断档，或者停止。消费者或经销商如果在购买某款产品后希望继续购买，可能会出现断货，这样的结果会导致客户黏性不高，不利于长期合作。另外需要指出的是，由于当前国内葡萄酒生产在某些方面还存在管理制度的漏洞，某些进口原酒的企业存在在国内勾兑加工的现象，通过劣质酒打造低价产品侵占市场，比如网络上标价 99 元 6 瓶的葡萄酒还能包邮到家。这类葡萄酒的存在危害很大，它不仅打乱了原本秩序井然的葡萄酒市场，还容易让很多不懂酒的消费者产生错误印象，认为所有葡萄酒都不好喝，质量不高。作为一名葡萄酒销售人员，尤其是从事进出口业务的销售人员，要深知这几种 OEM 的区别，在与客户沟通时需要向客户详细讲解。

在工作中，OEM 的销售重点在于需要针对客户的需求和渠道定制相应的产品。如果客户没有具体的要求，可能还需要创造出产品。这项细致的工作需要耐心及细心。需要详细地询问客户关于酒塞、酒帽、酒标、酒的产地、酒精度、等级等的要求。开始没有成品，可用现有产品来寻找并确定客户的需求。如果有必要，还需要对酒标名称、中文及外文品牌名进行注册，以便于后续销售。

OEM也有自己不同的时代，这些展现了中国人对于葡萄酒的理解变迁。比如2000年以后，中国的消费者兴起一股追逐金属酒标的热潮，他们认为有金属酒标的葡萄酒是好酒，所以很多进口商开始生产OEM葡萄酒，甚至在河南还有专门做金属酒标的厂家。但是自2019年以后，由于国人对于葡萄酒认知的不断提高，我们可以明显感觉到金属酒标或者蜡封酒塞的葡萄酒市场份额在逐渐下降，很多客户转向寻找传统样式的酒标。所以销售人员不仅要了解公司的产品，还要有对于市场的敏感度，要了解客户的需求变迁。

三、侍酒师销售

侍酒师是所有葡萄酒销售人员中距离终端消费者最近、对消费者的选择产生最大影响的人。他能够最直观最快速得到客户反馈。顶级侍酒师所需要的专业知识储备量不亚于一位国际葡萄酒大师。

侍酒师，国际通用名称叫Sommelier，字面上的解释是在酒店或者餐厅中负责酒水服务的人员。从法语词典上看，侍酒师专指在饭店、餐厅、咖啡馆或家庭中负责酒类及其他饮料的侍者。侍酒师发展到今天，他的角色早已发生了很大的变化。侍酒师除了负责酒水的采购、定价、销售与对客服务等工作外，还要负责餐厅的管理、促销、概念设计、员工培训、团队建设、整理数据报表等。总的来说，侍酒师是负责整个葡萄酒项目运营和管理的工作人员。优秀的侍酒师是那些能够长期为雇主创造最大利润的人。通过其高质量和周到的服务、渊博的知识、扎实的酒窖管理能力、丰富的促销活动，以及对财务、市场的深刻理解，为酒店创造利润。从侍酒师的职责中不难看出，侍酒师，尤其是一名优秀侍酒师，应该能够利用餐饮平台，运用市场营销的方式，为雇主创造财富。

由于侍酒师直接面对终端消费者，所以其所需要的知识储备并不亚于一位直接面对进口商或者经销商的销售人员。有时，经销商或进口商对行业十分了解，对销售人员反而不苛求其了解非常多的酒类知识。但侍酒师不同，前来消费的顾客，可能并不了解酒，或者并不了解餐厅或者酒店的餐食，不知道如何选择进行餐酒搭配，此时如果侍酒师从专业的角度帮助顾客进行选择，或是提出有效的建议，可以在某种程度上决定顾客用餐消费的愉悦程度。

一位好的侍酒师需要负责餐厅或酒店的酒水采购，根据菜品风格，选择适合口感和价位的酒水，与供应商保持良好的合作关系，在保证采购葡萄酒质量的基础上降低成本，这是一名优秀的侍酒师所需要具备的技能。更重要的是，采购不仅是上游的工作，只有了解客户的喜好，有好的市场营销或者销售能力，才能做一名好的采购。通过下游的喜好，反过来运用到上游的采购过程中。侍酒师可以在实际工作中不断地训练自己这方面的能力。

在有酒窖的餐厅，侍酒师还需要管理酒窖。那如何专业地储藏葡萄酒，对葡萄酒的质量管理做严格把控呢？首先，选择有质量保障的供应商，这类供应商可以更好地保障葡萄酒在上游阶段的物流和储藏条件。其次，严格管理葡萄酒从储藏到服务的各个环节，尽量做到恒温恒湿。

在酒水服务过程中，也要严格把控质量，掌握葡萄酒酒杯匹配、醒酒器的选用、各项酒具的质量管理、葡萄酒冰镇、开瓶、醒酒等服务技能。

在客人点餐时，利用专业知识，推荐与菜品相配的葡萄酒。葡萄酒上桌后，要向客户展示葡萄酒，开酒，倒酒，并使客户喝到适合温度的葡萄酒，这一过程中的每一步都能显示侍酒师平时的知识储备深度及熟练程度。如果遇到一瓶 81 年的玛歌酒庄葡萄酒，橡木塞已经发霉碎掉，侍酒师要完整地取出橡木塞，并利用醒酒器滗酒，这也不是一件容易的事。这能从各个方面反映出侍酒师的专业程度。

图 4-3　葡萄酒侍酒师为客人提供服务

酒单的制作很大程度上会影响一个酒店或者餐厅的葡萄酒销售。一位好的侍酒师或酒水总监需要知道，一个好的酒单首先要体现实用性，方便普通消费者认知和选择，酒单内容不宜过分复杂。侍酒师应该站在普通消费者的立场上，而不是专业葡萄酒人的立场上来制作酒单，方便消费者选择。可以利用合理的价格阶梯，不要过分制定一个虚高的价格，可参考供货商建议零售价，综合考量酒款酒庄的知名度、产区特性、酿造方式、陈年时间以及市场供需关系后进行合理定价。在制作酒单时还需要给酒进行分类，分类标准可以按酒的类型来分，这样便于消费者快速找到自己想要喝的那款酒。不过现在也有餐厅按照不同的产区或者不同的香气类型等来给葡萄酒分类的，只要符合餐厅的利益，侍酒师都可以进行尝试。

侍酒师可以通过系统的学习来提升自己的专业能力，例如学习美国国际侍酒师协会 ISG（International Sommelier Guild）所推出的 ISG 侍酒师初级，中级，高级课程，以及法国 CAFA 葡萄酒侍酒师学院法国国家品酒师 & 侍酒师 CES 认证课程。通过这些系统的学习，储备侍酒师的专业知识。当然，光有理论知识还远远不够，侍酒师还必须积累在餐厅或酒店的实践经验，学会如何面对真正的消费者。国内知名的侍酒师比如吕杨、郭莹等均在国际知名酒店工作过，积累了大量的实践经验。

四、其他销售模式

随着葡萄酒市场不断地扩大，葡萄酒公司不断地增多，各种不同渠道的销售模式纷纷出现。

（一）跨界 IP 合作

跨界 IP 合作，就是葡萄酒跨界与不同行业产品联名。常见的是与名人或艺术开展合作，定制某知名 IP 的合作款。比如某进口商与刘嘉玲合作，推出“+ 0”酒款，采用相似的名称令消费者对其印象深刻。另外，利用波尔多国际葡萄酒及烈酒展览会（Vinexpo）开新品发布会，使这款产品走向国际舞台。葡萄酒还可以与艺术相结合，开发限量产品，比如将丁文卿与葡萄酒相结合，每一箱葡萄酒中都有其作品介绍，并作为限量产品定向推向特有渠道。

（二）微商渠道

无论中国白酒还是葡萄酒都可以利用微商渠道进行销售。比如，某葡萄酒进口公司一直积极利用线上渠道进行销售，利用微商模式做葡萄酒爆款。这种模式可以实现地域上的突破，可以由区域销售转为全国销售。产品也可以 to B 或 to C 同时进行，代理也由葡萄酒行业转为各个行业，只要有资源、有市场，都可以加入进来。该公司还经过自己的创新，比如只进行整箱销售，降低代理的门槛。同时不断地优化服务，不断根据市场反馈改进产品、提炼卖点。

不论利用哪种模式进行销售，都需要销售人员深入了解该渠道，不断学习，了解客户需求，匹配最合适的产品。

第二节 葡萄酒销售流程

销售部门是葡萄酒公司非常重要的部门，他与市场部一起合作，为客户呈现一条完整的从不知道、不了解，到消费或者再次消费、售后的链条。现在的销售与以往声嘶力竭地推销不同，他们不是利用顾客，而是倾听顾客的需求，帮助他们了解葡萄酒产业和葡萄酒产品，深挖他们的诉求，提供相应的产品，找到更有效的市场推广方式。

每个葡萄酒公司的销售结构不同，某些公司市场部与销售部并重，人员数量差不多，市场部需要做大量的市场活动，推广品牌，销售人员负责后场的对接。有些公司以销售人员为主，销售员在最前端开发客户，参加展会，之后销售产品。如果客户需要，市场部门也可以制作海报、文案或者派出品牌大使参与活动。对于没有市场部门的公司，市场活动也可以直接交给广告策划公司承办。

销售人员直接与客户打交道，起到了关键性的纽带作用。很多情况下，销售员同时为两个主顾服务，即卖方与买方。首先他们代表公司与客户对接，发现并发展新的客户，将公司产品或服务介绍给客户。同时，他们还需要倾听客户，通过接触客户，发掘客户需求并有针对性地介绍产品。其次，回应客户的不满或意见，与客户谈判价格和交易条件，最终达成交易并提供售后服务，维持客户关系。在与客户谈判过程中，有时还要再反过来跟公司协商，替客户争取适当的利益或价格，这样也有助于为自己争取到订单。

销售人员作为公司代表与客户打交道，许多时候，这是客户唯一了解公司的渠道。销售人员对葡萄酒知识的专业程度，以及穿着谈吐无时无刻不影响着客户对公司的观感。不得不承认，有些运营葡萄酒公司的客户并不了解葡萄酒，也并不清楚如何进行市场营销以及产品定价，这时，专业的销售人员的建议就尤为重要了，客户也会更加信任依赖销售人员，这种关系是否牢固，影响着公司与客户之间的关系是否牢固。

了解销售人员的重要性后，我们来分步骤介绍一下葡萄酒的销售流程，包括以下七个步骤：根据产品制订销售及市场计划、客户开发、客户拜访、介绍产品、处理客户异议、成交、客户跟进及维护。

一、根据产品制订销售及市场计划

成熟的葡萄酒公司会每年通过数据来确定葡萄酒市场的需求，进而确定采购数量，或者通过扩大葡萄酒产品线来吸引新的潜在客户。在销售环节，除了将产品铺入现有的渠道外，还会拓展新的渠道。

由于葡萄酒在中国发展的时间并不久，很多人发现其利润可观，进而萌生开葡萄酒公司的想法，这类人对于葡萄酒并不太了解，所以中国从 2000 年后出现大量的葡萄酒公司。这类公司往往是传统的运营模式，先进口很多酒，再进行销售，这时需要分析产品的属性，哪类产品适合哪些渠道，团购、电商、葡萄酒专卖店、餐饮后、烟酒店，还是批发经销商，或者直接的终端渠道。针对不同的渠道，所制订的市场计划不同，销售方式也有所不同，不同的模式可以有效率地接触到所需要的客户。

二、客户开发

新客户的开发对于葡萄酒的销售人员是很重要的，这是一名成功的销售和比较初级的销售跟单员之间最大的区别。要做好客户开发工作需要注意以下几点。

（一）留意政策或突发情况引起的市场变化

中国葡萄酒市场对于国家的政策法规和突发状况是十分敏感的。比如 2009 年“三公政策”出台前，大部分的葡萄酒消费人群为政府人员。“三公政策”出台后，公款消费急速下降，普通老百姓消费能力开始上升。再比如受 2020 年疫情影响，家家户户不能聚餐，餐厅的葡萄酒消费受到巨大影响。很多人开始从线上或者社区团购购买葡萄酒，销售人员的餐厅客户群体减少，线上或社区团购的客户变多。销售人员需要不断地开发新的客户，补充渠道类型，尽量降低政策或者突发状况对于销售的影响。

（二）尽可能多地积累客户资源

销售人员必须经常联系足够多的潜在客户才能得到足够多的订单，公司并不一定会提供一些潜在客户，主要是销售员自己发掘。除了前面说的专业酒展、熟人介绍以外，通过客户介绍或网络搜索等方式也可以联系到潜在客户。陌生拜访也是一种方式，但这种形式的客户发掘成功率因人而异。

（三）善用积累客户资源的平台

在合适的场合遇到合适的潜在客户意味着开发成功的概率也会大大增加。

比如每年举办的葡萄酒专业展会就是一个积累客户资源十分有效的平台，大型展会如成都春季糖酒会、上海 Prowine、广州 Interwine，还有各产区协会自己举办的葡萄酒巡展等，这些参展及看展的人员一般是葡萄酒从业人员或希望从事葡萄酒行业的人。与这些潜在客户接触会大大提高开发客户的成功率，在这些专业的展会上也更容易挖掘优质客户。

（四）确定合适的开发对象

当销售人员积累了足够多的客户资源之后，如何进行有针对性的开发就很重要。并不是所有的客户资源都值得开发，销售人员需要先确定对方是否是合适的潜在客户，合适的潜在客户可以提高客户开发效率。销售人员通过简单的问询可以有助于确定对象。比如客户销售的渠道、现有产品的价格、现有的合作商，掌握这些信息可以大体定位客户的性质。如果客户是做终端渠道，餐厅或者团购或列级名庄的，这时，就可以大概了解自己是否有相应产品推荐，如果并没有合适的产品推荐，可以思考是否有合作的可能性。多问问题，可大大提高合作的概率。

三、客户拜访

当销售人员获得客户的联系方式后，及时拜访客户，可大大提高成交概率。当然，在当今人们频繁使用网络的时代，买卖双方可能仅仅通过微信就可以成交。但是，拜访客户，更准确地说，面对面与客户交流可以更大程度上获得客户的有关信息，也可以给客户的经营提出更好的销售或市场规划建议。

（一）初步了解客户

在拜访客户前，销售人员需要尽可能多地了解客户。了解客户的大致采购需求、经营模式、现有的产品链、产品价格区间、现有产品的供应商。可能的话，可以了解客户区域的市场情况等。如果不能提前全部了解也不要紧，可以在之前的聊天中，了解一部分情况并对其产品情况作出预判，当然这要有大量的客户经验积累。比如，一位于某城市做高端会所的客户需要葡萄酒，这是拜访前所知道的所有信息。可以预判的是，高端会所的餐食消费并不低廉，客户中可能有懂葡萄酒或者需要一定档次的葡萄酒来配餐。那么，销售人员更倾向于推荐中等价位酒庄酒，或者波尔多列级庄，这会比推荐欧盟餐酒（VCE）的成功率更高。这类客户看中价格，但价格并不是最终成交最重要的因素。企业价值观、销售人员的专业度，以及企业所能提供的市场支持也在该客户的考虑范围之内。如果销售人员即将前往某城市的酒水批发市场，那么可以提前了解自己价格低廉、性价比更高的产品，这类客户可能并不在意市场支持，也不在意价值观是否一致，只在乎价格，那么价格将成为交易成功与否最重要的因素，销售员可以一开始就抛出自己最有价格优势的产品。

（二）制订拜访计划

在准备充分后，销售人员对合适的潜在客户进行逐一拜访。制订高效率的拜访计划也是非常重要的，这需要了解客户的工作习惯，提前与客户敲定好时间，如果需要见多位客户，可将地址输入地图中，调整拜访时间，缩短行程，尽量在相邻时间内拜访同区域的客户，缩短路上的交通时间。

（三）准备开场白

在拜访客户的开始阶段，为了给客户留下一个较好的第一印象，以使彼此的关系有一个良好的开端，销售员要特别注意自己的仪表，偏正式且干净整洁的服饰是比较推荐的。另外可以准备一段积极的开场白，之后双手递上名片并做简单的自我介绍，这些都有助于在双方关系的开始阶段建立起好感。

（四）详细了解客户需求

开场白后，可通过一些针对性的问题，更多地了解客户的需求。比如客户公司的成立时间、企业成员人数、现有产品、未来的商业计划等。销售人员应该在拜访前整理一份提问大纲，逐步深入地提出问题，这样比毫无目的地问到哪算哪好很多。不这么做销售人员将很难在短时间内深挖客户需求。对于客户提供的答案，记性较好的销售人员可将之记在大脑中并尝试编织成网状，方便随时提取，或者将答案记录下来。但是有时客户会对销售记录答案这个举措感到紧张，所以，销售人员应该根据客户的情况随机应变。

销售过程中，最重要的不是说，而是倾听，倾听客户的诉求。一味地说只能让客户感到厌烦，过量的、没有经过筛选的信息也会让客户无从下手，不知道哪些能和自己的需求匹配。倾听，首先会让客户认为自己受到尊重，其次，在倾听的过程中，销售人员也会发现很多重要的信息。对于这些信息，销售人员需要保持一定的敏感度，要能够准确抓取并针对性地提出问题。这样也会凸显销售人员的专业性，提高公司和销售人员在客户心中的形象，提高销售成功率。

（五）确定合作模式

销售人员在拜访过程中还可以通过倾听客户的需求来调整谈话策略，尝试确定合适的销售模式。通常来说，葡萄酒的销售分为现货和进口两种模式。当客户十分了解自己的需求，如葡萄酒价格区间、国家产区甚至酒庄时，销售人员可以按照明确的要求进行推荐并确定销售模式。另外，还有些客户不懂葡萄酒甚至刚刚准备进入酒行业，或者打算在自己的商业版图中增加葡萄酒产品，这时，销售人员需要帮助客户确定销售模式。比如，原先经营白酒的经销商需要增加葡萄酒品类以增大客户群、增加销售额。我们可以通过谈话尝试了解该客户本身白酒的销售渠道和分销能力与是否具备直接进口的资质。如果这个客户白酒销售量足够大且具备进口资质，销售人员可以推荐采用直接进口的合作模式，或使用 OEM 方式，定制属于客户自己品牌的产品，或采用代理方式，为国外某酒庄酒进行品牌代理，在国内售卖。如果这个客户分销能力不够、不具备进口资质或对于前期的葡萄酒市场有顾虑，销售人员则可以推荐现货的合作模式。该客户可先做某品牌的国内经销商，对市场进行预热，在销售体量达到一定高度时，再做进口代理或定制 OEM 产品。需要注意的是，采用后一种合作模式的葡萄酒通常来说以低中端为主，但也不排除客户有特殊需求的情况。

四、介绍产品

销售过程中的介绍（presentation）环节非常重要，这个过程中销售人员会向客户或潜在客户讲述产品以及“价值故事”，解释公司的产品如何能够解决客户的问题。比如帮助客户从零建立葡萄酒商业计划，帮助客户扩充品类等。不仅如此，后续的服务、市场支持也是客户很看重的方面，在沟通过程中要把这些亮点以及公司负责人的态度阐明，让客户打消疑虑，安心购买。这种帮助客户解决问题的销售人员比那些强硬推销或者急速交易型的销售员更符合当今时代的营销观念，也更容易和客户建立长久稳定信任的关系。

在销售人员给客户介绍解决方案之前，首先要为客户制订介绍计划，解决方案要求销售人员有良好的倾听和解决问题的能力。在了解客户的商业模式和需求后，销售人员可迅速地做出反应，随机应变。有些销售人员认为在与客户交流过程中要一直说话，这样客户才会接收到大量的信息，从而成单。其实不然，客户最不喜欢具有以下特点的销售人员：未做准备、迟到、欺骗、喜欢施加压力、没有条理、喋喋不休。相反，他们更青睐的品质包括：善于倾听、有同情心、诚实、有责任感、周到细致和自始至终。其实这些也是任何一个行业的销售人员受到客户喜欢的共同点。中国葡萄酒市场发展时间并不长，自 2000 年之后有很多人发现葡萄酒的市场十分广阔，于是进入葡萄酒市场，但是当时市场上葡萄酒进口商并不多，再加上网络没有现在发达，很多买家找不到供应商，所以当时的葡萄酒市场还是一个卖方市场。结果就是即使销售人员并不专业、素质参差不齐，进口商也可以很轻易地把酒卖出去。但是，当今市场情况发生了巨大变化，随着大批有海外教育背景的人员归国和互联网的发展，市场上涌现出很多葡萄酒进口商，葡萄酒市场这块蛋糕被不断瓜分，从之前的中粮酒业、建发酒业、上海米柯尼斯等老牌葡萄酒运营商，到现在一些懂酒的专业人士以顾问的身份帮助客户在国外酒庄直接选酒进口，导致销售人员并不像原来一样可以挑选客户，或者在自身并不专业的情况下，还有客户愿意购买葡萄酒。在竞争激烈的市场中，需要销售人员更加专业，更善于倾听客户和更有责任感，尤其在葡萄酒有质量问题的情况下，或者渠道价格被公开的情况下（这是比较容易出现的问题，也是客户比较在乎的问题），销售人员应该知道如何解决问题并安抚客户，最终不丢失客户。现如今受到疫情影响，很多客户的经济状况十分不稳定，在这种情况下，一个稳定的客户就显得尤为重要。销售员要更加负责任，使客户安心，建立稳定的顾客关系。

最后，销售人员要事先准备介绍产品的工具。良好的人际沟通技巧只有在有效的销售介绍中才能体现出来。只不过现如今，多样的媒体工具和复杂的沟通环境给进行销售演示的销售人员提出了很多新的难题。来自淘宝、抖音、微信等各种纷乱复杂的葡萄酒信息让客户的信息负荷过量，销售人员必须帮助客户理清思路，帮助客户选择其最想要的商业模式或产品。为此，销售人员必须以更具吸引力和简洁有利的方式传递他们的信息。

现在的销售人员往往采用比较先进的演示技术，除了正常的沟通软件、互动白板、数字投影机、幻灯片等，远端互动模式也颇受欢迎，可达到买卖双方不实际见面却能交流并成交的目的。

五、处理客户异议

通常，在销售人员讲解产品或者被要求下订单的过程中，绝大多数的客户会表示异议，提出不同的见解。有些异议是合理的，有些则完全出于顾客个人的需要，并且有很多异议并没有直接说出来。比如很多客户在不了解销售所代表的葡萄酒公司的情况下，会询问葡萄酒是原瓶进口、进口原酒在国内灌装，或者是国内原酒进行灌装。客户提出这种问题是出于控制成本的需求，或者是例行提问，很多客户在不了解公司的情况下，对公司有些质疑，这都是非常正常的。在这种情况下，除了介绍产品，销售人员可以更加具象化地讲述公司的历史、酒庄、公司架构和办公室的一些情况等等，让客户打消疑虑。再比如，客户询问为何酒庄没有甜红葡萄酒或者甜型桃红葡萄酒出售并质疑公司的产品线不够丰富时，销售员需要以专业的角度为其解答，可以讲解国外的酒庄文化，酒庄当地人的饮食或者饮酒习惯，虽然客户没有选择到想要的甜型葡萄酒，但是会理解更深层次的文化，这种文化的传播可以一直延续下去，在客户与他的客户交流时，也可将这些思想传播下去。

有时候，一些客户的异议也可以使我们深思，为什么会出现这样的问题，或者如果按照客户的想法去思考，公司或许可以走得更远，产品可以变得更好等。那么这时，与客户辩解，强行说公司百分百完美也不一定是最好的选择。每家公司、每件产品都有自己的优缺点和强劣势，承认并改进也是一种与客户交流的方式。

在客户提出异议的过程中，销售人员的态度应该是积极的，不断地去寻找客户隐含的异议。当客户不方便说或者自己还没有完全清楚，不知道如何提出异议的时候，销售人员可以帮助客户陈述清楚他们的异议，并把这些异议作为提供更多信息的机会，最终把这些异议转变为购买的理由，将劣势转化为优势，这也是每一位销售人员在处理异议方面需要接受的培训。

六、成交

在不断与客户沟通，解决客户的疑问与异议之后，销售人员应该设法达成交易。有些销售员无法进入成交这一阶段，或者说不能处理好这一个阶段，除了一些客观的因素，如产品价位不适合、公司理念不一致、产品渠道不适合公司现有产品等原因外，有时候是因为销售员对自己缺乏信心，销售员不好意思或者怀有罪恶感地直接向对方要求订单，也有可能是没有把握适当的成交时机，等错过后再提出订单要求就会显得很突兀。销售人员应该知道如何识别购买者发出的成交信号，包括身体的动作、言辞或者意见。例如，顾客身体前倾、不断点头赞许或者询问价格和付款条件等，这些都是销售人员可以提出订单要求的良好时机。有时，销售员对于客户不断询问价格或者要求降价感到很不耐烦，或者开始质疑客户的购买诚意，其实，对价格的争议一直都是谈判的重心，客户希望通过降价来降低采购成本，增加利润，希望能用更低廉的价格获得商品，所以才会一直讨价还价。这时，销售员可以通过降价，或者通过送酒来弥补客户要求的差价，另外也可以通过增加市场投入的方式来满足客户的要求，如借助品牌活动、答谢晚宴或葡萄酒周边物料等方式来达到成交的目的。

七、客户跟进及维护

销售过程的最后一个步骤是客户跟进和维持，也就是俗称的售后。很多销售很容易忽略掉这一个步骤。在其他行业，销售和售后是分开的两个部门。实际上，这个步骤在葡萄酒销售中是非常重要的。及时的售后为后续的销售工作提供了保障，如果没有及时跟进，或者在葡萄酒或者物流出现问题时没有及时地解决问题并反馈给客户，很容易让客户产生不专业、不负责任的印象。尽管有些问题并不是由销售造成的，但是，销售作为公司的代表与客户沟通，是客户与公司沟通的桥梁，所以售后的质量直接代表了公司在处理客户问题上的态度。比如在葡萄酒 OEM 产品的销售过程中碰到的问题会比较多。由于 OEM 涉及酒帽、酒塞、酒标、酒质等方面，需要生产部门各个环节配合，出现细小问题的概率通常来说比较高，比如酒帽不平整，酒塞凸出，酒标印刷与样张不一致，酒质及口感与样酒不同等等。这时候，销售人员就需要有耐心地去跟生产部门沟通，积极解决或者提出赔偿办法。现货的销售较少经历这种问题，因为进口商在进口时已经将这些问题解决了，但是，现货销售容易出现物流不及时、箱子变形或污染、酒瓶漏液污染酒标、仓储和物流过程中酒质变化等问题，虽然说这些问题一般都是由于仓库或者物流产生的，但是销售员也有责任实时跟进，维护客户的利益，减少客户的担忧。

以上讨论的销售过程各步骤都是交易导向的，它们的目标在于帮助销售人员与客户达成一笔具体的交易。但在大部分的情况下，企业并不简单地追求一次性的销售，而是希望能够以互惠互利的方式与客户建立长期深入的合作关系。葡萄酒企业也是如此，企业希望找到价值观相同的稳定的买方，形成长久的合作关系；买方也希望能找到靠谱的卖家，因为卖家产生的问题也会造成买方失去自己所拥有的客户或者市场份额。在这中间，销售人员都扮演着重要的角色。

成功的销售组织认识到，要赢得客户并长期维持与之的合作关系仅仅靠生产优质的产品和指导销售人员交易是远远不够的。如果公司只希望达成交易获得短期业务，只需要简单地将价格削减到低于竞争对手的价格就可以了。相反，大多数公司希望销售人员进行价值销售，即展示并传递更高的顾客价值，并基于该价值获得对顾客和公司双方都公平的回报。葡萄酒销售人员也要认识到这一点，传递公司价值以及得到客户的认同是买卖双方进行长久合作的秘籍，而一味地降价只会造成葡萄酒市场的恶性竞争，不利于整个市场的发展。

第三节 葡萄酒销售商务谈判和沟通技巧

在葡萄酒销售过程中，谈判无时无刻不存在。很多人认为谈判只存在于一些大公司并购的过程中，但实际上每个人都需要进行谈判，谈判有助于使谈判者的收益最大化。认识到谈判的重要性，全面做好识别谈判情境的准备并在谈判的过程中使用适当的技巧，顺利地解决问题是本节最重要的目的。

对很多人来说，谈判（negotiation）就是讨价还价（bargaining），针对价格的讨价还价是竞争的关系，非赢即输。其实不然，谈判的目的是达成一个双赢的局面，不仅利用价格，还可以利用市场支持或者制订买方所能接受的方案，让彼此都能接受，实现双赢。

一、商务谈判内容

（一）报价、还价与动机

在议价的会谈中，最重要的就是争议双方间的报价和还价以及表明的偏好。谈判人员的偏好能够很好地体现其潜在动机，这也是谈判中沟通的内容，并可能影响对方的行为和谈判结果。葡萄酒销售中，一般销售人员的谈判对象是买家公司的老板、股东、采购经理。不同角色的偏好不同，销售可以预判，并在谈判过程中根据得到的信息不断修正。

报价力求清楚，对国内的现货渠道来说不同的公司有不同的价格体系。比如有的公司根据买方的单品种购买量定制阶梯价格，有的公司根据整体的购买量总价格打折扣，价格含税与否，发票为何种发票，是否包含运费（或者某些城市包含，某些城市不包含），产品是否包含木制礼盒等。进出口价格条款有 EXW/FOB/CIF，或者 OEM 中各种不同质量的材料的使用、不同量或者不同港口大致的运费等等。报价的目的是力求在有限时间的情况下，与客户沟通清楚，因为这影响着后续的谈判。开始解释不清楚，有可能在谈判最后成交的阶段，客户得知某一信息会增加成本、降低利润而停止谈判，这种情况也是非常可惜的。

谈判的买方在得到报价后，一般会进行还价。还价基于以下几种因素：所在城市的整体消费水平、自身的客户群体接受能力、自身的公司经济状况、自身的利润率、销售人员的态度、合作公司的信誉程度、该产品的性价比等。

还价后销售人员可根据自己公司的价格单，或者与自己的上级进行沟通，调整或不调整报价，再对客户进行二次报价。

销售人员是客户与公司之间重要的桥梁，所以销售人员不仅要向客户传递自己公司的信息，还要向公司传递客户的信息，这点是非常重要的。某些客户可能并不是开始有很大采购量的公司，但是这个客户的渠道非常重要。比如某葡萄酒公司与某国内大型专业葡萄酒连锁店谈判，此大型连锁店对于此葡萄酒公司在销量、渠道和形象上都有所帮助，这时，此渠道的重要性和此客户的重要性需要销售向公司传达。因为葡萄酒企业有些是外国企业，并不了解中国，也不了解中国的文化和各渠道信息，这时更加了解本土市场的销售人员需要向上级解释这类信息，从而调整对此客户的合作价格或者合作方式，促成合作。

如果采购为某葡萄酒公司老板，其拥有最终决定权，有可能会直接同意达成合作。如果是股东或者采购经理，一般需要汇总信息，并报告给其他股东或者上级，需要等待一段时间后再得到结果，或者是需要继续谈判报价，这时销售人员不要气馁，仍然要以认真负责的态度接待客户。

还有一种情况，销售人员需要继续等待但不需要调整报价，由于葡萄酒销售分为淡季和旺季，中秋节前的八月和九月，过年前的十一、十二和一月，以及需要补货的三四月份属于销售旺季，除上述时间以外，买方公司可能是在淡季提前了解产品价格，大概确定需要采购的产品，在旺季再进行采购。此时需要销售人员及时询问客户未及时采购的原因，并调整好心态，不要因为客户没有在谈判结束后马上下单，而立即调整报价或者增加赠品支持等。

谈判的过程中，销售人员需要不断地观察并了解客户的动机，这是与客户成交的关键。某些客户更加看重价格的高低，而某些客户更看重合作的葡萄酒公司的影响力和其在业界的名望，需要有大公司的背景背书来向他的客户传递价值。如黑教皇的老爷子贝尔纳·马格雷（Bernard Magrez）及他的贝马格雷酒庄，他们的酒在价格上并不具有绝对的市场优势，但由于其酒庄名望、个人声望以及个人的魅力，很多公司都愿意与其合作。

谈判中有关报价的沟通是动态的，随着条件或时间是会不断变化的。报价的过程是互动的，受到买方与卖方不断沟通的影响。各种内部因素和外部因素都会推动这种互动过程，并“促使交易者改变自己原来的报价”。销售人员要清楚的一点是，谈判是一个你来我往的过程，报价与还价也是一个不断互动的过程，并不是非此即彼、不同意即结束的，在此过程中，销售员需要有耐心，并不断地修正谈判中的各个参数，最终缩小议价区间，并引导谈判问题解决。

（二）替代方案

在实际的谈判过程中，谈判的沟通并不限于报价和还价。销售人员在谈判前应预想各种谈判结果，并针对各种方案想出替代方案。如果买卖双方对于价格僵持不下，销售人员可通过其他方案的支持提高价格含金量。比方增加市场或物料支持，增加工作人员和促销员支持等，或者通过赠酒、搭其他商品的方式缓和谈判的气氛，将貌似已经进入僵持阶段的谈判变成柳暗花明又一村。

（三）谈判要点

最后我们用三个关键点总结谈判中的沟通内容：

1. 谈判者的沟通方式是需要适时调整的

在谈判过程中，很重要的一点是销售人员要能够根据具体的谈判情境不断地调整谈判策略和方式。在很多谈判中，销售人员都倾向于坚持自己或公司的固定合作方式或者报价，适时调整十分困难。这种坚持可能是源于公司无法变通或者价格无法调整等。这时，销售人员可以采取迂回的方式进行沟通，或者并不需要急于在当场给出结论，可进行更多情感上的沟通并许诺客户在一定的时间内进行回复或进行第二场谈判。

比如有些买方比较优柔寡断，销售人员可以适当强硬，并推进客户做决定。如果客户比较果断，销售人员可适当地放慢谈判节奏，不要一味地被客户牵着鼻子走。这也需要销售人员有大量的实践经验和足够的应变能力。

2. 谈判过程中开始的沟通非常重要

研究表明，谈判中一些看似不重要的沟通活动有可能对谈判结果产生很大的影响。科汉和彭特兰（Curhan and Pentland），发现，谈判中的一小部分——开头五分钟的沟通，会对最终的谈判结果产生巨大的影响。谈判最初的发言权有时可以决定谈判结果。我们中国人常常说第一印象的重要性，谈判双方刚开始的简短交流，就能决定彼此的第一印象是否良好或者双方是否合拍。所以销售人员一定要注意留给客户的最初印象。

3. 谈判中信息过多有可能对谈判者有害

在谈判过程中，适当的信息可以帮助促进谈判的成功，但是，过多的信息反而可能有害。这种现象称为信息的弱化效应。谈判人员在谈判过程中，需要围绕谈判目的有选择性地透露信息，而不是毫无筛选地透露所有信息。如果销售透露公司的负面信息，毫无疑问会影响买方合作的坚定信心。但如果销售人员毫无节制地夸大公司的优点，也会让客户质疑公司是否真的能够实现这些诺言或者信息是否属实。

某些销售为了拉近与客户的关系，让客户认为自己十分专业，也可能会透露竞争公司的信息或者自己服务公司的内部价格或者底线，这会影响谈判进程，让买方认为自己了解了很多内部消息，从而利用信息压低价格或者在谈判过程中不做出任何让步。所以销售人员在聊天过程中，即使在双方关系很好的情况下，也要理智冷静，透露有用的信息，隐藏无用的干扰信息，减少这种弱化效应对于谈判结果的影响。

总体来说，销售人员需要在谈判过程中时刻保持头脑清醒。有时需要争取，有时需要妥协，有时要敲定协议，有时要让选择处于开放状态。在这个过程中保持某种平衡是非常重要的。其次，管理好自己的形象，尽量不在重要的谈判过程中表现出慌忙、着急。如果销售人员带着行李包裹，外套口袋里插着飞机票来谈判，就好像对谈判的对手说，我想要赶快敲定协议然后坐飞机回家。这样的话，买家会刻意延缓谈判速度，希望对方因为起飞时间临近而做出巨大让步。对销售人员来说，塑造一个为达成最佳的协议而耐心等待的形象是更有效的策略。

最后保持耐心。不焦急，退一步观察对方，可以让你了解到很多关于对手真实诉求的信息。对方真实的需求是什么？是否进口酒真的适合对方，法国酒还是智利酒更适合对方及其客户等，适当多一些耐心，会给你带来随着谈判进行而增长的信用。

二、销售人员如何在谈判中进行沟通

销售人员如何在谈判中进行沟通与谈判中的沟通内容同样重要。我们在这里将讨论与如何沟通有关的三个方面的内容：沟通者所使用的语言特征、谈判中非语言沟通的使用，以及沟通渠道的选择。

（一）语言特征

吉本斯、布拉达和布施（Gibbons，Bradac and Busch）曾经提出，谈判是通过语音对语义进行协调和组织，进而交换信息。在谈判中，语言是在两个层面上发挥作用的：逻辑层面（用于提议和报价）和实际层面（语义、句法和问题）。起重要作用的不仅是沟通的内容以及如何沟通，而且包括那些附加的、隐藏的或者更深层次的信息是如何安排、传递和获取的。所以在实际应用中，销售人员不仅需要听到客户口中说的，还要理解客户没有说的更深层次的内涵。

在沟通中，销售员可能认为自己所传递的信息语义已经非常明确了，但是客户还是非常困惑。一个是由于地域原因，不同地方的人由于文化差异，并不能准确理解对方的意思。一个是国籍的差异，有时客户是外国人，这时不仅由于文化的差异，还由于语言的差异，沟通更容易出现问题，所以销售人员需要更加注意，避免犯下致命错误。

（二）非语言沟通的使用

人与人之间除了语言的沟通，更多是以非语言的方式进行的，如面部表情、肢体语言、头部运动以及语调等。一些非语言行为被称为专注行为，在与谈判一样的协作式互动过程中建立与对方的联系非常重要，销售员需要让客户知道他们在认真听，并让对方准备接收自己的信息。虽然非语言沟通占谈判过程中的90%，但是我们对其的关注度较低。

1. 目光接触

在销售过程中，目光接触是十分重要的。通常，目光接触向客户表明你在集中注意力认真倾听，并且认为对方所讲的内容十分重要。如果在与客户沟通时没有直视对方的眼睛，客户可能会认为销售人员没有耐心地聆听自己的需求。但其实在盯着对方眼睛的过程中，很难做到同时思考谈判策略，容易被视觉信息打扰，所以销售员可以调整目光。如果直视客户的眼睛感到不舒服或者很像是瞪视，可以选择看客户的鼻子，通常客户也会以为销售人员在看眼睛，但是没有那么不舒服。实际谈判中，讲话者在思考的时候，会将目光短暂地转移，向对方表示讲话还没结束。

如果销售人员想要劝说客户，在说到最关键的信息部分时进行目光接触非常重要，以确保客户接收到了该重要的信息。直视对方的目光可以观察对方对自己所提供的信息是否存在问题或者是否认同。如果客户的眼神充满疑惑，说明销售人员没有清楚地阐明观点，这时应重新解释或者询问客户哪些条款不够清晰。

反过来，销售人员的眼神最好不要直接透露过多的信息，如果销售喜怒形于色，客户马上可以判别所提出的要求是否合理，也许会提出更低的价格要求。所以，销售人员的目光应该是耐心而坚定的。

2. 调整身体的姿势

身体笔直，稍稍前倾是大众认为认真聆听的姿势。如果认同别人的发言，就要注意不要摆出不尊重人的身体姿态，比如耷拉脑袋、转向别处、抖腿。双臂交叉、摇头、眉头紧锁或者挤眉弄眼都是对对方所传递信息强烈的排斥或者反对。在销售过程中，建议销售人员首先通过身体的非语言沟通，让对方感到舒服，如果不知道该采取什么姿势，可以做出与对方相同的姿势，让对方在不经意的情况下，感到莫名的亲近。这样也更容易敞开心扉，顺利地进行接下来的谈判。

3. 通过非语言沟通表示对对方发言的鼓励或者劝阻

人们可以通过各种简单的行为表示对对方发言的关注和兴趣。比方说点头或者简单的手势表示继续，或者用低声的“嗯”来表示对对方发言内容的理解，这些简单的非语言沟通方式都可以告诉对方你在倾听，对方可以继续讲话。销售人员可以通过点头来鼓励对方继续讨论某些话题，用简单的目光交流、微笑或者点头表示鼓励。这样的行为就算未能与客户最终达成合作的目的，也可以给客户留下良好的印象。与之相反的，皱眉、绷脸、摇头打断甚至直接否定都会给客户留下不赞同的信号。适当的不赞同也会让客户知道谈判的条件是否合理。但是销售人员不要过分地使用否定信号，这会让客户产生不舒服的心理。

如果销售人员能够认识到非语言沟通的重要性，合理地使用非语言沟通，是非常有助于谈判人员之间相互合作的。这种面对面的非语言沟通，可以增进双方的友善关系，能够促进协作并得到更好的共同利益。前提是销售人员能够正确并准确地理解这些非语言沟通，而错误的理解可能会使谈判效果变差。

（三）选择沟通的渠道

不同的沟通渠道产生的沟通结果可能是不一样的。现实中，谈判不都是通过面对面的交流发生的，而是通过不同种类的沟通媒体来完成的，比如通过微信、邮件、QQ、电话等，我们称其为虚拟谈判。采用虚拟谈判的情况越来越多，很多买卖双方在成功交易多次后才进行第一次面对面沟通。在全球疫情这个特殊时期，也有越来越多的客户选择不与供货商进行见面商谈。这种情况也促成了某类只通过社交软件与客户联系并达成交易的公司的产生。比方说进酒宝葡萄酒公司正是采用这种工作模式，在前方人员通过各个途径收集潜在客户信息后，与潜在客户电话联系询问是否有葡萄酒购买需求。得到确定的答复后，后期销售致电客户并添加客户微信，在微信中沟通，邮寄样品，最后成单。这种通过减少销售人员的交通等控制成本的方式进行远程成交，也成为一部分葡萄酒公司重要的交易方式。

使用微信或QQ等社交软件进行客户沟通，销售人员找寻客户通常是通过公司提供、客户介绍或者酒展上面对面交流所留下的联系方式，并通过后期远程交流方式来达成交易。这种交流方式让销售人员可以有时间整理措辞及组织语言，其弊端是无法像面对面交流那样集中高效地沟通。如果买方不愿继续沟通或者有事耽搁，交流会随时停止，需要下一次再继续或者终止。所以，如果当社交软件上的谈判陷入僵局时，销售人员可以面对面或者打电话与客户交流，从而了解更多信息。

发邮件也是一种沟通方式，但是较少使用。邮件很多时候被用于与国外酒庄的沟通中。邮件沟通有其独特之处，语言需要更加正式，使用上也要更加小心，使用不当的语言会使得阅读邮件的客户或供应商认为是一种威胁或者终止交易的措辞，使交易陷入僵局。

在虚拟谈判过程中的初期最好能够采取一定的措施与对方面对面交流，这样可以增加可信度。其次在虚拟谈判中，应避免情绪激动，如果一定要表达自己的情绪，需要将之明确化，而不是发泄情绪。需要向对方表明你的情绪是什么，悲伤愤怒喜悦等，并阐明情绪背后的原因是什么。

虚拟谈判中面对面接触很少，对方给出的利益、报价、提议等假设不一定正确，所以销售人员要不断地提问，了解更多信息，不断地检查修正自己的判断。

在虚拟谈判中，尤其是电子邮件谈判中，每一件事都通过书面的形式进行沟通，销售人员一定要非常小心，不要做出对自己或者公司不利或不明智的承诺。也尽量不要利用买方语言表达的失误或笔误，这样对于双方最后的合作都是没有益处的，谈判双方应当对承诺进行讨论，直到双方意见达成一致。

三、如何改善谈判中的沟通

由于谈判中的沟通会被很多因素打断和曲解，因此谈判者之间并不是百分百地互相理解。这时销售人员可以采取三种方法来对谈判中的沟通方式进行改善：提问、倾听以及角色互换。

（一）提问

在谈判过程中，提问是十分重要的。明确沟通、消除干扰和曲解最常用的一种方法就是提问。所以销售人员在沟通谈判的过程中，不仅要学会提问，还要学会如何提出好问题，而不是废话。好的提问可以获知买方的定位、有利的因素和需求。但是提问也不是百分百可以解决问题、获得想要的信息。对方可能会不直接回答或者给出误导性的信息，也可能买方并不清楚自己需要的产品和合作方式，所以没有办法给出有效的反馈。比如报价后，销售询问客户认为产品或者报价如何，客户说还可以。此类简单的回复并不能让销售知道价格应该如何调整或者客户的担心疑虑在哪里。所以销售应该更进一步详细地询问，报价是高吗？或者询问客户是否会考虑购买，量是多少等。如果顾客犹豫不决，可以更详细地询问客户担心的地方是什么？是对现有产品的冲突，还是无法满足本身的采购需要？循序渐进地提问会让客户找到自己的痛点，让一些无法清楚知道自己需要的客户理顺思路从而达成交易。

谈判者还可以利用提问来处理陷入困境或者中断的谈判。提问通常可以打破尴尬的氛围，销售人员不一定要根据当前所谈论的问题继续提问，也可提出一些其他更轻松的问题，勾起对方的兴趣。比如酒窖的装修，共同认识的人，通过提问的方式进行夸赞，可以使对方放松。利用此间歇，销售人员也可以考虑一下如何打破谈判的僵局。有时使用为什么不，而不是为什么的问题，也是消除谈判障碍的一个好方法。总之，在真正的谈判过程中，销售人员可以通过提问收集信息、判断信息或者帮助对方表达需求和兴趣。

（二）倾听

倾听是商务谈判中重要的组成部分。倾听一般分为以下三种形式。

1. 消极倾听

消极倾听指只接受信息而不向信息发送者反馈信息接收是否正确和完整。消极倾听本身可使对方持续发送消息。有的客户很喜欢讲话，但是没有和谈判相关联的内容，这时销售人员可以采用消极倾听的方式。

2. 认同

认同是第二种倾听的方式，比消极倾听稍微积极一些。在倾听时，接受者会偶尔点一下头，保持目光交流或回答。譬如“我明白”“嗯”“真的”或者“继续”等类似的话表示认同，这些反应足以让对方继续发送信息，但发送者可能会误以为接收者同意其观点而不只是接收信息。所以当销售人员在这种交流时需要谨慎，客户可能会以为正在达成某种双方认同的协议，接下来如果销售人员进行否定，客户可能会认为销售人员不守信用或者感到失望。

3. 积极倾听

积极倾听是倾听的第三种方式，是指接收信息并用自己的语言重述或解释发送者的信息。比如客户说此次的活动效果很棒，销售人员说此次的活动效果真的出乎意料的好。客户说这种合作方式我不认同，销售人员说你不想要这种合作方式。

阿索斯和加巴罗（Athos and Gabarro）指出，成功的反射性回答是积极倾听的关键。它具有以下特征:（1）交流的重点在于倾听而不是交谈。（2）对涉及个人的问题而不是抽象的问题进行回答，也就是说情感、信念和立场的表达而不是抽象的想法。（3）跟随对方而不是引导对方讨论自己觉得需要讨论的问题。（4）理清对方所表达的思想和情感，而不是质疑和建议对方应该想什么和应该如何感觉。（5）对对方已经表达出来的情感做出反应。

在葡萄酒商业谈判中，我们提倡销售人员采用积极倾听的方式，不要为了迎合对方，促成交易而机械性地同意对方的观点、放弃自己的观点。积极倾听可以作为一种技巧去鼓励对方更全面地表述观点、动机，这样销售人员就可以更好地去理解对方的立场，找到符合对方偏好的方式与之沟通并让其妥协。

（三）角色互换

谈判中的沟通也可以通过角色互换来进行。销售人员一味地在谈判中争论自己独特的立场不利于双方找到彼此立场的兼容性。角色互换的技巧可以让谈判者更加清楚地理解对方的立场，这不仅是针对销售人员的技巧，对于买方也同样适用。买方站在销售人员的角度，可以了解酒庄为何以这种模式进行销售，或者为什么酒庄需要找买方这种类型的合作者。销售人员也可以站在买方的角度，为客户解释公司的运作模式，这样可以使对方更容易接受自己的观点。

总之，谈判过程中双方角色互换有助于改善谈判者的沟通，有助于对对方立场做出准确理解与评价。在准备阶段使用角色互换是最为有效的，所谓知己知彼、百战不殆，站在自己的角度和对方的角度同时考虑问题才能更加全面，对方提出的各种问题也能得到解决。不过，尽管角色互换可以增强了解，但由于谈判双方在立场上存在不一致，有时这种方式并不能完全解决问题。

四、谈判结束时需要特别关注的沟通问题

谈判过程十分重要，双方敲定了合同。很多销售容易忽略最终的步骤就是谈判结束。就像百米冲刺的运动员，没有冲过终点线的那一刻，冲刺并没有结束，所以只要谈判没有结束，销售人员就不能掉以轻心。这时谈判者需要同时关注沟通和谈判中的两个重要方面：避免致命的错误；以建设性的方式达成满意的结果。

（一）避免致命的错误

首先，销售人员需要知道谈判过程中何时该结束谈判。以免对于重要的问题做出不必要的妥协。比如，对方已经对于卖方给的报价认可的情况下，可以尽量迅速地签署协定。如果这时拖沓，并给买方提供更多的信息，买方很可能觉得自己的价格并不具有优势，并希望重新审视此次合作。不当的言语也会使得对方在已经准备签署谈判协议时出现摇摆。比如销售人员在签署谈判协议的紧要关头，透露给买方公司内部关系紧张、自己的工作得不到赏识等信息，或者价格即将调整、降价等，这些都会使买方动摇信心甚至停止签约合作。销售人员除了需要避免自己的不当言论，也要对对方的不当言论

有所了解，不做回应或者不被其分散注意力。有些客户永远觉得价格贵，但是还是要继续合作，为了谋求更低的价格，不断地抱怨或者对销售人员施压，这时销售人员需要不被其分散注意力，紧盯目的，从而促成交易。最后，销售人员还要注意那些没有参与实际谈判过程但是却有权利或责任进行审视的人对谈判结果的细节进行挑剔和再度揣测。销售人员要在谈判过程中不断观察人物之间的关系，不要轻视任何一个人，因为有的人并不参与谈判，但是谈判的人却会听从此人的意见。比如展会中，某进口商老板在品尝某款酒后决定进口，但最终还希望能听一下采购经理的意见，但是采购经理认为这款酒口感不合适，过于酸涩或者不适合现有客户等。这时就需要销售人员有耐心，做好准备沉着应对。

（二）结束谈判

在谈判接近尾声时，通常需要做以下几方面的决定：接受报价，确定妥协问题的优先次序，与对方在某些问题上进行权衡。

如果对方客户可以接受报价，销售人员也不要掉以轻心，细致周全地安排后续的工作。比如与仓储和物流部门沟通安排送货事宜，在这里需要强调一点，葡萄酒本身非常脆弱，运输途中的天气条件可能给酒造成不可挽回的影响。如发往中国东北地区的葡萄酒在冬季往往需要加盖一层棉被，防止酒瓶被冻裂；而在炎热的夏季，往往需要加隔热膜，防止高温导致葡萄酒涨塞和漏液。特别是昂贵的葡萄酒，往往一个小的疏忽就会造成巨大损失，因此要特别小心。

在很多情况下，客户并不接受报价，或者在此报价基础上提出新的方案，那么销售人员需要厘清客户的核心需求，比如价格、市场支持或其他赠品等。销售人员需要权衡是否在此点上还有让步的余地，或者尝试从其他方面对客户进行弥补。如果没有余地或者不想再作让步，按兵不动也是一种策略，此时尝试继续与客户沟通，有时客户否定报价其实是在试探销售人员是否还有让步的空间，如果确实没有，客户可能会接受报价。在这些情况中，销售人员需要不断观察，并随时做好策略的调整。

任务训练

1. 假设你是一名葡萄酒企业的销售代表，请现场模拟一次对客销售。

2. 假设你要向客户推荐一款 OEM 产品，请草拟一份这次会谈的会议纲要。

第五章 葡萄酒营销典型案例

本章导读

本章将介绍不同葡萄酒产区在国内外市场上典型的营销手段，读者可以从不同葡萄酒产区的营销案例中，了解到葡萄酒企业的运营思路。为了适应时代的发展，本章亦将介绍葡萄酒企业在中国的新零售案例及新媒体营销等相关知识。

思维导图

- 葡萄酒营销典型案例
  - 法国葡萄酒营销案例
    - 波尔多：以酒庄为基础的分级制度的营销理念
    - 勃艮第：头部精品名庄的销售模式
    - 香槟：品牌运营的营销模式
    - 南法：兼具大众消费市场及精品化发展的营销模式
  - 中国葡萄酒营销案例
    - 宁夏：中国最具体系的葡萄酒产区制度模式
    - 山东：传统及新型潮流——以张裕、瓏岱等为例
    - 新疆：酒庄旅游营销
    - 云南：国际酒庄带动本地葡萄酒营销模式
  - 其他国家葡萄酒营销案例
    - 意大利：简单营销话术的市场传播能力
    - “超级托斯卡纳”崛起——反传统的葡萄酒
    - 西西里岛：葡萄酒与时尚互相碰撞的魅力
  - 葡萄酒网络营销案例
    - 葡萄酒新零售营销
    - 葡萄酒新媒体营销

学习目标

1. 了解全球主要葡萄酒产区的概况及产品品牌推广过程。
2. 能够建立起葡萄酒品牌打造的基本概念。
3. 能够认知新销售模式下葡萄酒营销的方式。
4. 能够利用新媒体方式进行营销策划。

第一节　法国葡萄酒营销案例

一、波尔多：以酒庄为基础的分级制度的营销理念

在很多中国消费者的观念里，法国波尔多就等同于葡萄酒。那么波尔多葡萄酒的名声是如何传遍全世界的呢？

波尔多是法国南部的海港重镇，同时也是法国链接英国及其他海外市场的关键渠道。在英法百年战争中，波尔多所在的阿基坦地区在英法之间多次易主。这里的葡萄酒也大批量出口到英国，成为英国各阶层都能享用到的饮品。

图 5-1　法国波尔多的葡萄酒博物馆

相比勃艮第在法国国内有着十分高的声誉，波尔多葡萄酒在法国海外市场的曝光度更高。一来波尔多葡萄酒的产量更高，覆盖面更广；二来波尔多由于历史原因依托英国酒类市场，商业运作更为成熟和系统化，更便于全球化推广，自然知名度更高。系统化的分级及酒类销售模式能够有效地帮助一个产区打响知名度，帮助酒庄更有效地回笼资金。在这里主要介绍波尔多最有代表性的酒庄分级制度。

（一）波尔多左岸分级制度

从波尔多市到梅多克产区附近的出海口，加龙河（Garonne）将波尔多产区分为风土条件各异的两部分。位于左岸的有梅多克、格拉芙、苏玳等著名

产区，而右岸则有波美侯、圣埃美隆等有名的产酒村庄。波尔多不少子产区都有自己的分级系统，但以左岸的 1855 年分级及右岸的圣埃美隆分级等最为出名。

波尔多的酒庄分级系统能够代表这一产区最顶尖的葡萄酒，原因在于其基于酒庄声誉、葡萄园风土及历年表现的评判标准。左岸的 1855 年分级源于拿破仑三世希望在 1855 年巴黎世界博览会上展示法国的美酒，于是要求波尔多商会（Bordeaux Chamber of Commerce and Industry）筹备酒展并对酒庄进行分级，而波尔多商会则将这个任务转交给对波尔多酒庄、葡萄园风土和葡萄酒都了如指掌的葡萄酒经纪人工会（Syndicat of Courtiers）。葡萄酒经纪人工会根据长期以来波尔多葡萄酒在市场上的声誉和价格水平制定出了一份分级名单，此名单便是现有波尔多 1855 分级制度的前身。

图 5-2　法国波尔多的酒庄

在葡萄酒市场十分成熟的法国，价格反映了市场对商品的供需关系，从侧面能够显示这一时代一家酒庄的总体表现及市场认可度。这些被列入 1855 分级的酒庄，在当时是能够代表波尔多顶级水平的。而酒庄出于维护自身的市场声望和品牌价值的需要，也极力维护出品酒款的品质。1855 年分级涵盖了当时波尔多最为知名的酒庄，分级榜单分为梅多克分级，以及苏玳和巴萨克的分级两部分，但通常人们更关注的是梅多克分级。梅多克分级共分为 5 个等级，一级为最高，共有 58 家酒庄入选。一级庄有拉菲古堡、玛歌酒庄、木桐酒庄、拉图酒庄以及侯伯王酒庄。被列入分级中的酒庄又被称为“列级庄”，在1855年至今的160多年里，这份榜单的名次极少变动，也体现了这些酒庄品质的稳定性。但即使是同为一级庄，也并非所有的酒庄都能够在今天拥有同样的声誉。实际上，苏玳、巴萨克两个白葡萄酒产区常常被国内消费者忽略，这与国内消费者的消费观念、饮用习惯等密切相关。

除了一级庄的价格维持相对稳定外，其他列级庄目前的市场价格已经有了比较大的变动。部分二级酒庄酒款的价格只能达到今天五级酒庄的水平，而一些当年排在四级或者五级的列级庄，却在百年间超赶二级庄。所以今天对于1855分级上的酒庄，也衍生了许多非官方的分类。如超二级酒庄、超四级酒庄及超五级酒庄等，这是指当年被排在二级、四级或者五级的酒庄在品质、价格上已经超过这一级别的水准，值得排在更高的位置。

（二）波尔多右岸分级制度

右岸较为有名的分级为圣埃美隆分级。1952年，在圣埃美隆葡萄酒商会（Syndicat de Defense de l’appellation Saint-Emilion）的要求下，法国农业部和国家原产地命名与质量监控院（Institut National de l’Origine et de la Qualite，简称INAO）开始筹备该项目。在1855分级制度诞生100年后，1955年，圣埃美隆第一次分级名单出炉，此次分级共有75家酒庄入围。圣埃美隆分级制度共设三个等级，其中位于金字塔顶端的为圣埃美隆一级A等酒庄（Premier Grand Cru Classe A），其次为圣埃美隆一级B等酒庄（Premier Grand Cru Classe B），剩下的则为圣埃美隆列级庄（Grand Cru Classe）。这些酒庄都要符合严格的标准，经过官方严格的考核才能入选。与1855年分级不同的是，圣埃美隆分级每10年会进行重新修订。目前位于最高的圣埃美隆一级A等酒庄仅有4家。

（三）波尔多格拉芙分级制度

事实上，除了波尔多左岸的1855分级与右岸的圣埃美隆分级，波尔多部分子产区也拥有自身独特的分级制度，如格拉芙地区的分级。格拉芙产区的葡萄酒在中世纪时已经极负盛名，但在1855分级出台的19世纪却遭受霉菌、粉苞菌及蚜虫的大片侵袭，处在低潮期，除了侯伯王（Château Haut-Brion）之外，格拉芙地区的葡萄酒都无缘列入传奇的1855分级。所以直到1953年，应格拉芙酒业工会的请求，INAO开始拟定一份综合评定酒庄、风土、酿造及陈年能力的、能代表格拉芙葡萄酒最高水准的酒庄名单。1959年定稿，16家酒庄进入分级，之后再未进行过复审更改。

（四）波尔多中级庄分级制度

此外，还有国内消费者十分熟悉的一个分级制度——中级名庄分级（Cru Bourgeois）。中级名庄分级其实也是针对梅多克地区的酒庄进行的分级。由于 1855 分级在过去的一百多年间几乎一成不变，许多无缘进入分级中的酒庄难免觉得不公。于是，1932 年梅多克“中级名庄”（Crus Bourgeois）诞生，与 1855 分级不同的是，这一分级每年都会由中级名庄联盟根据新年份酒款的品质进行重新评定。这一分级里集中了梅多克地区很多具有超高性价比的酒庄。

全球很多产区都有各自的分级系统，但波尔多分级的特殊之处在于分级制度针对的是酒庄本身，而不管酒庄的葡萄园分布在哪里。对于酒庄来说，也更便于整体推广自身品牌。另一方面，系统化的分级能够帮助消费者直观地了解一个产区优秀的酒庄有哪些，并且能“有依据”地选购葡萄酒。一套分级系统的建立需要官方机构起主导作用，制定清晰明确的选评制度及评选依据，严格执行评判标准，使之能成为一套长期为消费者服务的权威优秀酒庄指南。

二、勃艮第：头部精品名庄的销售模式

地处法国内陆的勃艮第是一个农业大区，相较波尔多产区来说，勃艮第的酒农和酒庄对葡萄酒的品牌营销观念更弱，但它们所推崇的，正是葡萄酒销售最基础的环节——品质。在市场营销经典的 4P 理论中，产品的效用、质量、外观、式样、品牌、包装和规格等构成了商业活动的基础。产品销售的核心是产品的品质，否则推广将成为无源之水，无法促进产品的销售。

勃艮第葡萄酒被全球葡萄酒市场所推崇，源于其优异的品质以及多样化的风格，两者构成了消费者对这一产区的“兴趣”。品质及多元化是产品能够吸引消费者持续了解、购买的动机，这一点在葡萄酒行业尤为明显。自古以来，勃艮第的葡萄酒一直被法国王室所赞赏，中世纪时勃艮第的熙笃会修士（Cisterciens）就已经在为酿造优质的勃艮第葡萄酒而不懈努力。他们坚信只有最好的土地才能酿造出最完美的葡萄酒，亲自品尝和试验了勃艮第不同土地的土壤，最后筛选出了最适合种植葡萄的土地，进行葡萄栽培种植。由此诞生了勃艮第知名的以风土为核心的分级制度。

1395 年，勃艮第的菲利普公爵颁布禁令，禁止在他的领地内种植高产的佳美（Gamay）葡萄，勃艮第必须种植黑皮诺（Pinot Noir）和霞多丽（Chardonnay）。公爵的这一禁令，客观上为勃艮第葡萄酒保持高水准奠定了基础，而且影响极其深远。得益于勃艮第公爵的重视和推广，勃艮第葡萄酒得以扬名欧洲。在这里我们以勃艮第产区最有代表性的头部酒庄——罗曼尼·康帝酒庄（La Romanée-Conti）为例，阐述精品酒庄的营销模式。

图 5-3　法国勃艮第葡萄园

选择这个案例是因为高端消费群体对一种事物的追捧，常常可以让它获得广泛的社会传播和良好的名声。勃艮第葡萄酒的产区品牌营销大多呈金字塔形状——由少数的几家头部品牌打响产区的名气，更为大众化的酒庄品牌将这一产区的名声做深做广。勃艮第顶级名庄的销售模式是全球各产区名庄的参考范例。

勃艮第名庄的营销，通常会更注重突出产品本身的稀缺性。产品的稀缺性除了能让酒款卖出好价钱外，还可以让品牌的价值提升到不可思议的地步。罗曼尼·康帝酒庄历史源自 13 世纪的圣维旺德维吉（Saint Vivant de Vergy）修道院。起初这只是一个没有名字的葡萄园，但是在葡萄种植和品质上已经享有名声。直到 1631 年圣维旺德维吉修道院为响应狂热的基督教人士所发动的一次政治活动，将其卖给了克伦堡家族。克伦堡家族将这块葡萄园改名为罗曼尼酒庄。

1760 年，持有罗曼尼酒庄的克伦堡家族因为经营不善被迫出售酒庄，在当时，罗曼尼酒庄已经跻身顶级酒庄行列，所以它吸引了很多贵族参与竞争购买。其中最有名的两位竞争者是当时的法国国王路易十五的堂兄弟、波旁王朝的亲王路易·弗朗索瓦·德波旁（Louis Francois de Bourbon），也被称为康帝亲王（Prince de Conti）；另一位是法国国王宠爱的情妇蓬巴杜（Mme de Pompadour）夫人。最终酒庄以 8 万里弗尔的价格被康帝亲王所竞得，这一价格是周围同样面积的葡萄园价格 10 倍以上，成为全球最贵的葡萄园之一。罗曼尼·康帝的名声也从此打响。

后来法国大革命中，罗曼尼·康帝酒庄从康帝亲王手中被剥夺，并在

1792年作为国有资产出售。此后酒庄几易其主。1942年，亨利·勒华（Henri Leroy）从迪沃·布洛谢家族手中购得罗曼尼·康帝酒庄一半股权，至此罗曼尼·康帝的现代故事正式拉开序幕。

罗曼尼·康帝酒庄旗下有7个勃艮第特级园（Grand Cru），均处于沃恩罗曼尼村，其独立拥有两个特级园，分别是1.8140公顷的罗曼尼·康帝葡萄园与6.0620公顷的拉塔希葡萄园，所以在这两款酒的瓶子上会标示“MONOPOLE”字样，表示独家拥有，这两款酒也是罗曼尼·康帝最贵的酒款。其中，罗曼尼·康帝葡萄园为法国第一个以单一园获得原产地命名的葡萄园，称得上是国宝级的葡萄园。单是罗曼尼·康帝这一块葡萄园出产的葡萄酒，每瓶的售价就高达11万元人民币。

图5-4 法国的罗曼尼·康帝酒庄一角

因为高品质以及稀缺性，罗曼尼·康帝酒庄的葡萄酒并不会在公开市场发售，酒庄采用的是配额制加捆绑销售的模式。在葡萄酒领域，配额制可以简单理解为酒庄有一张客户名单，决定“谁可以买，可以买多少”，这不仅约束私人客户，也包括酒庄的分销商。不同国家、不同分销商每年可购买的量和价格可能都不相同。罗曼尼·康帝的销售方式为最贵的1瓶罗曼尼康帝特级园（la Romanée-Conti Grand Cru）和11瓶酒庄的其他酒款，如踏雪（la Tâche）和罗曼尼圣维旺（Romanée St Vivant）等以一箱12瓶为单位捆绑出售。不管是分销商或者是私人客户，都需要有与酒庄关系很好的熟人作为担保，保证稳定的购买力才有机会合作。为了取得长期信任，分销商还需要向酒庄汇报酒如何卖掉及评价反馈等。

罗曼尼·康帝现任庄主奥贝尔·德维兰 Aubert de Villaine 与曾经共同掌管酒庄的拉露·比兹－乐桦夫人（Lalou Bize-Leroy）决裂的原因，便是因为乐桦夫人向没有合作基础的日本分销商高岛屋集团出售葡萄酒，尽管出售的价格是酒庄配额价的 1.5 倍。但是一些不守规矩的日本客户将获得的 12 瓶装拆分，留下最稀有的罗曼尼·康帝特级园葡萄酒在日本高价销售获利，并将剩下的酒低价卖到其他国家，严重损害了酒庄在全球重要市场的业务。

采用配额制在计划经济时代是因为产能不足不得已采取的方法，但对于高端葡萄酒酒庄来说，产量提升本来就十分困难，而且其稀缺性还来自于产品本身的高品质。采取配额制能够保证酒庄每年稳定的销售，让酒庄能够更加专注于提升葡萄酒品质，形成良性的销售循环。

三、香槟：品牌运营的营销模式

在葡萄酒的世界中，香槟酒庄对品牌运营的重视可以说是独一无二，从这一点来说，世界上任何其他知名的产区都做不到。因为品牌的基本要求是其产品需要常年维持在一个恒定的质量标准下。对于普通静态葡萄酒来说，由于其有年份差异，每年品质不稳定，很难让消费者把握住品牌的固有内涵。而香槟酒厂通过混酿的方式完美地解决了这个问题，每个香槟品牌的基础款都会常年保持它独有的风格并且维持在相同的质量水平上，我们称之为每个品牌的看家风格（House Style），正是香槟的这个特点，使得各大香槟酒厂可以通过品牌运营的方式来进行市场营销。

品牌建设是许多规模较小的企业常常忽略的环节。品牌是企业的无形资产，有了品牌就有了知名度，有了知名度就有了凝聚力和扩散力。同时品牌营销也为企业产品赋能，增加商品的附加值，提升产品的单价利润。

香槟十分注重品牌与时尚业的捆绑，以提升企业在大众消费者之间的知名度。头部香槟品牌如酩悦香槟（Champagne Moët et Chandon）、堡林爵香槟（Champagne Bollinger）等曾出现在多部影视作品里，以上流社会时尚、优雅的面目展示。又如白雪香槟（Champagne Piper-Heidsieck）、帝龙香槟（Champagne Thienot）等曾作为多届奥斯卡颁奖典礼的指定香槟品牌，玛姆香槟（Champagne MUMM）、卡本香槟（Champagne Carbon）作为 F1 大奖赛的指定用酒，这些香槟品牌成了这些世界瞩目的活动上亮眼的身影，甚至也让香槟一词等成为时尚、欢庆、上流的代名词。

（一）香槟品牌营销

19 世纪，所有的香槟酒庄都明白迎合俄罗斯贵族阶层是保证收益的阳光大道，沙俄贵族阶层对顶级香槟的热衷是狂热的，这份追捧也给这些出口香槟到俄罗斯的酒庄打响了名气。

但香槟与时尚业挂钩要到 19 世纪中叶，哈雪香槟（Charles Heidsieck）在当时决定开发美国这一新兴市场，创始人查尔斯·卡米尔·海德西克（Charles Camille Heidsieck）的第一站选择了纽约和新英格兰（New England），这是当时美国经济最为发达，流行文化的前沿阵地。他的这个决定最终取得了史无前例的胜利——香槟征服了美国人的身体和虚荣心。曼哈顿（Manhattan）上流社会的权贵们被查尔斯花花公子的做派和香槟商人的身份迷倒了，进而为哈雪香槟打开美国市场做好了关键性的铺垫。美国人亲切地称查尔斯为“香槟查理”（Champagne Charlie），而他富有冒险精神的故事也在 1989 年被加拿大搬上银幕。查尔斯由著名好莱坞影星休·格兰特（Hugh Grant）扮演，电影播出后成了银幕经典，查尔斯与香槟的形象也得到广泛的大众传播。

图 5-5　香槟成为宴会场合重要的角色

香槟企业时尚、上流的品牌属性与一系列的活动营销紧密捆绑。作为全球影视行业里有着举足轻重地位的奥斯卡颁奖典礼，典礼上的每样事物都将以难以想象的速度传播。而香槟作为喜庆、胜利的象征，每年奥斯卡颁奖典礼上的指定香槟品牌都尤为瞩目。历年来，酩悦香槟、白雪香槟、帝龙香槟等均担任过奥斯卡颁奖晚宴的指定香槟品牌，取得不错的宣传效果。

另一著名的活动营销案例是 F1 大奖赛上的香槟品牌。1950 年 7 月 2 日，世界一级方程式锦标赛 F1 法国大奖赛在法国香槟大区首府兰斯举办，赛车手胡安·曼纽·方吉奥（Juan Manuel Fangio）夺冠。方吉奥收到了香槟大厂赠送的一瓶3L装的酩悦香槟。而1966年，勒芒24小时汽车拉力赛颁奖台上的一个意外，揭开了赛车手喷香槟的传统序幕。当年车手约瑟夫·斯法赫（Joseph Siffert）与科林·戴维斯（Colin Davis）驾驶保时捷906 Index Performance夺得冠军。当时准备的香槟因为被太阳晒得很热，木塞因为压力意外射出，酒液喷洒到观战的人群中，引起观众们的狂热。也因为这次意外，以优雅而闻名的香槟，被赋予了激情、兴奋、狂热的色彩。自此之后，香槟成了F1大奖赛的一个经典元素，而作为F1大奖赛的官方指定香槟也为这些香槟品牌赢得了十分高的关注度。多年以来，玛姆香槟的标志性红色绶带成了F1赛车手加冕冠军的标志。2017年，卡本香槟成功成为新的F1大奖赛指定香槟，卡本香槟的包装上也采用了F1赛车上常用的碳纤维作为装饰，更加强了品牌激情及活力的质感。

（二）香槟品牌形象建设

与流行文化挂钩成了香槟品牌营销的重要环节，不少厂商选择了与明星合作，推进品牌在全球市场上的知名度。著名例子是美国说唱歌手Jay-Z对香槟品牌黑桃A（Champagne Armand de Brignac）的投资。Jay-Z的音乐中常常出现香槟的元素，早期Jay-Z钟爱路易王妃的水晶香槟（Champagne Louis Roederer Cristal），并在其音乐中常常出现。但过往以供应沙俄皇室为宣传点的路易王妃酒庄认为，说唱文化与自家品牌调性不符，公开表达不满。于是Jay-Z选择了买下了隶属于卡地亚家族（Cattier）的黑桃A品牌，在Jay-Z与卡地亚家族的品牌运作下，黑桃A跻身全球最贵的香槟行列。2021年2月，法国奢侈品集团路易威登·酩轩（LVMH）购下了黑桃A 50%股份，与Jay-Z共同运营这一品牌。

香槟产区不仅有大型知名酒庄会选择与明星合作，一些规模较小但品质出众的酒庄，也在获得了国际上的高评价后希望进一步扩大名声。2021年，香槟区知名小农香槟酒庄（指不通过从别处采购葡萄的酒庄）皮埃尔皮特（Pierre Peters）与布拉德·皮特合作推出高端香槟系列Fleur De Miraval，将布拉德·皮特于电影中展示的上流、优雅特质融入香槟中。

图5-6　酿造香槟所用的独特A字形转瓶架

（三）香槟产区营销

任何一个产区都拥有自身的特质，产区中的酒庄往往会共同将这种特质融入自身的品牌营销中，这一过程里产区本身的特质也形成了产区广义上的品牌。这一点在香槟区体现十分明显。1941 年香槟区的官方组织香槟委员会（Comité Interprofessionnel du Vin De Champagne）成立，由香槟区众多酒庄共同组成的香槟委员会成立之初一项重要的使命是维护“香槟”一词在全球的规范使用。20 世纪 50 年代，香槟区向海牙国际法庭提起诉讼，确立了“香槟只来自于香槟区”的概念，这是全球葡萄酒原产地命名保护机制的典型范例。对于全球非香槟区产起泡酒冒用“香槟”之名，或是其他的产品不规范使用香槟一词，香槟委员会设立在全球各地的办公室会依照原产地命名保护协议采取法律措施。

对产区的原产地命名严格保护，其实保护的是产区所有酒庄、从业者的利益，同时对“香槟”这一名字起到了增值作用，这一举措也将让所有的香槟产区参与者获益。

四、南法：兼具大众消费市场及精品化发展的营销模式

南法是法国南部葡萄酒诸多产区的统称。法国南部的葡萄园沿地中海海岸分布，从东北部的意大利边界一直延伸到西南部的西班牙边界，被夹在大海、中央高原（Massif Central）、阿尔卑斯山（Alps）和比利牛斯山（Pyrenees）之间。主要包括朗格多克（Languedoc）、鲁西荣（Roussillon）以及普罗旺斯（Provence）等产区。

南法受地中海气候主导，气候温暖，光照时间长，葡萄生长期内降雨量少，在大部分的年份里南法的诸多产区都能为葡萄的生长提供适宜的条件。但在很长的一段时间里，南法诸多产区都在生产“高产量、低价格、低品质”的日常饮用餐酒，这为南法诸多产区的品牌形象蒙上阴影。近年来，为改变南法产区廉价低质的形象，产区整体以“法国南部”（Sud de France，不包括普罗旺斯产区）品牌宣传南法产区，并着力提升产区葡萄酒的整体品质。

（一）葡萄酒的大众消费市场

国际葡萄酒市场中精品酒与日常饮用的餐酒贸易量呈金字塔形状，也就是说，价格低廉的葡萄酒是国际葡萄酒贸易中的主要参与者，而其中散装葡萄酒（Bulk wine）是国际葡萄酒大宗贸易中的重要组成部分。

大宗商品是指可进入流通领域，但非零售环节，具有商品属性，用于工农业生产与消费使用的大批量买卖的物质商品。在国际葡萄酒贸易中，散装

葡萄酒以及散装葡萄汁（用于酿造葡萄酒）通常不进入零售领域。散装葡萄酒或散装葡萄汁从原产地通过集装箱（如标准罐式集装箱或集装箱液袋等）运输到目的地后，再进行调配、灌装、贴标等工序才上市销售。原产地的酒瓶生产成本、灌装加工成本及运输成本往往较高，采用散装出口的方式能够大大节省流通环节的成本。此外对于希望采用自己品牌标识的商家来说，也可以自己设计酒款的外观设计，但需要符合销售地的酒类外包装标识要求，常见的是大型商超品牌的自有品牌产品系列。

西班牙、法国南部、南澳大利亚、智利等产区都有着庞大的散装葡萄酒销售产业。散装葡萄酒能解决酒庄过剩的产能，节省物流成本，在销售上也允许商家在包装、销售模式上有更大的自由度。据世界散装葡萄酒博览会（World Bulk Wine Exhibition）公布的数据，目前全球葡萄酒贸易中，散装葡萄酒出口占比约 38%，全球葡萄酒销售额为 3600 亿美金。

目前在中国市场上的散装葡萄酒却往往与假冒伪劣或者是低质挂钩，这是以往散装葡萄酒进口企业不规范的生产与销售遗留下来的问题。散装葡萄酒灌装过程中如果缺乏监管，很容易让不法商家以劣充好，甚至违规添加辅料进行勾兑等，损害了消费者权益的同时也让散装葡萄酒成了品质低劣的代名词。不少商家和消费者在谈及散装葡萄酒的时候讳莫如深，实则这并不是散装葡萄酒的真实面貌。

近年来，酒商对创立自有品牌的重视、多元化的包装方式和以设计为重点的葡萄酒品牌发展催化了散装葡萄酒的发展。散装葡萄酒商家也有意识地想要摆脱散装葡萄酒品质低下的观念，更具有风土特点的散装葡萄酒成为热门的市场发展方向。为了让中国葡萄酒行业从业者能更深入了解国际散装葡萄酒的发展趋势，世界散装葡萄酒博览会于 2019 年在山东烟台举办了首届亚洲展。

（二）南法精品葡萄酒的发展

与散装葡萄酒概念相对的是酒庄装瓶葡萄酒。由于早期很多法国酒庄都无力购入和维持自己的灌装生产线，酿造出来的葡萄酒往往会按桶出售，或者是打包运输到统一的灌装厂灌瓶包装后再出售。

后来由于对各生产环节质量管理的重视，大多数有条件的酒庄都选择了自行灌装葡萄酒，这也催生了“酒庄装瓶葡萄酒”的出现，甚至也让不少消费者认为“酒庄装瓶葡萄酒”质量最好。仅凭是否在酒庄内装瓶就判定一款酒品质是否优秀是十分片面的，影响葡萄酒质量的因素很多，要结合酒庄的定位、技术实力和酿造理念等具体分析。

精品酒（Fine wine）的概念是酒庄追求更高的品牌价值、开拓细分市场以及获取更高利润的发展方向。值得注意的是，精品酒不等同于“贵价酒”，虽然不少精品酒价格确实高昂。精品酒的定义本身是十分模糊的，笼统来说，精品酒是具有一定的品质，能够反映一个产区的风土和酒庄酿造理念，拥有自身特色的葡萄酒。以往我们是很少将南法产区与精品酒联系起来的，但是近年来随着吉哈伯通（Gérard Bertrand）、拉菲罗斯柴尔德集团的奥希耶庄园（Domaine d'Aussieres）等品牌在中国市场上的传播，让消费者意识到南法产区的精品酒风潮正在起步。

图 5-7　陈年的葡萄酒在橡木桶中熟化

吉哈伯通位于朗格多克－露喜龙（Languedoc-Roussillon）产区，庄主吉哈·伯通出生于葡萄酒酿造世家，他不仅是法国生物动力葡萄酒的倡导者，更是葡萄酒界深具影响力的人物之一，Gérard Bertrand 旗下的十多个酒庄均由他直接执掌和酿造。吉哈伯通自创立以来便坚持遵循有机和生物动力法的酿酒理念，旗下 16 家精品酒庄皆选取精品小地块而建，是法国数一数二的有机种植及生物动力葡萄酒庄园。在崇尚天然健康的消费观念下，生物动力法在欧洲本土市场上有广泛的受众群体。对于酒庄而言也能精准定位高端葡萄酒消费人群，符合该类人群对差异化产品的需求。此外，为了更加精准定位自身专业、高端的形象，吉哈伯通于 2018 年成为诺贝尔奖晚宴的官方用酒，2019 年在中国国际进口博览会上，更是被法国总统马克龙选为招待用酒。

图 5-8 位于朗格多克 - 露喜龙地区的葡萄园

除了企业自身转型以及精准定位，南法产区也组织其官方推广组织“法国南部葡萄酒”（Sud de France），带领各酒庄于世界各国举办各类巡展及课程培训。这样一来，很多有志酿造精品葡萄酒却无力承担全球推广费用的酒庄（这类型酒庄往往占了精品酒庄的绝大多数）也能够跨出国门，展开品牌宣传活动。

第二节 中国葡萄酒营销案例

一、宁夏：中国最具体系的葡萄酒产区制度模式

贺兰山，是守护宁夏安宁的屏障。这座看起来光秃秃，也并不高大的山脉，挡住了北边西伯利亚吹来的寒流，让人类文明得以在宁夏平原延续发展。但这里的气候环境依然很恶劣，大片的荒漠上常常扬起伸手不见五指的风沙，夏天虽然不热但冬天的酷寒让许多作物都难以生长。尽管有孕育中华文明的黄河流经，水资源在这里依然很宝贵。

1972 年，联合国粮食开发署将宁夏的“西海固”确定为“最不适宜人类生存的地区”之一，因为这里极其干旱缺水，但紧靠“西海固”的贺兰山东麓那一片狭长的土地，却意外地被葡萄种植专家认定为适合种植酿酒葡萄。20 世纪 80 年代初，被誉为“中国葡萄酒泰斗”的贺普超先生首次提出“贺兰东麓是葡萄酒的未来之乡”的预言。其弟子李华教授留法归来，实地考察后

也提出了这片土地适合出产高品质葡萄酒的断论。从1983年贺兰山东麓种下第一片1000亩酿酒葡萄，到贺兰晴雪2009年份加贝兰获得国际级大奖，到银色高地的家族珍藏登上国宴舞台，时间仅仅过去了30年左右。一个产区从荒漠到绿洲，这样的速度在国际上是绝无仅有的。

宁夏贺兰山东麓产区的发展起始于20世纪90年代，2000年后，开始飞速发展。国家的扶贫政策及地方产业扶持政策在宁夏葡萄酒产业的发展中更是起到了至关重要的作用。来自东部及东南部沿海的投资者也看准了宁夏贺兰山东麓这片土地的发展潜力，纷纷来到银川、青铜峡、吴忠市等地投资兴建酒庄、开辟葡萄园。很多个人也在宁夏建立起规模很小的家族精品酒庄，如银色高地、博纳佰馥等。这些精品酒庄规模很小，通常是家族化经营，庄主及酿酒师往往有国外留学经历，用国外葡萄酒先进的酿造理念融合宁夏的风土特色来酿酒。这使得宁夏在2011年首次有葡萄酒摘下国际大奖后，获得国际认可的葡萄酒越来越多。早期宁夏葡萄酒的风格上更偏向于法国、美国等葡萄酒产国，这有利于宁夏产区快速获得国内外消费者的认可。但一个产区的发展始终需要建立起自己特定的风格，而且产区的总体风格需要从消费者能接受的角度来思考。宁夏产区葡萄酒主要市场为内地市场，所以中国消费者的口味偏好是宁夏葡萄酒产区风格形成的重要一环。但要形成一个产区特征性的风格，需要走的路还有很远。

图5-9　宁夏葡萄园

目前，宁夏贺兰山东麓产区是我国葡萄酒产区里规划最为完善、酒庄最为集中、发展最成体系的葡萄酒产区。在宁夏贺兰山东麓葡萄与葡萄酒联合会的规划及指导下，宁夏贺兰山东麓产区形成了石嘴山、银川、永宁、青铜峡、红寺堡 5 个重要子产区。2018 年，“一带一路”国际葡萄酒大赛首次在宁夏银川市举行，同年推出了中国第一套产区葡萄酒推广教材，分别为《宁夏贺兰山东麓产区葡萄酒初阶教程》和《宁夏贺兰山东麓产区葡萄酒初阶讲师教程》。通过培养业内一批批有着宁夏葡萄酒专业知识的从业者，更好地带动了中国葡萄酒消费者积极接受宁夏葡萄酒。

2019 年，宁夏贺兰山东麓产区葡萄酒已获得超过 800 个国际奖项。早在 2016 年，宁夏回族自治区政府就已经出台了《宁夏贺兰山东麓葡萄酒产区列级酒庄评定管理暂行办法》（以下简称《办法》），推动宁夏产区酒庄规范化发展。《办法》规定，在宁夏贺兰山东麓酿酒葡萄保护区范围内注册的所有酒庄均可参加列级评定。列级酒庄实行五级制，分别为一级酒庄、二级酒庄、三级酒庄、四级（优质）酒庄、五级（旅游）酒庄。一级为最高级别。列级酒庄评定遵循高标准、严要求、科学公正的原则。各酒庄每 2 年参加评选 1 次，实行逐级评定晋升；晋升到一级酒庄后，每 10 年参加评选 1 次。列级酒庄由宁夏贺兰山东麓葡萄与葡萄酒国际联合会组织葡萄酒酿造专家、品鉴和评论专家、行业协会代表、消费者代表等相关人员组成评定委员会进行评定。参加列级酒庄评定工作的人员，必须坚持原则，公平公正。对有徇私舞弊或利用工作之便谋取私利等行为者，取消其评定人员资格。在宁夏产区的发展初期，对目前产区内优秀的酒庄进行分级评定有助于确立产区的标杆，规范产区的发展。但直至 2021 年最新一次对宁夏酒庄的评定，依然没有酒庄获得最高的一级酒庄评定。宁夏酒庄的发展依然值得期待。

2012 年，宁夏回族自治区出台了《中国（宁夏）贺兰山东麓葡萄文化长廊发展总体规划》，提出了用 10 年时间建立起“一心、三城、十镇、百庄”的发展蓝图。而在最新的《宁夏贺兰山东麓葡萄产业规划布局图（2020-2025）》中，则形成了“一廊、一心、五镇、百庄”的布局，这背后是宁夏葡萄酒产业多元化发展的思路。“一廊”是指以 G110 国道两侧沿线的酿酒葡萄种植基地、酒庄、旅游景区、文化景观、生态景观为核心内容，形成沿贺兰山东麓葡萄旅游、文化长廊。“一心”指葡萄产区总部经济中心（闽宁）。“五镇”是指贺兰金山葡萄酒康养小镇、西夏镇北堡葡萄酒旅游小镇、玉泉营葡萄酒风情小镇、青铜峡鸽子山葡萄酒文化小镇以及红寺堡肖家窑葡萄酒生态小镇。“百庄”则是指在 2025 年各具特色的酒庄数量达到 230 家。2021 年，宁夏国家葡萄及葡萄酒产业开放发展综合试验区正式成立。《宁夏国家葡萄及葡萄酒产业开放发展综合试验区建设总体方案》（以下简称《总体方案》）规定，综试区核心区规划面积 108 平方公里，辐射区规划面积 394.2 平方公里。到 2025 年，贺兰山东麓酿酒葡萄基地总规模力争达到 100 万亩，年产葡萄酒

3亿瓶以上，实现综合产值1000亿元左右。在未来的数十年里，宁夏贺兰山东麓产区的葡萄酒将会成为中国葡萄酒市场上的重要玩家，而这也必将推动中国葡萄酒文化和产业进入下一个世代。

二、山东：传统及新型潮流——以张裕、垅岱等为例

中国葡萄酒有着悠久的历史。司马迁在《史记》中首次记载了葡萄酒，公元前138年，外交家张骞奉汉武帝之命出使西域，看到“宛左右以蒲陶为酒，富人藏酒至万余石，久者数十岁不败。俗嗜酒，马嗜苜蓿。”东汉时，葡萄酒仍非常珍贵，据《续汉书》记载：扶风孟佗以葡萄酒一斗遗张让，即以为凉州刺史。足以证明当时葡萄酒的稀罕。

汉代虽然曾引入了葡萄及葡萄酒生产技术，但却未使之传播开来。汉代之后，中原地区大概就不再种植葡萄。一些边远地区时常以贡酒的方式向后来的历代皇室进贡葡萄酒。种植葡萄及酿造葡萄酒在中原地区的发展始终十分缓慢，葡萄酒也并没有占据古代酒类生产的主流。

近代中国葡萄酒产业起始于19世纪末，当时爱国华侨张弼士从国外引进了大量优质葡萄品种，在山东烟台建立起中国近代第一家葡萄酒企业，烟台张裕葡萄酒公司。但中国葡萄酒产业一直发展缓慢，也并没有形成成片发展的产区模式。

图5-10　葡萄酒进入人们日常生活

1978 年，我国葡萄与葡萄酒生产相较新中国成立初期有了很大发展，总产量高达 3 万多吨，但是质量上与世界葡萄酒相比还有差距。当时，中国轻工业部食品局对葡萄酒工业做了 8 年发展规划及 23 年设想。认为发展葡萄和葡萄酒生产不仅具有经济意义，而且具有重要的政治意义。即无论特需或是出口，均需我国自产大量优质葡萄酒，以换取外汇，支援建设，扩大影响。于是从 1978 年开始，沙城酒厂开始“干白葡萄酒新工艺的研究”工作，并生产出国际上流行的非氧化型的干白葡萄酒。随后不久，在郭其昌先生的带领下，中国的第一瓶全汁干红葡萄酒在河北昌黎研制成功。这标志着中国葡萄酒生产开始与世界接轨，进入葡萄酒产业新时代发展阶段。

但很长一段时间里，国家的葡萄酒生产标准一直存在着两个推荐标准：一个是符合国际标准的全汁葡萄酒标准，另一个是根据我国实际情况制定的半汁葡萄酒标准。半汁葡萄酒标准允许用部分葡萄酒或葡萄汁通过人为添加食用酒精、糖、酸及色素等成分，勾兑出一种类似葡萄酒的产品。这一标准的存在让部分为了追求利益最大化的小型生产商使用各类添加剂“勾兑”出葡萄酒，里面甚至不含一滴葡萄原汁或者葡萄原酒。这损害了消费者的健康，也危害了葡萄酒市场的正常发展。于是在 2003 年 6 月，国家相关部门决定，废除原来的半汁葡萄酒标准，从 2004 年 7 月开始，停止在市场上销售半汁葡萄酒，规定只有用 100% 的新鲜葡萄或葡萄汁发酵的产品才能称之为葡萄酒，其他的酒类产品名称中绝不允许出现“葡萄”字样。

市场规范化带来的是葡萄酒产业的快速发展。山东烟台、河北昌黎、宁夏、新疆以及云南等葡萄酒产业发展可谓是一日千里。山东作为中国近代发展最早的葡萄酒产区之一，自然吸引了不少优秀葡萄酒企业进驻。本土的优秀企业里，张裕、长城（烟台）等早已为全国消费者所熟知。近年来，不少国际葡萄酒巨头也看重了山东地区的风土潜力，于山东蓬莱等地建立起酒庄。其中最为有名的案例，是拉菲罗斯柴尔德集团（拉菲古堡母公司）在山东蓬莱建立的瓏岱酒庄。

2009 年，拉菲罗斯柴尔德集团于山东蓬莱投资了 30 公顷葡萄园地，目前共有 25 公顷全投产葡萄园。2019 年瓏岱酒庄正式开庄，首个年份为 2017 年。首个年份瓏岱葡萄酒采用由赤霞珠、马瑟兰和品丽珠混合酿造。这也是目前中国葡萄酒市场上公开销售的最贵葡萄酒之一。山东蓬莱也成了拉菲罗斯柴尔德集团继阿根廷、智利之后，全球第三家同时也是目前亚洲唯一的生产基地。2020 年瓏岱酒庄还推出了副牌葡萄酒——琥岳，以赤霞珠、品丽珠和梅洛等波尔多标志性葡萄品种，马瑟兰和西拉等葡萄品种混酿而得，售价虽然与正牌瓏岱葡萄酒相比要便宜得多，但售价依然比不少国内一线精品酒庄葡萄酒价格要高出不少。

在国际葡萄酒巨头进入中国市场，包括在中国落地建立酒庄的过程中，我们会发现他们都有意识地将中国传统文化、地理等要素融入产品中。如瓏岱葡萄酒命名的官方介绍是：山东泰山作为华夏文明的代表，以“岱”为名也是对齐鲁大地光辉历史的致敬，生动诠释了此座圣山所蕴藏的理想观念。瓏岱由自然孕育而诞，后经人工的精制雕琢而生。事实上，在营销理念上，目前中国葡萄酒企业都十分注重如何用让中国消费者感到亲切、容易理解的方式进行推广传播。中华文化元素以现代方式表达，成为十分受年轻消费群体欢迎的“国潮”风尚。此外，不少酒庄不再拘泥于过去在命名、酒标设计等方面向国外靠拢的想法，在营销过程中他们甚至发现，一些显得比较“土味”的元素反而更能被中国消费者所接受。传统与现代的界限被打破，带来了无限的可能。中华传统文化正成为新时代的热潮，“国潮”概念的发展带动了中国葡萄酒向更广泛的消费群体传播。这也成了新时代葡萄酒营销中重要的手段和途径。

三、新疆：酒庄旅游营销

新疆葡萄酒历史悠久，距今已有 2400 余年的历史，是中国公认的最早种植葡萄、酿造葡萄酒的地区。公元前 138 年，汉代使节张骞出使西域引入葡萄，先至新疆，再经甘肃河西走廊传至陕西西安及其他地区，因此新疆也被誉为中国葡萄酒发源地。

图 5-11　产出众多高品质水果的新疆，是中国葡萄酒的发源地

新疆现代葡萄酒产业最初起源于新疆生产建设兵团。1959 年，二二一团在吐鲁番建成兵团最早的葡萄酒厂。1964 年，农四师七十团在伊犁建成一座手工操作的团办葡萄酒厂（新疆伊珠葡萄酒有限公司前身）。20 世纪 80 年代后，新疆各地葡萄酒产业逐渐兴起。1976 年，新疆鄯善县葡萄酒厂（吐鲁番楼兰酒庄股份有限公司前身）诞生在吐鲁番盆地。1986 年，玛纳斯县自法国引进酿酒葡萄品种，揭开了天山北麓产区规模种植酿酒葡萄的历史，先后涌现新天、西域等著名品牌。1998 年，乡都酒业在焉耆县七个星镇西戈壁产区种下第一株葡萄苗，开启了焉耆盆地葡萄酒的新纪元。在最高峰阶段，新疆酿酒葡萄基地约 65 万亩，葡萄酒年生产能力达 40 万吨，是全国酿酒葡萄种植面积和葡萄酒产量最大的省份，在中国葡萄酒行业发展中有着举足轻重的地位。

新疆有着典型的三山夹两盆地貌，有着适合种植葡萄的光热条件和土壤气候条件。酿酒葡萄形成了天山北麓、伊犁河谷、焉耆盆地、吐哈盆地四大产区，种植面积、葡萄酒产量均占全国的 1/4，涌现出西域、尼雅、楼兰、乡都、天塞等一批具有较大影响力的葡萄酒品牌。葡萄酒产业越来越成为新疆重要的经济产业，2021 年，新疆维吾尔自治区党委和政府已将葡萄酒产业作为“十四五”期间重点发展的“十大产业”之一，制定了《新疆维吾尔自治区葡萄酒产业“十四五”发展规划》，出台了《关于加快推进葡萄酒产业发展的指导意见》，努力将新疆建成丝绸之路经济带上优质高端葡萄酒的核心产区。

根据自治区政府公布的规划，2025 年新疆酿酒葡萄种植面积将达 100 万亩，葡萄酒年产量达到 70 万千升。酿酒葡萄种植、加工以及文化旅游、餐饮等相关行业收入超 800 亿元，形成天山北麓、伊犁河谷、焉耆盆地、吐哈盆地四大主产区，以及阿克苏传统慕萨莱思葡萄酒特色产区、南疆三地州葡萄蒸馏酒新兴产区的“4+2”产区发展格局。且“十四五”时期，新疆将聚焦葡萄特色品种并突出重点县市，全产业链开发、全价值链提升，推动产业形态由“小特产”转变为“大产业”，空间布局由“平面分散”转变为“集群发展”。

在中国葡萄酒产区的发展中，我们很容易发现葡萄酒旅游产业与葡萄酒产业的发展是齐头并进的。葡萄酒文化旅游的兴起一来是酒庄在生产葡萄酒以外的一条可观的营收渠道；二来更重要的是葡萄酒旅游是酒庄对外主动展示产品、企业文化、理念的重要窗口。对于葡萄酒产区的地方经济来说，葡萄酒旅游所带来的客流也将拉动其他配套产业的发展。

葡萄酒旅游对于中国葡萄酒产区来说是一个新名词，但在国际上成熟的葡萄酒产区里，葡萄酒旅游是扩大葡萄酒影响范围、推广葡萄酒文化的重要手段。旧世界成熟葡萄酒产区如法国波尔多、勃艮第等产区，尽管有名的酒庄能自然而然地吸引全球各地的膜拜者前往拜访，但对于整个葡萄酒产区来说，建设葡萄酒配套的餐饮、住宿、环酒庄路线对产区的整体发展是有重要意义的。而新世界如美国纳帕谷、澳大利亚猎人谷等产区，葡萄酒旅游产业已然成为当地经济的重要组成部分，取得了文化推广及经济效益的良好发展。

目前，中国葡萄酒产业也面临着“酒香也怕巷深”的难题，中国葡萄酒产区旅游也被积极纳入地方产业发展的规划中。目前，新疆已有 26 家葡萄酒庄开展葡萄酒文化旅游活动，培育 15 条葡萄酒庄文化旅游线路，覆盖“4+2”葡萄酒产区；12 家葡萄酒庄获得 A 级旅游景区认证，11 家葡萄酒庄获评全国休闲农业和乡村旅游星级示范企业、自治区休闲观光农业示范点等。

不过，我们也要看到葡萄酒旅游不足的一面。葡萄酒旅游的目的是通过旅游这一活动，让普通消费者在放松的状态下了解葡萄酒文化，了解酒庄的理念。游客的体验是重中之重，所以葡萄酒旅游的重点在于“旅游”而非“葡萄酒”。不能简单将葡萄酒旅游当作是一次酒庄向消费者的广告宣传，或者是向游客推销葡萄酒的活动。建设葡萄酒旅游是一项系统性工程。这需要酒庄各部门之间的通力合作，以及经营者思路上的转变，以为游客提供良好旅游体验为宗旨。一次体验差的旅游足以毁掉游客对酒庄的全部印象。另一方面，葡萄酒旅游还需要依托产区当地配套建设、酒庄与酒庄之间的协作以及其他旅游产业的融合等。在中国，葡萄酒旅游处于刚起步阶段，游客往往不会将葡萄酒旅游当作第一旅游目的。如果目的地的交通、住宿、饮食不够方便，又或者目的地较为偏僻（而这往往是酒庄建设的特点），缺乏多元的旅游项目，这将很难吸引游客前往，又或者是在旅游过程中让游客对产区产生负面评价，这也将损害当地葡萄酒产业的利益。

四、云南：国际酒庄带动本地葡萄酒营销模式

云南地处云贵高原，地理结构复杂多样，具有世界上独一无二的适合葡萄酒酿造的风土条件，被誉为世界葡萄酒产区海拔最高、纬度最低、日照时间长、沙砾土壤、物候期长、具有独特风土条件的优良产区。近代云南的葡萄酒起源可以追溯至 19 世纪末法国传教士在迪庆藏族自治州德钦县茨中村建立教堂，并将法国带来的葡萄种植于茨中村，用于酿造葡萄酒。至今在茨中村，当地居民依然有种植葡萄、酿造葡萄酒饮用的生活习惯。在茨中村，还能找到在法国早已消亡的葡萄品种玫瑰蜜。茨中村所在的德钦县，也是今天云南葡萄酒产业的核心地带。

图 5-12 云南迪庆藏族自治州的葡萄园

据官方资料显示，云南现有的葡萄酒产区主要有弥勒、丘北、蒙自、德钦、迪庆藏族自治州等。就德钦产区举例，全县葡萄种植面积达 1.3 万多亩，葡萄种植户近 3000 户。但相比宁夏、新疆等产区，云南省的葡萄种植面积要小得多。2018 年德钦产区葡萄产量 5000 余吨，产值 3000 多万元。整体产业规模还是很小。

云南省的葡萄酒产业发展规模小，受地理因素影响很大，新版《葡萄酒世界地图》中对云南产区做出过如此描述："最后，不能忘了偏远的云南藏区，访问起来实在辛苦。譬如香格里拉茨中的霄岭酒庄，飞到昆明再转迪庆，机场出来还要在山路上辗转颠簸 4 个小时才能抵达目的地，经历过山车般令人眼晕的陡坡，更不用说在崇山峻岭间的辍土耕耘。"云南地理条件复杂，有不少适宜栽种葡萄的田地位于高海拔的山上，且葡萄园分布十分细碎，种植管理、生产成本都十分高昂。且因为高山地貌，很多酿酒葡萄无法采用机器采摘，人工成本占比可观。主打精品葡萄酒概念的云南酒庄，在葡萄的品控上会更为严格，这无形中也提高了原材料的成本。高昂的成本使得云南葡萄酒目前暂时还难以与主流消费市场对接。

目前，云南产区更偏向于生产具有高净值的葡萄酒。如法国著名奢侈品集团路易威登·酩轩（LVMH）集团在 2013 年于云南投资兴建的敖云酒庄。敖云葡萄园分别位于梅里雪山脚下的阿东、西当、斯农、朔日四个村落，海拔高度从 2200 米到 2600 米不等，独特风土使得赤霞珠葡萄风味浓郁且饱满。为了尊重当地的悠久传统，葡萄的采摘和葡萄酒的酿造流程完全由手工完成。第一批敖云年份酒采用从 314 个地块、总共近 30 公顷（75 英亩）的葡萄园生产的赤霞珠和品丽珠葡萄混酿而成。但高海拔地区对葡萄酒酿造技术的要求很高，必须重新调整、校准酿酒操作指标。极端海拔对氧气和二氧化硫的作用、蒸发速率、理想浸渍时长甚至灌装线流程都会带来很大影响。高海拔进行葡萄酒的品鉴也与低海拔地区不同，为了精准符合市场口味，敖云酒庄甚至需要将 50–60 份不同的葡萄酒样品送到海拔较低的香港进行品鉴，确定调配的标准。这些细碎的环境积累起的高成本，往往让云南精品葡萄酒终端售价高得惊人。

LVMH 集团于云南投资兴建敖云酒庄从一开始就引起了葡萄酒业内的高度关注，而首个年份的发售价格高达 300 美金 / 瓶，更是让国际葡萄酒行业将目光投向云南。敖云是第一款通过伦敦葡萄酒交易中心 Liv-ex 交易的中国葡萄酒，面向全球葡萄酒市场发售，中国市场也仅有 6000 瓶的配额，仅占总产量 1/4 左右。2019 年，敖云在 LVMH 官方渠道上的零售价为 2850 元 / 瓶（折合美金 406 元 / 瓶），比起 2016 年刚发布时 300 美元（按当时汇率算约为 1900 元左右）一瓶的价格，足足上升了 1/3。事实上，英国著名酒商 BBR 对外首次销售这款酒的时候，单瓶定价仅为 160 欧元（约为 180 美金左右），价格飙升迅速，足见云南产区的发展潜力。但目前云南葡萄酒依然局限在较为高端的受众群体，发展较受局限。未来，云南葡萄酒的发展依然需要拓展更广的消费者认知度，但这一产区在国际葡萄酒业巨头及本土有前瞻性的投资者带动下，亦将逐步地成规模化发展，未来可期。

第三节　其他国家葡萄酒营销案例

一、意大利：简单营销话术的市场传播能力

国外葡萄酒品牌进入中国市场常常会面临一系列“水土不服”的问题，像语言上的障碍，文化上的隔阂以及复杂的葡萄酒概念难以传达给普通消费者等。这些问题造成了国外葡萄酒在中国市场上推广缓慢，甚至黯然退市。

意大利葡萄酒在中国市场上面临的推广难题尤甚，意大利 20 个一级行政区都有各自的葡萄酒出产，纷繁的原产地命名让人无所适从；意大利有上千个本土葡萄品种，哪怕是研究意大利葡萄酒多年的专业人士也很难说明白每个品种的特性；意大利葡萄酒在感官体验上也与法国、西班牙等产国的葡萄酒不一样，需要营销人员在卖点提炼上下更多功夫。

销售人员在推销葡萄酒时应注意避免使用过于专业的词汇，沟通用语应

当准确、简洁，从消费者可以理解的角度来描述酒款信息。由于葡萄酒进口业务中，大多数酒款资料都由酒庄提供，往往不符合中国消费者的阅读习惯。进口商的市场推广人员应当做好资料的本土化工作，不能简单地照搬现有资料。

图 5-13 意大利托斯卡纳的丘陵与葡萄园

在意大利葡萄酒销售中，已有专业的营销人员将酒类信息进行提炼，并通过组合、简化以便让消费者易于理解。这些简单易记的推广话术，为意大利葡萄酒在中国市场上的传播起到了很好的助力作用。

让我们来认识意大利葡萄酒销售中一些常用的关键词。

（一）ABBBC

ABBBC 分别代表了意大利 5 个在国际上具有高知名度的葡萄酒产区，它们分别是：

A——Amarone della Valpolicella（瓦坡里切拉阿玛罗尼葡萄酒）。阿玛罗尼是意大利独有的酿造工艺。其风味凝练独特，陈年潜力巨大，是瓦坡里切拉产区最负盛名的葡萄酒。该酒在发售前至少陈酿 2 年，而大多都陈酿 5 年左右。具有十分饱满的酒体，充满干果气息，单宁结实，高酸，口感很受中国消费者喜欢，但价格也十分昂贵。

B——Barolo（巴罗洛）。巴罗洛葡萄酒早在中世纪就已声名鹊起。它是意大利最早的 DOCG 葡萄酒，素来有着“王者之酒，酒中之王”的美誉。

B——Babaresco（巴巴莱斯科）。巴巴莱斯科葡萄酒一度被视为是名气比其更盛的巴罗洛葡萄酒的替身，如今，巴巴莱斯科葡萄酒已被视为内比奥罗

（Nebbiolo）的典范，是皮埃蒙特的精华葡萄酒之一。但直到 1980 年，巴巴莱斯科葡萄酒才成为 DOCG 等级。其风格上更柔美，与巴罗洛并称意大利葡萄酒的“一王一后”。

图 5-14　意大利皮埃蒙特葡萄酒产区

B——Brunello di Montalcino（蒙塔希诺·布鲁奈罗）。蒙塔希诺·布鲁奈罗葡萄酒产自托斯卡纳地区，有着“托斯卡纳皇冠上的明珠”的美誉。酿酒葡萄为 100% 的桑娇维赛（Sangiovese）。

C——Chianti Classico DOCG（经典基安蒂）。为托斯卡纳产区最为有名的葡萄酒产区，值得注意的是，意大利语中 Classico 是“经典”的意思，通常为一个产区里最为核心的地块，或者是依传统方法酿造的葡萄酒。但事实上，经典基安蒂与基安蒂是两个独立的产区。基安蒂产区下面有 7 个产区，而其中最为核心的经典基安蒂产区除了可以标注最高的 DOCG 等级外，还可以在酒标上贴上代表产区的黑公鸡标志。

（二）超级托斯卡纳（Super Tuscany）

超级托斯卡纳的概念起源于 20 世纪 90 年代，当时意大利托斯卡纳产区涌现了一批反对严苛死板的原产地命名法规的酒庄，甘愿自降等级而采用法规以外的葡萄品种和酿造工艺。这些突破法规限制的葡萄酒获得了国际上的赞誉，慢慢地形成了一个托斯卡纳葡萄酒的风格流派。

（三）黑公鸡

黑公鸡为经典基安蒂产区的标志形象。黑公鸡的典故来自于中世纪时托斯卡纳地区两个城邦——佛罗伦萨及锡耶纳之间的划地争端。目前所有符合经典基安蒂产区法规生产要求的葡萄酒，都可以在酒标上添加产区官方的黑公鸡标志。在中国葡萄酒爱好者之间，也有“认准黑公鸡，质量有保证”的说法。

（四）意大利“四大雅”

意大利“四大雅”葡萄酒分别是指：西施佳雅（Sassicaia）、索拉雅（Solaia）、奥纳拉雅（Ornellaia）和嘉雅（Gaja），这四款意大利顶级名酒恰巧尾音与“雅”相同，所以被业界统称为意大利“四大雅”。

在意大利以外，很多葡萄酒产区在中国的市场营销中应用了总结、归类、提炼话术的技巧，如智利的“十八罗汉”，法国罗纳河谷的三款顶级葡萄酒组合“Lalala”等。这些通过数字，或者是简单字母组合将复杂的概念清晰地传达给消费者，是营销话术十分实用的技巧。但使用这样的营销话术时也应该明白，它所能涵盖的内容是十分笼统且以偏概全的。这需要营销人员对销售客户进行更准确、深入、全面的介绍。

二、“超级托斯卡纳”崛起——反传统的葡萄酒

在葡萄酒销售中常常会碰到这样的话术：这瓶葡萄酒是法国最高等级的AOC级别，又或是某某酒款只是地区餐酒级别。这些话术本身是对不同产区葡萄酒分级的误解，而且没有能够准确了解葡萄酒归入不同等级的意义。这里我们通过意大利超级托斯卡纳风潮的兴起，来了解那些不遵循传统分级的葡萄酒如何成为葡萄酒饮家的宠儿。

（一）葡萄酒分级与反分级潮流

世界主流葡萄酒产国都建立起各自的葡萄酒分级制度。通常来说，这些分级制度按特定地域、特定的酿酒葡萄品种、传统的酿造方法、陈酿时间等将葡萄酒进行归类。换而言之，各分级之间的不同反映在遵循相关法律法规的程度上。举个例子，一瓶不在波尔多生产的葡萄酒自然不能称为波尔多葡萄酒，一瓶在波尔多生产的葡萄酒如果使用了规定以外的葡萄品种，那它很可能只能归于地区餐酒级别，就没法以AOC（原产地命名）级别的名义出售了。大多数情况下，这些不同产区的分级制度是能保证葡萄酒的特定的质量和风格的。但另一方面，过于严格的原产地命名法规也会限制葡萄酒生产者对新风格的追求。典型的例子是意大利托斯卡纳于20世纪70年代开始的超级托斯卡纳风潮。

意大利于1963年开始制定原产地命名分级制度（DOC，Denominazione di Origine Controllata），并于1966年开始实施。这套制度的出现改变了意大利以往因为本土品种繁杂且地方性法规混乱的局面，在推动意大利葡萄酒产

业现代化及走向国际市场起到了很好的驱动作用。但另一方面，意大利原产地命名制度限制了酒庄在葡萄酒风格上的自主创新。在DOC法规出台后不久，有部分托斯卡纳产区的酒庄希望打破严苛的DOC法规，酿造新风格葡萄酒，并且能够引入国际葡萄品种，以便适应国外新兴市场的需求。

图5-15　意大利托斯卡纳的葡萄园

1965年，圣圭托酒庄（Tenuta San Guido）庄主马里奥侯爵用从好友拉菲庄园主人罗斯柴尔德男爵获得的葡萄种，经过全面更新和一系列变革，酿造出了一款名为西施佳雅（Sassicaia）的葡萄酒，并在本园内部销售。1968年，马里奥侯爵将西施佳雅葡萄酒商业化销售。这是一款具有划时代意义的葡萄酒，具有浓郁波尔多印迹。此前，托斯卡纳地区葡萄酒只能采用本土葡萄品种，甚至红葡萄酒酿造中还需要添加20%的白葡萄品种才能符合法规。西施佳雅的出现打破了这一传统，品质上的优异足以比肩法国波尔多的一级庄，这在当时的意大利无异于一颗重磅炸弹。70年代国际上的酒评人对这款酒的高度评价甚至让西施佳雅成为意大利代表性的葡萄酒。

但由于葡萄品种、酿造方法不符合当时的DOC法规，西施佳雅早期商业销售时不能归入DOC级别，酒庄干脆只以较低的IGT（地区餐酒）级别发售。但西施佳雅商业上的成功以及在国际上取得的荣誉反而突显了意大利官方品管分类的僵化和官僚主义。意大利政府于1994年为它设立了一个独一无二的DOC产区博格利·西施佳雅（DOC Bolgheri Sassicaia），这个DOC只有一块葡萄园，只有一款葡萄酒，就是西施佳雅。

圣圭托酒庄的西施佳雅、安东尼世家酒庄的天娜（Tignanello）等被认为是最早一批“超级托斯卡纳”，但事实上，超级托斯卡纳这个名词直到20世纪80年代才出现。这个名词本身来源也不确定，有观点认为这个名词来自于美国著名酒评人罗伯特·帕克（Robert Parker），为了是将这些突破意大利传统的葡萄酒与其他葡萄酒区别开来。但这个名词本身不是一个官方的分级，仅仅是一个约定俗成的概念，无论是通过葡萄品种、酿造方式、酒标等都无法完整概括超级托斯卡纳的内涵，这也是超级托斯卡纳在推广时面临的一大挑战。

（二）品牌推广的创新性

超级托斯卡纳代表的是一种突破传统的精神。这种精神也贯穿了从种植、酿造乃至销售推广的完整链条中。如西施佳雅从概念之初就是一款突破意大利市场传统的葡萄酒，在营销手段上，西施佳雅也做了很多的创新。

为了突显西施佳雅突破传统的创新性，西施佳雅还成为第一瓶被带入太空的酒。这些推广营销手段重点突出了西施佳雅品牌中突破传统，以及高端奢华的品牌调性，对葡萄酒品牌在跨界营销中有很好的示范意义。

三、西西里岛：葡萄酒与时尚互相碰撞的魅力

地中海沿岸的西欧三国里，法国和意大利的时尚业尤为发达，它们也同时是全球葡萄酒产量排名前三的两个国家。法国与意大利的葡萄酒与时尚业深度捆绑，借助知名时尚品牌的影响力，在全球有不少经典的营销案例。

图5-16 意大利西西里岛，地中海上的明珠，在葡萄酒版图中占有重要地位

（一）意大利时尚业

1997年，意大利传媒业大亨保罗·帕内莱（Paolo Panerai）收购了西西里岛有着近300年历史的费碧酒庄（Feudi del Pisciotto），并与他之前收购和建

立的凯胜泰利（Castellare di Castelina）、罗孚拉菲（Rocca di Frassinello）共同组成 DCC 集团（Domini Castellare di Castellina）。这是意大利酒庄里与时尚业及传媒业联系最为紧密的一家酒业集团。

在经营酒庄事业之前，保罗·帕内莱就已经是意大利有名的出版人、记者，曾于 1978 年访问了中国，并作为欧洲媒体代表首次专访了前国家领导人邓小平同志，他撰写出版的《新马可·波罗游记》一书描写了中意两大文明古国紧密相连和发展的友谊。他旗下的 Class Editori 集团总部位于米兰，是欧洲第二大时尚财经类媒体集团。保罗·帕内莱与意大利时尚业知名品牌的良好关系，使得位于西西里岛的费碧酒庄有机会获得包括范思哲、华伦天奴等 9 个著名时尚品牌的授权，并推出时尚品牌系列酒款。

获得时尚品牌的名气助力推广是费碧时尚品牌系列葡萄酒能够得以快速被市场接受的重要原因。但回归到市场营销的 4P 理论上，产品品质对该系列能够成功运营起到关键作用。产品品质很多时候并非只是“好”与“不好”两个选项，现实中产品品质还涉及产品的设计是否符合品牌的调性，能否表达出品牌的内涵等多维度的考虑。

在获得这些时尚品牌授权后，费碧酒庄邀请了西施佳雅的传奇酿酒师 Giacomo Tachis 担任顾问，并依据西西里岛不同的风土状况及本土葡萄品种分别酿造该系列不同品牌的葡萄酒。在设计葡萄酒的口味时充分考虑了对应时尚品牌的调性，如范思哲对应的酒款甜美中带有几分妖异，而华伦天奴酒款则显得大气雍容。以口味来传达品牌的调性，有别于市面上其他单纯“挂名”时尚品牌的产品，使得其可以称得上是品牌方的“定制款”。

由于保罗·帕内莱与中国的渊源，费碧酒庄很早就开始布局中国市场，乘着中国市场消费力及消费者对奢侈品的需求日益增长的东风，费碧酒庄在华销售如鱼得水。费碧酒庄时尚品牌系列定位于“奢侈名酒”，采取配额制销售。每年中国区配额约为 3.5 万箱（6 瓶 / 箱），其中，范思哲品牌酒款最为中国消费者所熟悉。起初，费碧酒庄由国内三家进口商代理，分别为福建伟达酒业、深圳蒂维尼酒业，以及上海华饮酒业。但由于分散经营曾一度让市场混乱，2018 年，范思哲品牌葡萄酒归于福建伟达酒业独家经营。通过严格执行市场保证金、低价跨区窜货回收制度和区域独家代理制度，从源头上规范市场。

（二）联名款的作用

20 世纪 30 年代，意大利设计师艾尔萨·夏帕瑞丽的同名自创品牌与超现实主义画家萨尔多瓦·达利合作，将一只龙虾绘制到裙装上。这也许是世界上最早的联名款产品。由于突破性设计和新潮感，这条裙子广受好评，也引发日后许多时尚品牌的效仿。某种意义上，费碧酒庄与这些时尚品牌的跨界合作，也延续了这一点。

借助时尚品牌的全球知名度来快速提高某一品牌的名声及销量是市场营销中十分常见的手法。近年来中国市面上也出现过许多知名的案例，包括故宫文创产品的热卖、泸州老窖推出“顽”味香水几天即售罄，六神花露水与锐澳鸡尾酒联名，打造可以喝的绿色“驱蚊水”等都是十分成功的例子。

推出联名款产品重点是要调动目标消费群体的兴趣，借助大众熟知的品牌来达到产品快速传播的目的。制造话题成为今天中国市场上品牌推广传播的特殊手法。品牌内涵越不相关的两个品牌进行跨界营销时，反而越能获得广泛的关注及讨论。费碧酒庄在中国市场上的推广在某种程度上是符合这一品牌推广潮流的。

第四节　葡萄酒网络营销案例

一、葡萄酒新零售营销

如今，互联网对传统产业的影响，已经从“信息链”到“供应链”进而发展到“产业链”，以物联网、人工智能、互联工厂等为代表的新事物正在改造或重塑着传统产业的价值链。移动互联网的极速发展将消费者与生产链之间的距离缩短到一个不可思议的地步。同时消费者的细分需求也前所未有地清晰呈现在供应链各环节的参与者眼前。

图 5-17　新零售业态下，葡萄酒抵达消费者的路径缩短

起步于2018年的“新零售”概念成功将酒类销售从“重供应”到“重需求”转变。从以往先进货后卖酒，以培养用户消费习惯，到从用户需求出发选择合适的酒品进行销售，市场反馈更为直接快速。

（一）实体店还是电商

果集数据发布《酒品牌2021年Q1行业研究报告》显示，2020年酒类新零售市场规模约为1167.5亿元，预计2021年市场规模将达1363.1亿元。据2020年天猫超市年酒消费人群分布，76.5%为18~39岁消费者，其中，85后和90后成为酒类消费最多的两大人群。

依托电商产业的发展及发达便捷的物流业，线上销售、采购已成为当下中国居民主要的消费渠道之一。“十三五”时期，我国电子商务取得了显著成就。电子商务交易额从2015年的21.8万亿元增至2020年的37.2万亿元；全国网上零售额2020年达到11.8万亿元，我国已连续8年成为全球规模最大的网络零售市场；2020年实物商品网上零售额占社会消费品零售总额的比重接近1/4，电子商务已经成为居民消费的主渠道之一；电子商务从业人员规模超过6000万，电商新业态、新模式创造了大量新职业、新岗位，成为重要的“社会稳定器”。

但是，电子商务的发展并不意味着彻底摈弃传统的实体店销售模式。实体店可以深入社区，直接连接每一位消费者，消费者能够第一时间感知商品的好坏，人与人之间有很好的服务感。但实体店在电商时代遭遇的困境在于铺租、人力、推广促销等环节成本较高，且单纯依靠差价赚取利润，在客流被电商分走，实体店同行之间相互竞争也越显剧烈。这需要实体店在互联网时代积极转型，承担更多的销售环节功能。

线上线下融合发展成为了新零售时代的必然要求。2017年，盒马鲜生公布无人超市计划，在全国多个城市开设无人超市。显然，无人超市的模式能有效降低传统商超的用人成本问题。但另一方面，无人超市需要依托线上的流量入口，朝智能化、与线上融合的道路发展，在产品、服务流程等方面与传统商超拉开差异，提升客户体验。

移动互联网的快速普及和移动终端的大面积应用，为移动互联网与线下实体整合带来了巨大的产业机会。实体店在移动互联网浪潮下应朝着“实体+智能”的数字化店铺方向优化，将数字橱窗、数字货架、移动手机客户端、网店等环节进行整合，满足消费者对购物便捷性的需求。此外，实体店要实现数字化转型，还应当重视自媒体平台的建立。自媒体平台有助于门店以低成本精准营销，大范围拓客和集客，并通过会员制稳定客流。

从“十三五”时期开始，葡萄酒产业积极开拓电商渠道的销售，但头部酒类电商数量依然屈指可数。但不管是国际还是国内的酒业巨头，投入新零售的热情十分高涨。国内新零售头部酒企“1919”是线上线下深度融合的经典例子。“1919”在线上以“1919”吃喝 APP、天猫旗舰店、抖音直播为核心形成流量入口矩阵，以线下直营店和加盟店等为前置仓和履约服务站，为用户提供“最快 19 分钟极速达”的购酒体验。“1919”广东省公司总经理田生喜曾在“葡萄酒新零售”主题论坛上指出，当前中国酒水市场发生的变化集中在三个方面：第一，消费者改变，新型消费群体崛起，新消费时代来临。他们更富有，更追求时尚和美，更随意，购物也许并不是追求物用，而是某个点引发共情。第二，产品改变，从之前的一统江湖到百花齐放，再到现在的万家争鸣。第三，渠道改变，酒水行业渠道经历了从批发集贸市场到连锁国际大卖场、酒水专卖店，此后电商、新零售驱动崛起，由此前的传统渠道模式转变为流量驱动模式。

葡萄酒新零售与传统销售模式的核心依然是满足消费者的需求，消费者始终在追求更低的价格、更多的选择以及更好的服务。在移动互联网时代，葡萄酒经销商要针对信息传播方式的变化优化自身，主动触及范围更广的消费者，为消费者提供便捷、丰富的消费渠道，培养消费者的消费习惯，以达到营利的目的。

（二）新零售的规范化

2017 年至 2020 年，线上线下融合发展的新零售趋势日趋明显。线下实体店承担起了用户体验、售后服务等线上无法有效完成的环节，同时新的线上营销模式不断涌现，如直播带货、短视频带货、粉丝群营销、微商等成了门槛低、效率高的销售方式。

直播带货让消费者足不出户即可“体验”产品的实际功能，而且往往能以较为划算的价格购入，这成了直播带货发展的重要因素。但另一方面，直播带货产业无序发展也让消费者利益受损。酒类的直播销售中常常利用消费者信息差，销售假冒伪劣产品或者将产品价格虚标蒙骗消费者。为了规范直播带货等新形式销售模式，2020 年 7 月 1 日起，《网络直播营销行为规范》正式实施。《规范》由中国广告协会发布，侧重为从事网络直播营销活动的商家、主播、平台、主播服务机构（如 MCN）和参与营销互动的用户等主体提供行为指南，是我国第一个关于网络视频营销活动的专门自律规范。目前直播带货没有明确的法律规范和界定，按直播带货的表现形式来看，符合电子商务法中所规定的电子商务的概念，受电子商务法、消费者权益保护法和广告法等约束。但销售行为中的宣传是否算广告行为、平台责任如何划定也有争议，行业内的规范自律依然是直播这种销售模式的重要约束力。

二、葡萄酒新媒体营销

新媒体是基于数字技术、网络技术及其他现代信息技术或通信技术的，具有互动性、融合性的介质形态和平台。现阶段，新媒体主要包括网络媒体、手机媒体及两者融合形成的移动互联网，以及其他具有互动性的数字媒体形式。

新媒体的出现解决了传统媒体特别是报纸、杂志等传播介质信息时效慢、互动性不足、传播手段单一、信息传播成本高的问题。传统媒介遭遇巨大冲击力，迫切需要寻找发展新思路，与网络对接，跨媒介传播。2014 年，媒体融合发展正式上升为国家战略。《中华人民共和国国民经济和社会发展第十四个五年规划和 2035 年远景目标纲要》发布，明确指出推进媒体深度融合，实施全媒体传播工程。

在市场需求和全球大潮流的驱动下，“媒体融合”成为国际传媒大整合之下的新作业模式，简单地说，就是把报纸、电视台、电台和互联网站的采编作业有效结合起来，资源共享，集中处理，衍生出不同形式的信息产品，然后通过不同的平台传播给受众。目前新媒体的种类主要有：网络新媒体、移动新媒体、数字新媒体等。融合的宽带信息网络是各种新媒体形态依托的共性基础。在信息技术发达、移动设备覆盖率较高的中国，移动端传播成为新媒体传播革新的最前沿。

（一）内容营销

葡萄酒文化在中国传统饮酒文化中缺乏根基，在很长一段时间里葡萄酒以“舶来品”的形象出现在消费者面前。葡萄酒知识细碎且复杂，普通消费者了解葡萄酒是存在门槛的。新媒体技术的出现，让葡萄酒内容更快更广地传播，同时也在升级我们传统的营销理念。

互联网时代下，传统营销理论中的 4P（产品、价格、渠道、促销）发展到 4C（顾客、市场、关系、回报），又再次变革为互联网 4C（内容、社交网络和社群、场景、关系）。互联网时代的葡萄酒营销，脱离了传统的从投放者到接收者单向的内容传递，内容生产能力将成为葡萄酒商安身立命的根本。内容营销的核心，是引起消费者的兴趣，激发消费者的求知欲，让消费者产生情感共鸣。内容营销不单指对产品的宣传或者品类的宣传，重心是以消费者为本，企业与消费者共同创造价值。在市场推广的各个环节完善服务，刺激和满足消费者需求，打破以往利用消费者信息不对称获利的营销体系，不断增加消费者对企业的认同感和忠诚度。产品的人格认同感，会成为产品品牌附加值的一部分，并成为消费者复购的理由。在数字化的媒介环境中，消费者不再只是听众和观众，他们也是媒介信息和内容的生产者和传播者。好的内容传播，会让消费者本身也成为企业的宣传者，进一步扩大企业与产品在大众层面上的影响力。

这要求葡萄酒商对消费者的需求有更深入的了解，也要求葡萄酒商要有足够专业的知识水平。传统葡萄酒营销偏说教，强调品牌的历史、风土、陈酿以突出稀缺性，但在移动互联时代，终端消费者能接触到的信息甚至可能比内容传播者更多。纯知识类型的分享难以调动起消费者的积极性，且葡萄酒商如果在内容上不够专业，反而更容易造成对品牌的损害。此外，长期以来，企业、媒体常常过分强调葡萄酒“舶来品”的属性，只着力宣传葡萄酒的文化、礼仪等，这往往变得曲高和寡，调动不起消费者的兴趣，产品也自然很难进入消费者的日常生活。

（二）兴趣营销

在互联网时代背景下，公众对内容创作的参与度越来越高，公众的兴趣和关注点成了内容创作中首先要满足的需求。

传统的营销方式在今天面临着受众的体验和审美疲倦，消费者在不断寻求能刺激情感的资讯。此外，消费者有各自的生活主张，关注同类型资讯内容的消费者容易形成社群化的讨论、分享氛围。在葡萄酒的新媒体营销上，要关注受众兴趣点，引发受众自发地讨论、分享，这样的传播方式要比传统传播手段更能聚拢稳定的客户群体。

所以企业作为内容创作者时，需要时刻把握住目标客户群体的喜好、关注的热点等。企业应该有自身明确的生活主张，用生活方式来介绍产品，而不仅仅只是为了卖酒而宣传产品或者标榜空洞的生活方式主张。没有人会喜欢空洞无聊的产品介绍，也反感强加于自身的生活主张。消费者希望的是了解产品本身能够解决什么问题（如葡萄酒适合什么样的场景饮用），产品在自己的圈层里有什么样的评价，是不是真的好。

酒企需要建立起明确的人格化形象，葡萄酒品类繁多，内容复杂，消费者更容易信赖一个符合自己审美、生活主张的人格化形象，并愿意追随自己信赖的形象来持续进行交易。葡萄酒产品销售人员也应该建立起自己的专业、有主张的形象，取得客户的信赖。酒企在创作内容时注意保持有趣、好玩，同时能够贴合时下流行的热点创作能够激发受众兴趣的内容。酒企应当有意识地制造话题，引领讨论的潮流趋势。

葡萄酒商应该牢记，互联网时代的产品应该具有社交属性。产品的软性植入、去广告化，使得传播变得润物细无声。同时建立起目标用户的社群，强化与受众的互动可以实现经济效益的最大化。

任务训练

1. 葡萄酒旅游在全世界已经变得越来越火热，假设你拥有一家葡萄酒酒庄，你会设计哪些活动或增添哪些设施来吸引更多的游客？

2. 请简要叙述最近发生的一个让你印象深刻的葡萄酒营销案例，并且谈谈这个案例为什么能够取得成功？

第六章
葡萄酒国际贸易概述

本章导读

本章主要以葡萄酒国际贸易的操作流程为逻辑设计组织章节内容。由于我国在葡萄酒国际贸易中通常处于进口方的地位，因此本章主要以进口方的视角来阐述相关知识内容。通过本章的学习，读者应能了解葡萄酒国际贸易合同，国际运输及其保险，葡萄酒进口商所需单证及国际贸易结算、报关和卫检的相关知识。

思维导图

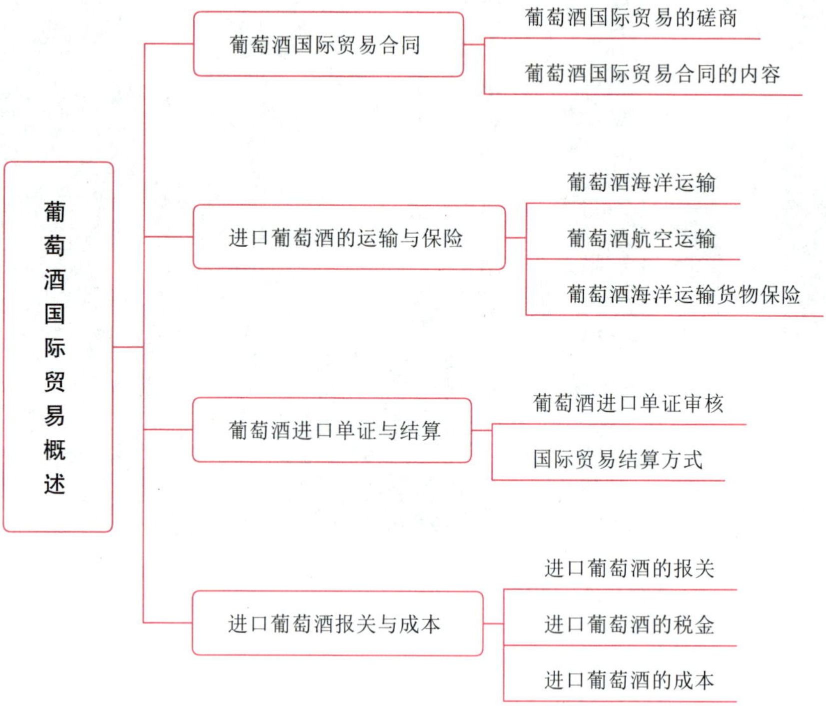

学习目标

1. 了解葡萄酒贸易合同的各组成部分，掌握葡萄酒贸易合同磋商的步骤。

2. 掌握海洋运输的特点及海运相关术语，如集装箱、托盘、提单的种类及概念。

3. 能够区分汇付与信用证的不同使用场景及流程。

4. 掌握进口葡萄酒的成本构成，能够简单计算进口葡萄酒的成本。

第一节　葡萄酒国际贸易合同

一、葡萄酒国际贸易的磋商

国际贸易的本质是交易的过程，对于买卖双方来说，为了交易的顺利进行，双方需要签订具有法律效力的合约。为了达成合约，买卖双方需要进行交易磋商的过程，这个过程一般可以分为以下四个步骤：询盘、发盘、还盘和接受。其中，发盘和接受是达成交易必不可少的两个步骤，也是合同成立的前提条件。

（一）询盘

询盘，也称询价，是指买卖双方为了促进交易的达成，向对方询问交易的价格和条件的行为，可以由买方或者卖方提出。由买方向卖方提出的询盘被称为“邀请发盘”，反之，则被称为“邀请递盘”。

葡萄酒国际贸易合同的询盘通常都是邀请发盘。考虑到葡萄酒的商品特性，询盘内容除了对葡萄酒价格的询问以外，还会涉及葡萄酒的质量、等级、数量、包装、结算方式、装运时间、索取样品等内容。询盘的方式通常可以分为口头询盘和书面询盘两种形式。口头询盘一般发生在专业葡萄酒展或面对面商务拜访中。为了更有效地保存信息和信息的可追溯性，书面询盘也非常常见，书面询盘通常有传真、电子邮件、书信、询价单等形式。需要注意的是，询盘本身并不具备法律效力，对于买卖双方来说，发出询盘并不意味着交易必须进行，询盘只是为了促成交易的试探性询问。虽说询盘没有法律效力，但也需要谨慎对待，根据己方对于葡萄酒价格、质量及数量等要求，选择合适的对应方发出询盘要求，表达出达成交易的愿望。否则不仅容易扰乱市场价格，也有损自身在交易市场上的形象。

（二）发盘

1. 发盘的定义及特点

在国际贸易中，发盘又被称为发价、报盘或报价，在法律上称为要约。其实质是交易一方想要出售或购买某种商品时向对方提出的交易条件。发盘可以是对于询盘的回复，也可以独立存在，其具有法律效力。法律效力体现在一旦受盘方接受了发盘方提出的交易条件，买卖合同即告成立，发盘方必须按照交易条件与对方达成交易。因此，发盘方必须非常谨慎，对交易条件进行充分的核算和分析，以免陷于被动甚至造成损失。由于葡萄酒的独特性，每年的质量和产量都有可能发生较大变化，以至于价格波动较频繁，发盘方更需谨慎对待。

2. 发盘的前提条件

一个具有法律效力的发盘应该具有以下四个条件，否则不能被视为有效的发盘。

（1）发盘内容必须十分明确：一般来说，发盘内容必须包括商品名称、价格和数量。对于葡萄酒来说，由于其产品特性，在实际操作中如果只含有这些信息往往会造成误解和争议，为了避免不必要的麻烦，通常在发盘中还会表明葡萄酒的等级、规格、年份、包装、支付条件等信息。比如付款方式是电汇还是信用证？商品规格是 750 毫升还是 1.5 升？酒塞用的是橡木塞还是螺旋盖？包装是纸箱还是木箱？一箱是 6 瓶还是 12 瓶？为了双方更快达成交易，这些都需要在发盘时给出明确的信息。需要指出的是，如果发盘内容不明确，即使对方接受了，也不具有法律效力。

（2）发盘必须有明确对象：发盘方必须向一个或一个以上的对象提出发盘，即要有明确的受盘方。如果没有特定的发盘对象，则不是一个有法律效力的发盘。比如电视上的商业广告，由于其面向大众，没有特定的受盘方，不能构成有效的发盘。

（3）发盘必须表明发盘方愿意承受合同约束的意旨：具有法律效力的发盘应该是受盘方一旦接受发盘方提出的交易条件，并据此制作合同，则发盘方必须接受合同约束。用来表示愿意承受合同约束意旨的表达方式有多种，可以使用表示发盘的术语，如“发盘”“不可撤销发盘”等。也可以规定有效期，如标注“限 ×× 日之前回复有效”等字样。如果发盘内容中涉及限制条件，如“仅供参考”“以我方最终答复为准”等字样，则不能构成具有法律效力的发盘。

（4）受盘方需确认收到发盘：无论发盘是通过什么形式发送的，必须确认受盘方准确无误地接收发盘信息。由于任何原因造成受盘方未能正确接收的，都不能被视为有法律效力的发盘。

3. 发盘的有效期

发盘的有效期是指受盘方只有在发盘方规定的期限内接受交易条件，买卖合同才会成立，发盘方继而承担履行合同义务的法律责任。受盘方的回复一旦超出发盘的有效期，则该发盘失效。关于发盘的有效期，可以规定最晚答复日期，比如“该商品及价格在 ×××× 年 ×× 月 ×× 日之前有效”，也可以规定有效期时间，比如“本发盘有效期一个月”等。

对于葡萄酒企业来说，发盘有效期与商品本身特点密切相关。比如期酒、名庄酒、散装酒等受市场调节影响较大的，通常来说发盘有效期比较短。对于大型生产商中供货量稳定、价格波动较小的葡萄酒，发盘有效期通常会更长。

4. 发盘的撤回及撤销

发盘的撤回是指发盘方在受盘方收到该发盘之前，向受盘方提出取消该发盘的申请。这里需要注意的是，发盘撤回的前提条件是该发盘还未生效，即发盘方需要以更快的通信方式或者至少同时将取消发盘的申请送达受盘方。如果受盘方在收到取消发盘申请之前已经确认收到发盘，则发盘的法律效力立即生效，此时便不可进行发盘撤回的操作。

发盘的撤销是指发盘已经生效，发盘方向受盘方提出取消该发盘的申请。此时双方将以协商的方式进行处理。通常来说，买卖双方本着互惠互利和长期合作的原则，在签订正式的合同之前，发盘的撤销都是可行的。

5. 发盘的终止

发盘的终止是指该发盘的法律效力失效，此时发盘方可以不按照交易条件继续履行法律义务，同时受盘方也失去了接受该发盘的权利。发盘的终止一般有以下几个情况：

（1）超出发盘的有效期。

（2）发盘被依法撤回或撤销。

（3）发盘被受盘方还盘或拒绝。

（4）不可抗力因素，如政府禁令等。

（5）发盘在被接收前，双方中有任何一方丧失行为能力，如死亡、破产等。

（三）还盘

还盘，也称还价，是指受盘方不完全接受该发盘，并对发盘内容提出更改的行为。此时发盘方和还盘方的位置将互换，还盘方成为新的发盘方。还盘的本质是对原发盘拒绝，所以一经还盘，则原发盘就失去法律效力。原受盘方可以提出新的交易条件，原发盘方可以接受，也可以再次还盘（又称返还盘）。在实际操作中，一次成功的交易往往需要经过多次还盘和返还盘才能最终达成。在葡萄酒的国际贸易中，双方经常会对于葡萄酒的价格、等级、品质、包装、交货日期等进行还盘和返还盘。

（四）接受

1. 接受的定义

接受，在法律上称为承诺，是指受盘人在收到发盘后完全同意交易条件，并以声明或其他行为表示同意，并以此为基础签订合同。接受有口头和书面两种形式。与发盘一样，接受也具有法律效力，受盘方一旦接受了发盘，合同即告成立，买卖双方承担履行该合同的法律义务。

2. 接受的前提条件

与发盘相同，一个具有法律效力的接受应具有以下四个条件。

（1）接受必须在发盘的有效期内做出。

（2）接受必须由发盘的特定对象做出。

（3）接受的内容必须与发盘的内容相一致。

（4）接受必须采取明确的方式来表达。

二、葡萄酒国际贸易合同的内容

在葡萄酒国际贸易中，买卖双方经过磋商达成一致便可签订正式的交易合同。通常来说，一份标准的葡萄酒国际贸易合同包括以下几项基本内容。

（一）约首部分

1. 合同编号

每个合同都会有一个合同编号，对于企业来说，合同编号的作用主要是为了方便管理，特别是在业务量较大的时候，合同编号便显得尤为重要。每个企业都会有自己固定的编制合同编号的习惯。合同编号一般包含时间和顺序两个概念，例如“202104001”，其含义为该企业在 2021 年 4 月签订的第一份合同。

2. 签订日期

除特别说明外，如果交易是通过磋商的过程达成的，受盘方接受的日期就是合同的签订日期。如果交易双方还是以上一次的交易条件为基础进行交易，往往不会再经过磋商，此时会另签署一份书面合同，该书面合同的签订日期以交易双方签字盖章日期为准。在实际操作中，由于交易双方通常相距较远，大多会采取电子合同形式，在这种情况下，发盘方会草拟电子合同签字盖章后，以电子邮件或传真方式送至受盘方，受盘方签字盖章后再返回至发盘方处。这种情况下，签订日期以受盘方签字盖章时间为准。

3. 签约主体

签约主体一般包含交易双方的公司名称，地址，电话和邮编等信息。

4. 引导语

在合同的基本条款之前，通常会有一句引导语来引出下文。常见的引导语如“经过买卖双方的友好协商，买方和卖方同意按以下条款和条件进行交易”。

（二）基本条款

基本条款是合同的主体部分，也是交易双方磋商结果的体现，通常包含以下十项条款。

1. 商品描述

（1）酒庄名或品牌名：酒庄名可以是品牌名，但品牌名不一定就是酒庄名。特别对于大型生产商或酒庄来说，旗下往往会有多个品牌，如对于大部分波尔多列级庄来说，有正牌酒、副牌酒甚至三牌酒的区别，因此在商品描述中一定要写清楚具体的酒款名称。

（2）原产国：原产国是指葡萄酒生产灌装所在地，这里需要跟原产地的概念进行区分。原产地是指葡萄酒所用葡萄的产地，原产国是指葡萄酒最终生产灌装的国家。有时这两个地区并不相同。

（3）产区和级别：葡萄酒是一个特殊的产品，不同产区有不同的法规，对应不同的级别。有些酒看似都是同一家酒庄出产，但由于产地和级别不同，其价格有时甚至相差十倍以上。尤其像法国、意大利、西班牙这些欧洲传统产酒国，其法规更为复杂，在合同中一定要注意葡萄酒对应的产区和级别。

（4）颜色和品种：通常来说，葡萄酒按颜色分为红葡萄酒、白葡萄酒、桃红起泡酒三大类。同一个酒庄出产的相同级别的葡萄酒还会有颜色区别，颜色的区别往往是由于酿造所用的葡萄品种不同。有些新兴产酒国，例如美国、澳大利亚、新西兰等，由于只用了一个葡萄品种，往往倾向于把葡萄品种标注在酒标上，这时，合同中也可以同时标注该酒款的颜色和品种。

（5）瓶型和包装：大部分葡萄酒采取玻璃瓶灌装，少数也会有盒中袋（Bag-in-Box）甚至橡木桶的包装方式。对于玻璃瓶的包装方式来说，比较常见的有 375 毫升、750 毫升、1.5 升等。随着小瓶酒的走俏，市场上也出现了更多的 187 毫升和 250 毫升瓶型。葡萄酒通常都是放在箱子中运输的，所以除了容量，合同中还要规定箱子的参数和类型。常见的有纸箱和木箱，每个箱子所包含的瓶数也不同，比较常见的是 6 瓶 / 箱和 12 瓶 / 箱。另外，在箱子中，酒瓶是竖放还是卧放也有区别。

（6）瓶塞：葡萄酒的瓶塞大致可分为软木塞、合成塞、螺旋盖、玻璃塞，还有一种特殊的蜡封葡萄酒。虽说我们不能简单地认为用软木塞的酒一定好于螺旋盖，但不同市场对不同瓶塞会有所偏好。例如，中国消费者更偏爱软木塞，而北欧消费者则更偏爱螺旋盖。在签订合同时也要结合市场需求确定合适的瓶塞类型。

（7）酒标：对于大部分葡萄酒来说，酒标都是生产厂家设计的，实际收到的货物与样品不会有区别。但是对于贴牌酒（OEM）来说，有时生产厂家会以购买方的意愿设计酒标，这时就需要在签订合同前确定酒标设计权，并在合同中体现。除了酒标设计以外，还需要关注酒标的材质、尺寸和形状等。

（8）数量：葡萄酒的数量是制定合同总金额的重要参数。对于散装葡萄酒来说，其数量单位通常为体积单位，如升（L）和百升（HL）。对于瓶装葡萄酒来说，通常按照计件方式来统计数量，常见单位如瓶和箱等。

（9）价格：合同中应该体现商品的单价和总价，价格通常以生产商所在地区的货币为单位。

2. 质量描述

葡萄酒的质量分两个方面：一个是指感官质量，另一个是生产厂家提供的原产国官方化学分析报告和原产地证明等材料。葡萄酒作为一种特殊商品，是一种感性的饮品，其感官质量也受到很多因素影响，而且每个人对于口感标准不一，所以买方在采购前更关注感官质量。通常做法是品尝样品酒，通过样品酒来判断一批货的感官质量是否符合要求。由于感官质量特别是香气、口感等难以用明确的语言加以规定，在合同中一般不会进行明文规定，这需要买卖双方对彼此信任。当然，如果买方收到的酒有显而易见的质量问题，如漏液、顶塞、沉淀等情况，通常都可以向卖方追溯。

关于葡萄酒的化学分析报告和原产地证明材料，在合同中都会加以规定，生产厂家需要提供对于所生产的葡萄酒进行理化指标的检测，并保证符合原产国的法律要求。对于买方来说，也需要关注进口国的有关政策法令。

3. 价格条款

进口葡萄酒的运输一般分为海洋运输和航空运输，最常见的是海洋运输。在海洋运输中，通常有两种交货方式，分别是工厂交货和船上交货，共有三种价格条款 EXW，FOB 和 CIF。其中，EXW 对应的是工厂交货，FOB 和 CIF 对应的是船上交货。这是葡萄酒国际贸易中最常见的三种价格条款，对于其他价格条款，这里不作讨论。

（1）EXW 是 EX Works 的缩写，本意即工厂交货，它是指卖方在其所在地或其他指定地点将货物交给买方或买方指定的承运人即完成交货。以 EXW 的价格条款进行交易，卖方无须办理出口手续，也不承担运输义务。自交货时起，货物灭失或损坏的风险由买方承担，出口手续、至始发港的内陆运输、海洋运输和保险、自目的地港口起的内陆运输和进口手续均由买方负责。因此，EXW 是三种价格条款中最低的。值得注意的是，EXW 不仅仅适用于海洋运输，也同样适用于国际贸易的其他运输方式。

（2）FOB 是 free on board 的缩写，本意即船上交货，它是指卖方在指定的运输港将货物交至船边即完成交货。以 FOB 的价格条款进行交易，卖方需要办理出口手续，承担将货物运至指定运输港的内陆运输费用，自货物被交至运输港船边起，灭失或损坏的风险由买方承担。海洋运输和保险、目的地港口起的内陆运输和进口手续均由买方负责。

（3）CIF 是 cost insurance and freight 的缩写，本意是成本、保险和运费。它是指卖方在指定的运输港将货物装到船上即完成交货，自交货时起，货物灭失或损坏的风险由买方承担。与之前不同的是，卖方除了负责交货前的出口手续和至始发港的内陆运输外，还需承担海洋运输和保险的费用。买方只需负责目的地港口起的内陆运输和进口手续即可。因此，CIF 是三种价格条款中最高的。买卖双方关于三种价格条款的义务比较见表 6–1：

表 6–1　三种价格条款不同流程的责任方比较

价格条款	交货地点	风险转移	出口手续负责方	至始发港的内陆运输负责方	海洋运输和保险负责方	自目的地港口起的内陆运输负责方	进口手续负责方
EXW	卖方所在地或指定地点	交货后由买方负责	买方	买方	买方	买方	买方
FOB	装运船边	交货后由买方负责	卖方	卖方	买方	买方	买方
CIF	装运船上	交货后由买方负责	卖方	卖方	卖方	买方	买方

4. 支付方式

一般来说，葡萄酒的国际贸易支付方式有两种，分别是汇付和信用证。其中，汇付还能分为一次性支付和预付款 + 尾款形式。最为常见的是预付款 + 尾款形式，相较于一次性支付，这种支付方式对于交易双方会有更多保障。关于支付方式的具体内容详见“葡萄酒进口的单证与结算”一节。

5. 运输方式

葡萄酒国际贸易的运输方式一般分为海洋运输和航空运输两种，其中，海洋运输最为常见。对于海洋运输来说，合同中除了规定运输方式以外，还会标明运输船的始发港和目的地港。

6. 装运日期

以海洋运输举例来说，货物在装上运输船后，船方会开具提单。提单的签发日期为装运日期。在葡萄酒国际贸易中，装运日期主要取决于卖方备货时间和运输工具的可用性。一般来说，现货商品的备货时间更加便于把控。但是如果签订合同的时候葡萄酒还未生产，则有卖方不能按时出货的风险。

运输工具的可用性主要是指运输船的船期、集装箱的可用性等。通常卖方只对备货时间负责，如发生特殊情况如船期延误、港口罢工、无可用集装箱等情况，不属于卖方责任。买方在签订合同时应考虑各种风险，以免由于各种原因引起延误而给己方带来损失。

7. 卖方提供的单据

在葡萄酒国际贸易中，为了顺利报关，需要卖方提供的单据也会规定在合同中，并且通常会规定一个截止时间。通常情况下，卖方需要提供以下单据。有关各单据的说明详见“葡萄酒进口单证与结算”一节。

（1）分析证书。

（2）原产地证明。

（3）装瓶证书。

（4）商业发票。

（5）熏蒸消毒证明。

（6）装箱清单。

（7）销售合同。

（8）海运提单。

（9）葡萄酒正标和背标。

8. 不可抗力

装运日期可能会受到不可抗力的影响，合同履行中的其他环节也有可能受到不可抗力的影响。一般都会在合同中标注不可抗力的影响及处理方法。常见的条款比如“由洪水、火灾、地震、干旱、罢工、战争或协议一方无法预见、控制、避免或克服的其他事件导致不能履行或暂时不能全部或部分履行本协议，该方不承担责任。但是受不可抗力事件影响的一方须尽快将发生的事件通知另一方，并在不可抗力事件发生 15 天内将有关机构出具的不可抗力事件的证明寄交对方。”

9. 仲裁

仲裁，是指买卖双方就合同产生争议并将此争议提交至第三方进行评判和裁决的行为。例如“一切因执行本合同所发生或与本合同有关之争执，双方应友好协商解决。如双方协商不能解决时，此争议可提交到 ××× 法院进行仲裁，按照仲裁机构仲裁程序暂行规定进行仲裁。仲裁机构的裁决为终局裁决，对双方均有约束力。仲裁费用除非仲裁机构另有决定外，均由败诉一方负担。”

10. 附加条款

如果基本条款中有未规定的内容，可以经双方协商达成一致后，添加至附加条款中，附加条款与基本条款享有同等的法律效力。

（三）约尾部分

约尾部分一般包含以下几项内容。

（1）买卖双方公司名称、地址、电话、邮编等信息。

（2）买卖双方代表人签字或公章。如果合同有多页，通常做法是每一页都需要签字或盖骑缝章。

（3）签约日期和地点。

第二节 进口葡萄酒的运输与保险

葡萄酒的国际贸易离不开运输的过程，从酒庄原产国到目的地国往往要跨越大洲和大洋，所以路途一般来说都比较远，普遍采取的运输方式有两种，海洋运输和航空运输，其中，海洋运输最为常见。只有少数样品酒、小批量酒和价值较高的葡萄酒可能会使用航空运输方式。

如果从欧洲进口葡萄酒的话，还可以采取铁路运输的方式。“中欧班列”的开通使得中国进口商可以通过陆运的方式从欧洲进口葡萄酒。相较于传统的运输方式，铁路运输有其优势，其成本比空运更低，时间上比海洋运输更快，但目前由于配套设施尚未完善、部分路段较为颠簸等因素影响，铁路运输还使用较少，相信随着条件的不断改善和成本的降低，未来铁路运输也会成为进口葡萄酒的一个选择。

一、葡萄酒海洋运输

在国际贸易中，贸易双方往往相隔万里，其地理位置和条件限制决定了海洋运输是国际货物运输最主要的方式。

（一）海洋运输的特点

海洋运输是国际贸易中历史最悠久也是最重要的运输方式，其占到国际贸易总运量的 80% 左右。与其他运输方式相比，海洋运输有以下几个特点。

1. 运输量大

相较于其他运输方式，海洋运输的运输量是最大的。随着船舶大型化，单艘船只的运载能力越来越强。一艘普通远洋货轮的装载量通常为 2000 至 5000TEU（TEU，20 英尺集装箱单位），最大的巨型油轮甚至可以到达 10000TEU 以上，远远超过飞机、火车和汽车的运输量。

图 6-1 集装箱货运船

2. 航道适应性强

由于地球表面有 71% 的面积被海洋覆盖，相较于陆运方式，海运有天然的航道优势，不受制于陆地。另外，由于航道四通八达，如果船舶在运输途中遇到当地政治或军事问题影响，也可以随时变换航行方向从而减少影响。

3. 运输费用低

海洋运输费用是所有运输方式中最低的。主要原因是海洋运输量远远超出其他的运输方式，所以分摊到单位货物的运费最为低廉。

4. 对于货物的适应性强

无论空运还是陆运，都有运输货物种类的限制。在这一点上，海洋运输的优点十分明显，基本上可以适应各种货物的运输要求。

5. 运输速度慢

事物总有其两面性，海洋运输优点有很多，但其最大的缺点在于运输速度慢。由于船舶运行速度较慢、海洋运输的航道会受到大陆的地理位置影响、港口作业时间较长等原因，海洋运输的运输速度比其他运输方式慢。

（二）海洋运输的经营方式

海洋运输按照船舶的经营方式主要分为班轮运输和租船运输两种模式，在葡萄酒国际贸易中，主要使用的是集装箱班轮运输模式。这里主要介绍班轮运输模式。

1. 班轮运输的特点

班轮运输（liner transport），是指按照固定的船期时间表，沿着固定的航线来往于固定的港口之间的运输模式。班轮运输主要有以下几个特点。

（1）“四个固定”的特点，即航线固定、港口固定、船期固定和费率相对固定。这是班轮运输最基本的特点。

（2）班轮运输包括装卸费用，货物由承运人负责装卸，没有滞期费和速遣费等费用。

（3）承运双方的责任义务明确，以船方或其代理人签发的班轮提单为依据，并且受到国际公约的制约。

2. 班轮运输的优势

班轮运输在葡萄酒国际贸易中有以下几个优势。

（1）由于有“四个固定”的特点，船期可控，运费可预估，有利于买卖双方就装运时间、运输时间、运费等条件提前协商，促成交易。

（2）葡萄酒国际贸易通常货量较少、运输批次较多，且同时可能有多个始发港和目的地港，班轮运输有利于此类货物的承运。只要有舱位，不论数量大小、挂港多少，班轮运输都可承运，且运费能够平均分摊，降低托运方的运输成本。

（3）班轮运输由于长期在固定航线上运行，人员和设备相对稳定，能够提供更优质的服务。

（4）运输手续十分便捷，托运方无须操心装卸过程，均由承运方负责。

3. 班轮运输的费用

班轮运输的费用通常包含基本运费和附加费用两种。基本运费是指班轮公司为航线上各基本港口间的运输而制定的运价。所谓基本港口，是指班轮运输航线上，船舶固定或经常挂靠的港口。基本运费是班轮运输费用的主要组成部分，是对每一件货物都要计收的运费。在实际运输过程中，由于船舶、港口、货物等原因，可能会给班轮公司增加营运成本或造成损失，此时班轮公司会另外收取附加费。附加费是指运输过程中，由于班轮公司需要承运一些特殊的货物，或者由于燃油、货币、港口等其他情况而导致成本上升时，班轮公司为了弥补这部分损失而额外收取的费用。附加费用主要包含以下几种。

（1）超长附加费（long length additional）：当承运货物长度超过班轮公司规定的最大长度时收取的附加费用。附加费率随着货物长度的增加而增加。

（2）超重附加费（heavy lift additional）：当承运货物重量超过班轮公司规定的最大重量时收取的附加费用。附加费率随着货物重量的增加而增加。

（3）转船附加费（transshipment additional）：当托运人选择非基本港口作为卸货港时，班轮公司需要转船运往目的港，此时班轮公司会额外收取转船附加费。

（4）直航附加费（direct additional）：当托运人选择基本港口作为卸货港，且相关货物达到最低数量的时候，班轮公司可以不转船而直航该港口，此时班轮公司额外收取的费用就是直航附加费，通常来说，直航附加费率较转船附加费率更低。

（5）港口附加费（port additional）：当目的地港条件较差、装卸效率较低或港口收费较高时，班轮会额外收取一定费用，即港口附加费。

（6）港口拥挤附加费（Port congestion surcharge）：当目的地港由于拥挤而导致船舶停靠时间过长时，班轮公司会额外收取一定费用，即港口拥挤附加费。港口拥挤附加费属于临时费用，该费率会随着港口拥挤情况的改变而改变。

（7）燃油附加费（bunker surcharge or bunker adjustment factor，BS/BAF）：因船舶燃油价格上涨，班轮公司额外收取的费用即燃油附加费。

（8）绕航附加费（deviation surcharge）：当原定航道不能正常通行，船舶需要绕道行驶时，班轮公司额外收取的费用即绕航附加费。绕航的原因通常有战争、航道关闭、航道阻塞等。

（9）变更卸货港附加费（alteration of destination additional）：当托运人更改目的地港时，需要向班轮公司额外支付变更卸货港附加费。除附加费外，由于航线更改而造成运费升高时，托运人需补齐差额。但是当运费降低时，差额部分不予退还。

（10）货币贬值附加费（currency adjustment factor，CAF）：当运费所使用的货币发生贬值的时候，班轮公司为了减少损失额外征收的费用即货币贬值附加费。

班轮运输的计费方式通常有以下几种。

（1）按货物的毛重计费，运费表中以“W”表示，通常以吨为单位，一般适用于密度较大的货物。

（2）按货物的体积计费，运费表中以“M”表示，通常以立方米为单位，一般适用于密度较低的货物。

（3）按货物的毛重或体积计费，运费表中以“W/M”表示，这种计费方式按照货物实际毛重或体积两者取大进行计费。

（4）按货物的价格计费，运费表中以“Ad. Val”表示，又称从价运费，通常基于货物的 FOB 价格来计算运费，一般适用于价格较高的货物。

（三）集装箱的含义与种类

集装箱（container）又称货柜或货箱，原义是指容器，在国际贸易中，集装箱是一种具有一定强度和刚度，能够被重复使用且便于机械化操作的运输设备。集装箱具有以下几个特点。第一，它具有耐久性，可以重复使用。第二，便于商品的运输，在不同运输方式中无须拆箱换装。第三，便于在不同运输工具间快速装卸和搬运。第四，便于货物的装满与卸空。

集装箱按照所装载的货物种类，可以分为干货集装箱（dry container）、散货集装箱（bulk container）、液体集装箱、冷藏集装箱等。在葡萄酒国际贸易中，通常使用干货集装箱和冷藏集装箱。干货集装箱是使用最广泛的集装箱，主要运输一般杂货，适合对温度没有要求的货物，大部分葡萄酒都使用干货集装箱运输。冷藏集装箱是一种附带冷冻机设备，隔热气密性能较好，且可以实现温控的集装箱，主要用于冷冻、保温、保鲜货物的运输。在天气特别炎热的夏天或者运输的是比较名贵的葡萄酒时，托运方可能会选择冷藏集装箱来运输。冷藏集装箱的温度可以由托运人设定。

按照尺寸大小，可将集装箱分为 20 尺柜、40 尺柜、40 尺高柜等，这三种集装箱也是葡萄酒国际贸易中最常使用的三种尺寸。三种尺寸集装箱的主要参数见表 6-2：

表 6-2　三种尺寸集装箱主要参数

货柜	长 × 宽 × 高（米）	配货毛重（吨）	体积（立方米）
20 尺柜	外：6.058 × 2.438 × 2.591 内：5.9 × 2.34 × 2.37	23	28
40 尺柜	外：12.192 × 2.438 × 2.591 内：11.9 × 2.34 × 2.37	23	56
40 尺高柜	外：12.192 × 2.438 × 2.896 内：11.9 × 2.34 × 2.67	23	68

图 6-2　被整齐地堆放在码头的集装箱货柜

（四）托盘的含义与种类

托盘（pallet）是指用于集装、堆放、搬运和运输货物的水平平台装置。

与集装箱一样，托盘已经广泛应用于生产、运输和仓储等各环节，托盘和集装箱被认为是20世纪物流产业的两大关键性发明。

运用托盘装载货物有以下几个好处：第一，托盘方便装卸，不打托盘的货物只能依靠人力装卸，而使用托盘的货物可以实现机械化装卸。第二，安全性更高，打托盘的货物在运输过程中不容易受到摇晃，这对于葡萄酒来说十分关键。打托盘的货物在装卸过程中由于使用机械化操作，可以较少破损。第三，货物不易搞混，容易辨认。打托盘的货物一般会在外包装上标出该托盘货物的数量、品名等相关参数，便于收货方整理归类。如果不打托盘的话，虽然可以装更多数量的货品，但需要承担上述风险。对于葡萄酒来说，是否打托盘并不是固定的，这取决于买卖双方的需要。通常来说，高价值的葡萄酒都会打托盘。而对于价格较低的葡萄酒来说，为了压低均摊的运费成本会使用不打托盘的运输方式。不打托盘的货物由于需要人工装卸，会额外收取人工费。

常见的托盘有两种尺寸：一种是80厘米 ×120厘米的规格，被称为欧标托盘或小托盘。另一种是100厘米 ×120厘米的规格，被称为美标托盘或大托盘。对于葡萄酒来说，使用哪种托盘通常由酒厂决定，买方无须过多操心。对于一箱6支装的葡萄酒，每个托盘一般能放100~120箱，一个20尺柜的集装箱无论是大托盘还是小托盘，通常可以放11托。一个40尺柜的集装箱通常可以放21个大托盘或者24~25个小托盘。如果不打托盘的话，集装箱能够装载的葡萄酒数量取决于其重量和体积。以普通波尔多瓶型葡萄酒来举例，一个20尺柜的集装箱可以装载约14000瓶，一个40尺柜的集装箱可以装载约18000瓶。

图6-3　货运托盘

（五）海洋运输单据

海洋运输单据主要包括海运提单和海运单两种。

1. 海运提单

海运提单（bill of lading，B/L）是海洋运输的重要单证之一，起着不可替代的作用。根据我国《中华人民共和国海商法》第七十一条的说明，海运提单的定义是一种用以证明海上货物运输合同和货物已经由承运人接收或装船，以及承运人保证据以交付货物的单证。

（1）海运提单的性质和作用概括为以下三个方面：

①海运提单是货物的收据，它证明了承运人已经按照提单所列的数量收到货物。

②海运提单是货物所有权凭证，提单占有者要凭借提单在目的地港向班轮公司提取货物。提单也可以被提单占有者转让，相关货物的所有权也会相应转让。

③海运提单是运输契约的证明，它规定了承运人与托运人之间的权利与义务，在发生纠纷的时候，海运提单是界定双方责任的重要依据。海运提单如图 6-4 所示：

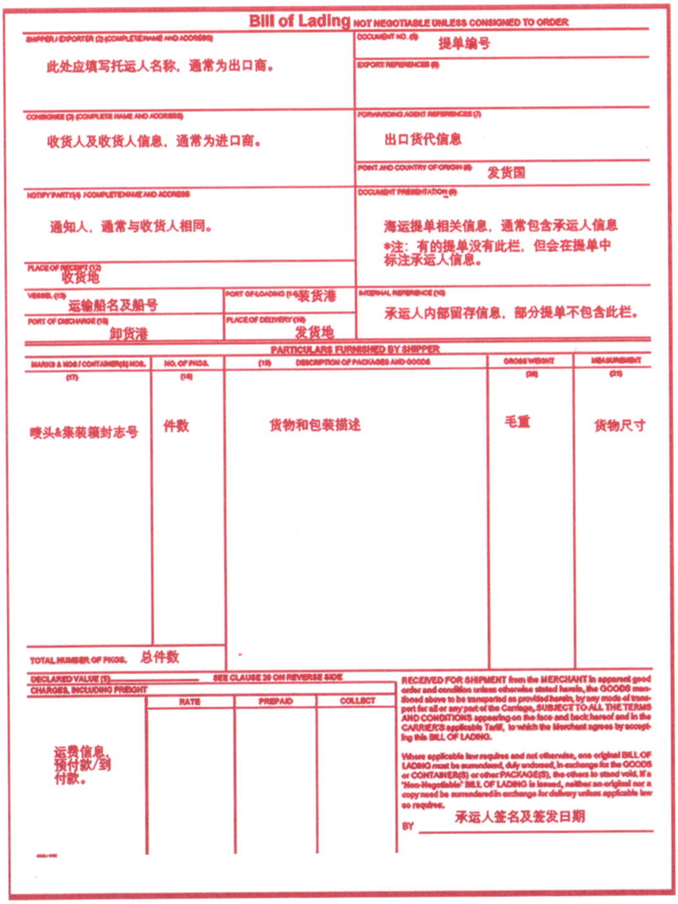

Bill of Lading NOT NEGOTIABLE UNLESS CONSIGNED TO ORDER

SHIPPER/EXPORTER (2) (COMPLETE NAME AND ADDRESS)
此处应填写托运人名称，通常为出口商。

DOCUMENT NO. (5) 提单编号

EXPORT REFERENCES (6)

CONSIGNEE (3) (COMPLETE NAME AND ADDRESS)
收货人及收货人信息，通常为进口商。

FORWARDING AGENT REFERENCES (7)
出口货代信息

POINT AND COUNTRY OF ORIGIN (8) 发货国

NOTIFY PARTY (4) (COMPLETE NAME AND ADDRESS)
通知人，通常与收货人相同。

DOCUMENT PRESENTATION (9)
海运提单相关信息，通常包含承运人信息
*注：有的提单没有此栏，但会在提单中标注承运人信息。

PLACE OF RECEIPT (12) 收货地

VESSEL (13) 运输船名及船号

PORT OF LOADING (14) 装货港

INTERNAL REFERENCE (10)
承运人内部留存信息，部分提单不包含此栏。

PORT OF DISCHARGE (15) 卸货港

PLACE OF DELIVERY (16) 发货地

PARTICULARS FURNISHED BY SHIPPER

MARKS & NOS / CONTAINER(S) NOS. (17)	NO. OF PKGS. (18)	(19) DESCRIPTION OF PACKAGES AND GOODS	GROSS WEIGHT (20)	MEASUREMENT (21)
唛头&集装箱封志号	件数	货物和包装描述	毛重	货物尺寸

TOTAL NUMBER OF PKGS. 总件数

DECLARED VALUE ($) SEE CLAUSE 20 ON REVERSE SIDE

CHARGES, INCLUDING FREIGHT

	RATE	PREPAID	COLLECT
运费信息，预付款/到付款。			

RECEIVED FOR SHIPMENT from the MERCHANT in apparent good order and condition unless otherwise stated herein, the GOODS mentioned above to be transported as provided herein, by any mode of transport for all or any part of the Carriage, SUBJECT TO ALL THE TERMS AND CONDITIONS appearing on the face and back hereof and in the CARRIER'S applicable Tariff, to which the Merchant agrees by accepting this BILL OF LADING.

Where applicable law requires and not otherwise, one original BILL OF LADING must be surrendered, duly endorsed, in exchange for the GOODS or CONTAINER(S) or other PACKAGE(S), the others to stand void. If a "Non-Negotiable" BILL OF LADING is issued, neither an original nor a copy need be surrendered in exchange for delivery unless applicable law so requires.

BY 承运人签名及签发日期

图 6-4　海运提单示例

（2）海运提单的内容：不同班轮公司所提供的海运提单格式都不相同，但其包含的内容大致相同，一般分为正面条款和背面条款两大部分。

海运提单的正面条款主要记载了与货物和运输有关的信息，比如托运人名称、收货人名称、通知方名称、货物名称、数量、毛重、运输船名、始发港、目的地港等。除以上信息以外，正面条款还会包含承运人声明性质的条款，如“外表状况良好条款”“承运货物不知情条款”“承认接受条款等”。

海运提单的背面条款主要规定了承运人和托运人双方的权利和义务，它是承运人和托运人产生纠纷时，界定双方责任的重要法律依据。常见的条款有“承运人责任与义务条款”“承运人免责条款”“索赔与诉讼条款”“托运人责任与义务条款”“特殊货物的运输条款”等。为保护各自利益，不同班轮公司的背面条款不尽相同，但总体上是依照下述三个国际公约的规定而制定的。

①《统一提单的若干法律规定的国际公约》，简称《海牙规则》，于 1924 年在比利时布鲁塞尔的外交会议上签署。由于历史原因，《海牙规则》更偏袒承运人的利益，它也是目前国际航运业影响最大的一个公约。

②《修改统一提单若干法律规定的国际公约定义书》，简称《维斯比规则》，于 1968 年，在比利时布鲁塞尔的外交会议上通过。《维斯比规则》对于部分有关承运人明显不合理的条款进行了局部修改和补充，但对一些实质性的问题并没有改动。

③《1978 年联合国海上货物运输公约》，简称《汉堡规则》，于 1978 年在德国汉堡举行的海上货物运输大会上通过。由于《维斯比规则》未对偏袒承运人的条款进行实质性修改，《汉堡规则》的出台最大限度地平衡了承运人和托运人的权利与义务。

（3）海运提单的种类：海运提单有多种分类方法，按照使用有效性，可以分为正本提单和副本提单；按照提单收货人抬头，可以分为记名提单、不记名提单和指示提单；按照运输方式，可以分为直达提单、转船提单、联运提单和多式联运提单；按照货物是否已经装船，可以分为已装船提单和备运提单；按提单内容的繁简，可以分为全式提单和略式提单；按货物外表状况好坏，可以分为清洁提单和不清洁提单；还有其他类型的提单如过期提单、舱面提单、倒签提单、预借提单等。有关不同种类海运提单的说明请扫二维码进行学习。

不同种类海运提单的说明

2. 海运单

海运单是指证明海上货物运输合同和承运人接收货物或者已将货物装船的不可转让的单证。需要注意的是，海运单虽然和海运提单只有一字之差，但本质不同，海运单的正面印有“不可转让”的字样，它不具有货物所有权的属性，因此海运单上标注的货物只能由收货人接收而不能被转让，且收货人在提取货物时无须出示海运单，而是凭借提货通知或身份证明提取货物。

二、葡萄酒航空运输

货物航空运输是指采用商业飞机来运送货物的运输方式，它是一种快速、机动、安全的运输方式，随着国际贸易的迅速发展和技术的不断革新，货物航空运输方式得到越来越广泛的使用。

（一）航空运输的特点

航空运输主要有以下几个特点。

1. 运输速度快

飞机是民用范围内速度最快的运输工具，以法国至中国为例，海运在路途上的耗时通常在一个月以上，而航空运输则短至12个小时左右，大大节约了运输的时间成本。这个特点对于易腐烂变质的生鲜类货物或对时效性和季节性要求较高的货物十分重要。

2. 不受地面道路限制

与公路或铁路运输方式相比，航空运输几乎可以到达世界的各个角落，只要有飞机场就可以到达。这个特点使得航空运输对于地势复杂的内陆地区而言十分合适。

3. 安全

飞机相较于其他交通工具来说是安全性最高的，而且由于航空公司的管理制度更加完善，货物的破损率也较低。

4. 包装、保险和仓储成本低

与其他运输方式相比，使用航空运输的货物包装最为简单，包装成本低。其次，由于航空运输的安全性较高，保险费率也更低。最后，航空运输使得货物周转速度变快，对于企业来说可以降低仓储成本。

5. 运费高昂

航空运输的成本是所有运输方式中最高的，这个特点使得航空运输不适用于低价值货物的运输。

6. 运输数量有限

由于飞机的舱位空间十分有限，对于大件或大批量货物的运输有很大的限制。

由于航空运输有以上六个特点，采用航空运输方式的葡萄酒主要有以下两种情况：高价值的葡萄酒且对于运输时间要求较高，以及小批量的样品酒。

（二）航空运输的方式

1. 班机运输

与班轮运输的概念十分相似，班机运输（airliner transport）是指通过定期开航、航线固定、始发站、目的地站和途经站固定的飞机进行货物运输的运输方式。通常来说，大部分航空公司使用客货混合型飞机来进行航空运输，因此舱位十分有限，不能运输大批量货物，这是班机运输的不足之处。但其相对固定的开航时间、航线和停靠站点，使得发货和收货双方更易掌握发货和收货时间，有利于贸易双方的协商。

2. 包机运输

包机运输（chartered carrier transport），是指航空公司将整架飞机租给一个或多个发货人，从一个或多个站点把货物运输至指定目的地的运输方式。其中，只有一个发货人的被称作整架包机，有多个发货人或多家航空公司包租一架飞机的被称作部分包机。包机运输适合于大批量货物的运输，费率也较班机运输更低，但由于需要安排航班，其运送时间比班机运输稍长。

图 6-5　航空运输

3. 集中托运

集中托运（consolidation transport），是指航空货运代理人把若干单独发运的货物整合成一整批向航空公司办理托运，并且只使用一份总运单把整批货物运送至目的地。之后在目的地由托运人指定的航空公司货运代理人代理收货，再根据分运单把货物发至各实际收货人的运输方式。集中托运有以下几个优势，首先运费价格较班机运输更有优势。其次对于托运人来说，无须办理复杂的托运手续，航空货运代理人会统一办理。另外，托运人将货物交给航空货物代理人后即可收到货物分运单，可以尽快去银行办理结汇。所以，集中托运方式在世界范围内被广泛使用。

4. 航空快递

航空快递（air express），又称航空急件，是航空运输中最快捷的运输方式。航空快递一般都是通过专门经营该服务的快递公司与航空公司紧密合作，由专人以最快的速度把货物送至送货方的运输方式。

（三）航空运输的单据

航空运输单据主要是指航空运单，航空运单（airway bill）是由承运的航空公司签发的货运单据，它有货物收据的属性，表示承运的航空公司已经收到运单上所标注的货物。同时，它也是托运人与承运人之间签订的运输契约，其内容对于双方均具有法律效力。航空运单还可以作为核收运费的依据和海关查验的单据。与海运单相同，航空运单不具有货物所有权的属性，不得转让。航空运单上必须写清楚收货人的详细信息，在货物送达目的地之后，收货方凭借承运人发送的收货通知提取货物。

航空运单的正本通常一式三份，第一份正本交给托运人，作为承运人收取货物的收据，第二份正本由承运的航空公司保管，航空公司用于留档并开具发票，第三份正本随货一同交给收货人，作为收货人向海关报关以及海关查验的基本单据。

航空运单可以分为航空主运单和航空分运单，航空主运单由航空公司签发，它是航空公司和托运人之间订立的合同。航空分运单是集中托运模式下，由集中托运人签发的航空运单，它是集中托运人和托运人之间订立的合同。

三、葡萄酒海洋运输货物保险

国际贸易运输通常距离长、环节多、风险大，且货物的数量和金额一般也比较大，在货物运输的整个流程中，难免会发生意外情况致使贸易双方遭受损失，由于葡萄酒本身属于易碎品，这一问题显得更为突出。为了使损失得到一定的经济补偿，托运人一般会选择办理运输保险。按照运输工具的种类，进口运输保险可以分为海洋运输货物保险、陆上运输货物保险、航空运输货物保险和邮包运输货物保险等。这其中，海洋运输货物保险历史最为悠久，其他种类的货物运输保险都是借鉴海洋运输保险的做法演变而来。葡萄酒国际贸易通常采用海洋运输的方式，所以本书只介绍海洋运输保险的内容。

（一）保险的基本原则

海洋运输货物保险属于财产保险的一种，无论是何种保险，都应该符合保险的基本原则。保险的基本原则是保险在发展过程中逐渐形成的，投保人和保险人在达成保险合同时需要共同遵守。保险的基本原则包含以下四条。

1. 保险利益原则

保险利益原则，是指投保人或被保险人对于保险标的应具有法律上承认的经济利益，否则所签订的有关保险合同是无效的。在国际货物运输保险中，保险利益原则仅要求被保险人在保险标的发生损失时必须具有保险利益即可，国际货运运输保险的利益主要是指货物本身的价值，但也包括运费、保险费、预期利润等费用。比如葡萄酒国际贸易的买卖双方以FOB价格条款达成交易，买方购买国际货物运输保险，如果货物在卖方仓库运往装货码头的途中发生损耗，保险人将不予赔偿。因为发生实际损失的时候，被保险人也就是买方并未获得货物的所有权，因此不符合保险利益原则。

2. 最大诚信原则

最大诚信原则要求保险活动的当事人双方有义务向对方充分且准确地告知与保险相关的重要事实，不能进行隐瞒和欺骗，否则另一方可以声明该保险合同无效，无须履行保险义务。虽说最大诚信原则对当事人双方均有要求，但在实际操作中，这个原则更多地体现出对于投保人或被保险人的法律约束，当投保人违反最大诚信原则时，保险人可以解除保险合同并拒绝赔付。在葡萄酒国际贸易运输的保险中，投保人有义务向保险人提供保险标的物、运输条件、航程、包装等真实信息。如果未能准确提供的，保险人有权解除合同。

3. 补偿原则

补偿原则，是指保险人在保险合同所约定的事故发生后，对于被保险人所遭受的实际损失或损害履行赔偿义务，但是保险人的赔偿金额不得超过保险单上的保险金额，也不得超过被保险人遭受的实际损失。保险人对被保险人的赔偿应当恰好使保险标的恢复到未出险前的状况，被保险人不得获得额外的经济利益。同时，当保险标的仍有残值时，赔偿金额也应当扣除残值的相应金额。如果保险标的的损失是由第三方导致的，保险人履行赔偿义务后，依法获得对于第三方的索赔权利，且被保险人不得再从第三方获得赔偿。当有多个保险人对同一标的进行赔偿时，应采取分摊方法进行赔偿，被保险人应获得充分赔偿且不可获得额外经济利益。

4. 近因原则

近因，是指造成保险事故最直接、最有效、起决定性作用的原因。保险的近因原则，是指保险人只对于由近因导致的保险事故进行赔付。如果承保范围内的原因被判定为非近因的情况，保险人不承担赔偿责任。近因原则是确定被保险人在保险标的发生损失时是否能够获得赔偿的重要依据之一。

（二）海洋运输保险的承保范围

海洋运输途中可能遭受的损失有许多，并非所有的损失都属于保险承保的范围。总体来说，海洋运输保险的承保范围可以分成三类，分别是风险、损失和费用。在给货物投保之前，需要对保险人的承保范围有充分的理解。

1. 风险

风险，是指造成损失的原因，海洋运输的风险有其特定的含义和范围，主要可以分为海上风险和外来风险两大类。

（1）海上风险：海上风险又称海难，是指船舶或货物在海上运输过程中发生的或随附海上运输所发生的风险，包括自然灾害和意外事故两类。需要注意的是，海上风险并非只包含海上发生的灾害和事故，凡是与海运相关联的陆上运输、内河运输、驳船运输等也属于海上风险的保障范围。

自然灾害是指由自然界的力量所引发的灾害。海上风险的自然灾害包括恶劣天气、雷电、海啸、地震、洪水、火山爆发等。意外事故是指由于偶然的、意料之外的原因引发的事故。海上风险的意外事故包括船舶搁浅、触礁、沉没、碰撞、火灾、爆炸等。

上述自然灾害和意外事故在保险业务中均有特定含义，有关具体说明请扫二维码查看。

自然灾害和意外事故在保险业务中的特定含义

（2）外来风险：外来风险，是指海上风险以外的其他原因造成的风险，其中由于货物自身属性或本身缺陷引起的自然损耗，不属于外来风险的范围。如葡萄酒在运输途中遇热后发生涨塞甚至漏液，不属于外来风险的范畴。外来风险包括一般外来风险和特殊外来风险两类。

一般外来风险主要是指货物在运输途中由于盗窃、雨淋、短量、玷污、渗漏、破损、受潮、受热、串味、生锈等外来原因造成的风险。

特殊外来风险主要是指由于战争、政府禁令、罢工、交货不到、拒收等造成的风险。

2. 损失

（1）全部损失：全部损失简称全损，是指整批货物在运输途中全部遭受损失。全部损失按照损失的实际情况分为实际全损和推定全损。

①实际全损，是指保险标的在运输途中全部遭受损失。遭受实际全损一般有四种情况：第一，被保险货物在运输途中全部灭失，如遭遇海难，船舶和货物一同沉入海底。第二，被保险货物的所有权无可挽回地被剥夺，如遭遇海盗抢劫。第三，被保险货物丧失全部商业价值或失去原有用途。第四，

载货船舶失踪达到一定期限（我国《海商法》的界定是二个月时间）。

②推定全损，是指被保险货物在运输途中受到损失，虽未达到完全灭失的状态，但完全灭失将是不可避免，或者为避免达到完全灭失的状态，修复或者恢复货物所需的费用与继续将货物运达目的地运费之和超过保险金额的，被认定为推定全损。

实际全损是在货物完全灭失的情况下，被保险人获得全部赔偿。而推定全损的货物并未完全丧失，被保险人可能获得部分赔偿也可能获得全部赔偿。在获得全部赔偿的情况下，被保险人必须无条件地将保险货物的所有权利和义务移交给保险人。

（2）部分损失：部分损失，是指保险标的在运输途中遭受到未到达全损程度的损失。按照损失的性质不同，部分损失可以分为共同海损和单独海损。

①共同海损，是指在同一航程中，当船舶、货物和其他财产共同遭遇危险的时候，为了共同安全，有意地、合理地采取措施所导致的特殊牺牲或产生的特殊费用，应当由各受益方按比例进行分摊的制度。共同海损有以下几个特点：第一，造成共同海损的危险必须是真实存在或不可避免的，不能仅靠主观臆测。第二，共同海损的危险必须同时影响船舶、货主以及各利害关系方的共同利益。第三，船方采取的措施必须是为了解除船舶与货物的共同危险。第四，所做的牺牲必须是特殊的性质，所支付的费用必须是额外的。第五，牺牲和额外费用必须是有效的，采取相应措施后，船舶和货物能顺利抵达目的地港。

②单独海损，是指被保险货物在运输途中由于灾害或事故导致的不能列入共同海损的部分损失，单独海损的损失应由受损方单独承担。单独海损与共同海损的区别是：造成单独海损的原因是海上风险直接造成的，而共同海损则是人为造成的。单独海损的损失由受损方单独承担，共同海损的损失则由各利益方按合理的比例进行分摊。

3. 费用

在运输途中如果发生了灾害或事故，为了避免损失的进一步增大而采取措施所产生的费用，保险人也承担相应的赔偿责任。承保费用一般分为施救费用和救助费用两种。

（1）施救费用：施救费用，是指当保险标的遇到保险承保范围内的灾害或事故时，被保险人或其代理人、雇佣人员或保险单受让人员为了防止或减少保险标的损失而采取的合理的措施所产生的费用。保险人对该费用承担赔偿责任。

（2）救助费用：救助费用，是指当保险标的受到保险承保范围内的灾害或事故时，由保险人或被保险人以外的第三方采取措施并获得成功所产生的费用。保险人对该费用承担赔偿责任。

施救费用与救助费用的主要区别有：第一，采取措施的主体不同，施救费用是由保险人或其代理人采取措施，而救助费用是由第三方采取措施。第二，赔偿的前提条件不同，施救费用无论措施是否成功，只要是合理的，保险人就承担赔偿责任，而救助费用赔偿的前提条件是有效果才赔偿。第三，赔偿金额不同，施救费用的赔偿金额独立于货物本身的保险金额之外，另行赔付。而救助费用的赔偿金额以不超过所救货物的价值为限。

（三）中国海洋运输保险条款

在实际保险业务中，保险人的承保范围都是通过保险条款来体现的，因此在对货物进行投保之前，我们需要认识海洋运输保险的各个险种及适用范围。中国目前使用的海洋运输保险条款是《中国保险条款》（China Insurance Clauses，CIC）中的《海洋运输货物保险条款》，它是国际贸易运输保险投保时的重要依据。

海洋运输保险的险种可以分为基本险、附加险和专门险三类。其中，基本险又可分为平安险、水渍险和一切险。附加险可分为一般附加险和特殊附加险。专门险包括冷藏货物保险、散装桐油保险，以及活牲畜、家禽运输保险。关于各个险种的承保范围、投保原则等详细信息请访问中国保险行业协会网站（www.iachina.cn）学习了解。

第三节　葡萄酒进口单证与结算

一、葡萄酒进口单证审核

通常来说，出口方将货物装上运输船后，就会向进口方提供全套单据。单据的清单在合同一节中已经列出，在这里将对每个单据分别进行介绍。

葡萄酒进口审单这个步骤非常重要，这关乎货物能否顺利报关及提货，因此对于单据的审核必须非常仔细谨慎。在这里需要注意的一点是，如果是通过信用证方式付款，单据会被提交至开证行，开证行必须审核单据上的信息是否与信用证条款相符。如果单据不符，银行有权拒付。如果是通过电汇的方式付款，由进口商负责审核全套单据。下面将分别介绍各单据的要素。

（一）分析证书

分析证书（certificate of analysis），通常是由出口方将货物样品寄送到官方授权的实验室进行检测，并由该实验室出具的一份具有样品理化指标的说明书。它是用来证明该批葡萄酒是否达到理化质量指标的重要单据，也是在进口报关时必须提供的一项单据。不同国家或地区实验室检测的参数有可能不同，但葡萄酒分析证书通常包含以下内容。

（1）出具证书的实验室及其相关信息。

（2）送检人信息。

（3）送检产品信息。

（4）酒精含量。

（5）pH 值。

（6）还原性糖和总糖量（葡萄糖 + 果糖）。

（7）挥发酸、山梨酸及总酸含量。

（8）二氧化硫含量（游离二氧化硫 + 总二氧化硫）。

（9）干浸出物总量。

（10）密度。

（11）出具人签章。

（二）原产地证明

原产地证明（certificate of origin），是由出口方所在国家的有关部门出具的一种证明商品原产地的证书，它是该批货物的“经济国籍”，进口国海关以此为依据确定税率待遇，贸易统计，实行数量限制（如配额、许可证等）和控制进口量（如反倾销税、反补贴税）。葡萄酒的原产地证明即原产地证，通常包含以下内容。

（1）出口方信息。

（2）收货方 / 买方信息。

（3）原产地国别。

（4）运输信息。

（5）该批葡萄酒产品信息。

（6）出具方信息及签章。

（三）装瓶证书

葡萄酒装瓶证书（bottling certificate），由灌装企业出具，它是葡萄酒生产日期的参考依据。装瓶证书上通常包含生产厂家信息，该批葡萄酒的产品信息（如酒款名、类型、年份、生产批号、数量等），灌装日期，出具人签章和开具证书的日期。

（四）商业发票

商业发票（commercial invoice），是卖方开具给买方的载有商品名称、数量、价格等内容的票据，它是作为买卖双方交割货物、结算货款的主要凭证，同时也是进口国海关征收进口关税的依据，在发生纠纷时，商业发票也是双方进行索赔的依据。商业发票能够全面反应一笔交易的相关信息，是进口方报关时必不可少的单据之一。商业发票通常包含以下内容。

（1）出具方信息。

（2）买方信息。

（3）发票序号。

（4）开票日期。

（5）价格条款和支付条件。

（6）报价单和/或合同序号。

（7）商品信息（酒款名、酒款等级、类型、包装信息、单价、数量、总价等）。

（8）收款账户信息。

（9）出具方签章。

（10）需要体现在发票中的合同中的其他信息。

（五）熏蒸消毒证明（treatment certificate）

各个国家出于保护本国生态环境的目的，对于进口商品实行强制的检疫制度。木制品的熏蒸消毒证明是为了保护本国森林资源免受病虫害威胁的一种强制措施。因此，所有用于出口的商品，只要含有木制品就需要进行除害处理。熏蒸是除害处理的方式之一，一般只用于木质产品，包装、铺垫、支撑、加固货物的材料。葡萄酒国际贸易中，主要是对木制托盘、木箱或者木制酒标进行熏蒸处理。该证明由专门负责熏蒸消毒的机构出具，证明上会说明熏蒸消毒的方式和方法。

（六）装箱清单

装箱清单（packing list）由出口方出具，它列明了合同中买卖双方约定的有关包装的详细信息，有利于进口国海关的查验和收货方对于货物的核对。葡萄酒装箱清单通常包含以下内容。

（1）发货方信息。

（2）收货方信息。

（3）商业发票/合同序号。

（4）货物信息（商品名称、货物箱数、包装信息、年份、净重和毛重等信息）。

（5）运输信息（装货地、发船日期、船舶信息）。

（6）开具日期。

（7）开具方签章。

（七）销售合同

销售合同是交易的基础，它体现了买卖双方关于这笔交易的所有权利与义务，其余单据都需要以此为基础进行制定。同时，销售合同的副本也是报关所需的文件之一。有关销售合同的详细内容已在第一节进行阐述。

（八）海运提单

海运提单的内容已在上一节详细介绍。

（九）葡萄酒正标和背标

葡萄酒国际贸易中，出口方必须提供相关商品的标签，包括葡萄酒的正标和背标，它们是进口方在后续报关流程中进行标签备案时的重要依据。

以上主要凭单与文件的范例请扫描二维码查看。

葡萄酒国际贸易主要凭单与文件

二、国际贸易结算方式

国际贸易的交易包含两方面，一方面是货物的转移，另一方面就是资金的流动。在葡萄酒国际贸易中，比较常见的结算方式有两种，一种是汇付，还有一种是信用证。在这里主要介绍这两种国际贸易结算方式。

（一）汇付

汇付（remittance）又称汇款，是指付款人（通常是国际贸易中的进口方）通过第三方（一般是进口方当地银行在国外设立的分行或代理行）将款项汇付给收款人的一种业务处理方式。

1. 汇付的当事人

汇付的当事人有四方，分别是汇款人、收款人、汇出行和汇入行。

（1）汇款人（remitter）就是汇付定义中的付款人，通常是国际贸易中进口方的角色。

（2）收款人（payee）通常是国际贸易中出口方的角色。

（3）汇出行（remitting bank）是指接受汇款人的委托或申请汇出款项的银行。

（4）汇入行（paying bank）是指接受汇出行的委托向收款人解付款项的银行。

2. 汇付的种类

根据汇出行所发出的转移资金指令方式的不同可以将汇付分成三种类型。

（1）电汇：电汇，是指付款人向汇出行提出申请，同时将一定款项交存至汇出行，汇出行再通过电报或电话传给汇入行，指示汇入行向收款人支付一定金额的一种交款方式。随着通信技术的发展，现在电汇已经发展至SWIFT 通信系统模式，每个银行都有自己的国际代码，相当于银行身份证号。电汇付款的优点是支付快速且准确率高，是葡萄酒国际贸易中最常用的汇付方式。

（2）信汇：信汇，是指付款人向汇出行提出申请，同时交存一定金额，汇出行将信汇委托书以邮寄方式寄给汇入行，授权汇入行向收款人解付一定金额的一种交款方式。信汇收款周期长，安全性不高，目前已经较少使用。

（3）票汇：票汇，是指付款人向汇出行提出申请，汇出行开立以汇入行为付款人的汇票，交付款人自行交给国外收款人，由收款人凭此汇票去指定银行取款的一种交款方式。所谓汇票，就是指一方向另一方签发的要求其在即期或将来确定的时间点支付一定金额给某人或其指定代理人的书面支付命令。

票汇的特殊性在于汇入行无须通知收款人取款，而是由收款人凭借汇票自行上门取款。其次，收款人通过背书可以转让汇票。其可以转让的属性是电汇和信汇所不具备的。

3. 汇付的流程

三种汇付的操作流程请见图 6-6：

电汇的操作流程

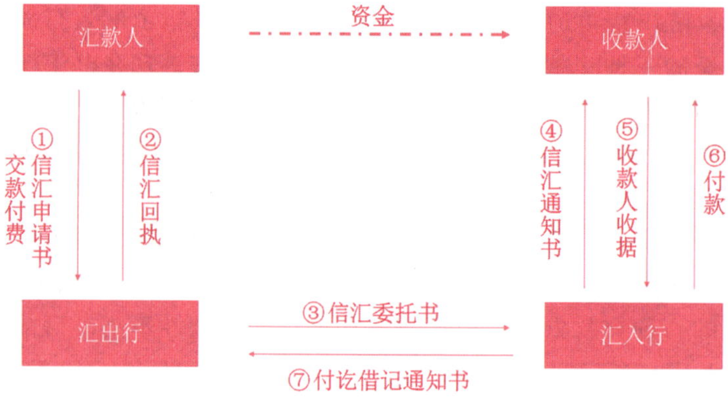

信汇的操作流程

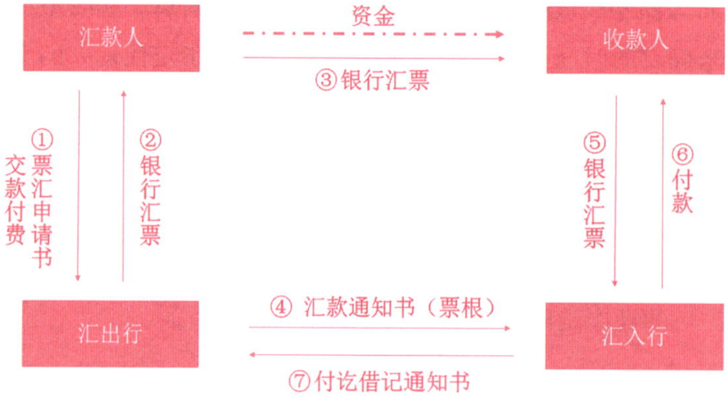

票汇的操作流程

图 6-6　三种汇付的操作流程

（二）信用证

除了汇付以外，信用证也是使用比较多的结算方式。信用证（letter of credit，L/C）在国际贸易范围内通俗说来就是进口方的往来银行接受进口方的申请，向出口方开立的、不可撤销的且有条件保证付款的文件。

1. 信用证的当事人

信用证的当事人有六方，分别是开证申请人、信用证开证行、通知行、信用证受益人、议付行和付款行。

（1）开证申请人（applicant）是申请信用证的人，通常是国际贸易中进口方的角色。

（2）信用证开证行（issuing bank）是接受开立信用证申请的银行，通常是进口方的往来银行。

（3）通知行（advising bank）是受开证行委托通知信用证受益人的银行，通常是开证行在出口国的分行或代理行。

（4）信用证受益人（beneficiary）是享用信用证权益的人，通常是国际贸易中出口方的角色。

（5）议付行（negotiating bank）是向信用证受益人垫付账款并向付款行索回垫款的银行。议付行与通知行可以是同一家银行。

（6）付款行（paying bank）是承担付款责任，或者是接受议付行索偿的银行。付款行与开证行可以是同一家银行。

2. 信用证的特点

（1）开证行负首要付款责任，信用证受益人只要提交信用证所规定的单据，开证行就要履行付款义务。这时开证行代替了信用证申请人，也就是进口方负首要付款责任。

（2）信用证不依附于贸易合同，是一项自足文件。银行在处理支付等相关问题时，只参考信用证，与贸易合同无关。

（3）信用证是纯单据业务，开证行是否支付的前提是“相符交单”，与货物和其他交易细节并无关联，出口方只需提供符合规定的单据即可。

3. 信用证的操作流程

信用证的操作流程请见图 6-7：

图 6-7　信用证的操作流程

在葡萄酒国际贸易中，无论是货到付款还是款到发货，对于贸易双方都是有风险的，特别是对于第一次接洽生意的双方来说，信用证无疑是一个两全其美的办法，银行成了贸易双方的担保人，商业信用也被更加保险的银行信用代替了。

随着贸易双方日益熟悉，大部分交易都会使用汇付这种结算方式。相对来说汇付手续更简单，也没有另外的银行手续费用。汇付也分为一次性汇付和分批汇付，分批汇付也有每批次货款比例的区别，这些条款都是双方在磋商合同时主要讨论的内容。一般来说，大部分交易都是采用分批汇付，由进口方支付第一笔预付款后，出口方负责生产备货。在货物被装上运输工具后，以提单日期为准规定尾款的支付期限。大部分出口方会给到进口方账期，通常为45~90天，进口方在规定期限内支付账款即可。

出口方为了保证自己的利益，减少烂账所带来的损失，也会采用出口信用保险的模式。出口信用保险是承保出口商在经营出口业务的过程中因进口商的商业风险或进口国的政治风险而遭受损失的一种信用保险。比较常见的信用保险公司有科法斯（Coface）等。出口方在向此类保险公司缴纳一定比例的保费后便可享受保险权益。保险公司会对进口商进行商业评估，给出相应的保险额度。如果发生烂账的情况，保险公司将支付拖账的金额给出口方（支付金额以保险额度为上限），然后再由保险公司向进口商索回账款。信用保险公司的存在为出口方考量支付条款中的尾款额度和账期提供了重要的参考依据。

第四节　进口葡萄酒报关与成本

一、进口葡萄酒的报关

（一）葡萄酒进口报关的概念

进口葡萄酒报关是指葡萄酒收货人（通常为进口商）或其代理人向本国海关申报进口手续和缴纳进口税的法律行为。海关根据报关人的申报，依法进行查验，经查验无误且报关人缴纳税金后，才能将货物放行。这里需要指出的是，为了促进进出口贸易的发展，我国在2018年出台了关检合并的政策，即原先的报关与卫检两个监管部门统一划归中国海关总署统一执法，原来的纸质化申请也被更为便捷的电子申报取代。这一举措大大简化了葡萄酒进口商和代理商的进口报关流程，也缩短了葡萄酒在监管部门停留的时间，对于我国进口葡萄酒无疑是一个重大利好。

从进口葡萄酒报关的概念可以看出，报关分成自理报关和代理报关两种。自理报关，是指葡萄酒收货人（通常为进口商）自行办理报关手续。自理报关要求报关人拥有进出口权和报关权。大部分情况下，由于报关手续比较烦琐，收货人或进口商并没有足够精力和专业人员处理报关事宜，此时通常的做法是选择一家靠谱的报关行来代为办理，这就是代理报关。通常来说，选择一家熟悉的、资深的报关行代理报关可以起到事半功倍的效果。

（二）葡萄酒进口报关所需材料

无论是自理报关还是代理报关，进口葡萄酒报关通常需要准备以下几项材料。

（1）海运提单。

（2）商业发票。

（3）装箱单。

（4）贸易合同。

（5）分析证书。

（6）原产地证明。

（7）装瓶证书。

（8）熏蒸消毒证明。

（9）中外文酒标。

（10）申报要素：申报要素主要是葡萄酒的产品信息，与国外生产商沟通获得。通常包含酒名、加工方法、酒精度、级别、年份、产区、葡萄品种、包装规格净含量等信息。其他材料在上一节“葡萄酒进口的单证与结算”已作了详细介绍。

（三）葡萄酒进口报关与检验检疫的流程

经过监管部门的合并与流程简化之后，进口葡萄酒的报关通常分为以下几个流程。

1. 出口商备案

根据《中华人民共和国食品安全法》第九十六条的规定，向我国境内出口食品的境外出口商或者代理商、进口食品的进口商应当向国家出入境检验检疫部门备案。随着政策改进和系统升级，出口商备案已经实现网上申报，申报入口为“互联网 + 海关”一体化平台，该备案可以由出口商或代理商申请办理，办理流程也非常简单，只要在线上填写出口商相关信息，如企业名称、地址、联系人及选择经营食品的种类即可。提交后经由海关总署审核，符合要求的予以备案并记录于境外出口商名单中，不符合要求的退回企业，审核时间为五个工作日。《进口食品境外出口商或代理商备案申请表单》如图6-8所示：

图 6-8　进口食品境外出口商或代理商备案申请表单

2. 收货人备案

根据《中华人民共和国海关法》第十一条的规定，进出口货物收发货人、报关企业办理报关手续，应当依法向海关备案。进出口货物收发货人可以直接到海关办理注册登记或者采取网上办理的形式，网上办理的入口为“互联网 + 海关”一体化平台，申请备案的前提条件是该企业已经办理工商《营业执照》并且已获取商务部门颁发的《对外贸易经营者备案登记表》。办理流程也很简单，在网站上下载《报关单位备案信息表》后填写上传至平台或纸质版提交至当地海关受理窗口。所在地海关对申请人提出的申请进行审核，对材料齐全、符合法定条件的，海关核发《海关进出口货物收发货人备案回执》，审核时间为五个工作日。《报关单位备案信息表》如图 6-9 所示：

统一社会信用代码					
经营类别		行政区划		注册海关	
中文名称					
英文名称					
工商注册地址				邮政编码	
英文地址					
其他经营地址					
经济区划				特殊贸易区域	
组织机构类型		经济类型		行业种类	
企业类别		是否为快件运营企业		快递业务经营许可证号	
法定代表人（负责人）		法定代表人（负责人）移动电话		法定代表人（负责人）固定电话	
法定代表人（负责人）身份证件类型		身份证件号码		法定代表人（负责人）电子邮箱	
海关业务联系人		海关业务联系人移动电话		海关业务联系人固定电话	
上级单位统一社会信用代码		与上级单位关系		海关业务联系人电子邮箱	
上级单位名称					
经营范围					
序号	出资者名称		出资国别	出资金额（万）	出资金额币制
1					
2					
3					
本单位承诺，我单位对向海关所提交的申请材料以及本表所填报的注册登记信息内容的真实性负责并承担法律责任。（单位公章）　年　月　日					

图 6-9 《报关单位备案信息表》

3. 标签预审核

根据进出口预包装食品标签检验监督管理的有关规定，进口食品的经营者在进口前，应当向指定的机构提出食品标签的预审核申请。对于进口商来说，由于通常采用代理报关的模式，更普遍的做法是对葡萄酒正标和背标进行翻译，把中外文对照版的酒标交给报关公司，再由报关公司初审后提交至官方认定机构进行预审核。

对于进口商来说这一步比较重要的是给进口葡萄酒找一个合适的中文名字，一个好记又有意义的中文名往往是好卖的前提条件，进口商应仔细考量。确定好中文酒名后，更重要的一步是进行中文商标的注册。根据规定，一款酒需要对应一个商标及其相应的中文名称。如果申报的中文名称已有重复，不能注册该商标并需重新起名。由此可见，同一款酒可以有多个中文名称和商标，如果进口商使用被别人已经注册过的中文酒名和商标，则需要承担被该注册企业起诉的风险。

4. 报关程序

以上的步骤是葡萄酒进口报关的前期准备工作，完成了上述步骤后，就可以在船到港时进行正式报关了。报关通常可以分为以下几个步骤。

（1）换单：由于海运提单有货物所属权的属性，当货物到港后，收货人可以凭借海运提单前往相应的船代处换取提货单，俗称小提单，以及设备交接单。

（2）电子申报：由于系统更新，原来的纸质化申报流程均被电子化申报取代。电子申报的网络入口为“中国国际贸易单一窗口”（网址：https://www.singlewindow.cn/）进口商或其代理商需要先在该网站注册登录后才能进行电子申报。申报时必须提供进口报关所需材料，保证材料准确无误，否则会影响葡萄酒顺利清关。

（3）审价出税单：在收到电子报关申请后，海关会对该批货物进行审价，审价的目的是为了确认进口商或代理商对于该批货物申报的价格是否合理。需要注意的是，如果存在同一款酒有多个进口商的情况，也需要考虑其在不同地点和不同时间段内不同进口商对其申报的金额，通常来说，同一款酒的申报金额误差在 15% 以内均可被海关认可，如果误差超出这个范围，海关将征收一定的保证金。如果审价环节通过，海关就会根据该金额出具税单，进口商或代理商根据税单上的金额缴税即可。

（4）缴纳税金：缴纳税金主要有两种模式：一是现场打印税单并向海关指定账户办理银行转账。二是电子支付，即网上直接划账。由于目前均采用电子申报的模式，缴纳税金通常采取电子支付的形式。

（5）商检：进口商或代理商在缴纳税金后，海关部门就会对该批货物进行商检。商检分为两种形式，一种是感官查验，另一种是国检。此时进口商或代理商可以在申报系统上查看该批货物是采用感官查验还是国检。通常来说，国检被抽中的概率非常低，目前来说只有5%左右。

感官查验是指对于该批货物的原标签和中文标签进行查验，确认其是否贴有中文标签并且中文标签是否按照有关规定执行，其内容是否翻译准确。葡萄酒常见的不合格标签情况有以下几种。

①未粘贴中文标签。

②未标注或部分标注食品添加剂。

③标注的食品添加剂未使用规范的通用名称。

④违规使用食品添加剂。

⑤酒精度标示不准确。

⑥产品类型标示错误，如将半干、半甜类型的葡萄酒写成干型葡萄酒。

⑦生产日期和保质期未标示或标示错误。生产日期应当按照年、月、日的顺序进行标示。同时根据我国规定，对于酒精度数在10%以下的葡萄酒，需要标注保质期。由于各国规定不同，有的国家并不会为葡萄酒标注保质期。因此在国外生产商预贴中文标签的情况下，进口商需要关注其对于保质期的标示。

⑧葡萄酒等级和原产地标示错误。

⑨未标示产品储存条件。

⑩进口商或经销商信息未标示或部分标示。根据规定，中文标签需要标注进口商或经销商的名称、地址和联系电话。

如果被抽中国检，除了查验上述酒标内容之外，还要进行实验室理化指标检查。海关会在该批货物中抽取几件样品寄送至相关实验室进行检测。通常来说，首次进口的葡萄酒更容易被抽中国检，对于进口量较小且价值较高的葡萄酒可以申请适当降低抽样数量，但应满足检验检疫的最低需求。

（6）出证：经审核材料完整无误且检验检疫合格后，海关会对整批报检进口的葡萄酒出具合格的报关单和卫生证书。进口商品经检验涉及人身财产安全、健康、环境保护项目不合格的，由海关责令当事人销毁或者退运；其他项目不合格的，可以在海关监督下进行技术处理，经重新检验合格的，方可销售或者使用。

（7）提货：经海关查验无误后，货物即可准予放行。此时进口商或代理商需上报提货计划，并缴纳港口费用。

（8）运货出关：进口商或代理商根据提货计划安排货运车辆将货物从港

口送至收货仓库。

二、进口葡萄酒的税金

对于进口商来说，在葡萄酒整个报关过程中最重要同时直接关系到实际利益的就是缴纳税金。我们必须了解进口葡萄酒需要缴纳哪些税金以及各项税金的计算方法。

进口葡萄酒在出关之前需要缴纳三种税金，分别是关税、消费税和增值税。

（一）关税

关税（customs duties），是指国家根据该国法律法规，对通过其关境的进出口货物征收的一种税收。根据定义，我们可以知道关税分为出口关税和进口关税两种，由于在葡萄酒国际贸易业务中我国更多处于进口国的位置，在这里主要讨论葡萄酒的进口关税。

小包装葡萄酒的税号是22042100，在“互联网+海关”网站（网址http://online.customs.gov.cn/）上可以查询到税率是14%。这里需要注意的是，由于我国与部分国家签订了贸易条约或协定，这些国家葡萄酒的关税税率应参照协定税率。目前，在中国进口葡萄酒市场上比较重要的拥有协定税率的生产国有智利、澳大利亚、新西兰和格鲁吉亚。原产于这些国家的葡萄酒进口至中国的关税税率为0。另外，由于中美双方目前处在贸易战的环境下，中国对美国进口葡萄酒的税率随着政策的调整而变化。截止至本教材的出版时间，该关税税率为29%。

对于葡萄酒来说，关税中还有一项特别关税尤其需要注意，这项特殊关税就是反倾销税。反倾销税（anti-dumping duty），是指国家为了防止出口国将低于正常价值的货物出口至该国，从而对本国既定产业造成物质损害而制定的一种特别关税。反倾销税的存在是为了减少进口商品对国内该产业的影响，从而维护国内产业的利益，抵御恶性竞争。在葡萄酒产业中，目前只有澳大利亚被我国征收反倾销税，不同酒企被征收不等税率的反倾销税，从116.2%到218.4%不等。其中比较有代表性的酒企如富邑葡萄酒产业酒商有限公司（Treasury Wine Estates Vintners Limited）被征收175.6%的反倾销税，卡塞拉酒业私人有限公司（Casella Wines Pty. Limited）被征收170.9%的反倾销税，一些澳大利亚的中小型酒企更是被征收最高218.4%的反倾销税。

关税的计算方法是基于葡萄酒的CIF价格，贸易合同是基于EXW或FOB的价格条款，需要在葡萄酒的成本上再加上出口国内陆运费、海运费和保险费。关税的计算公式如下：

关税 = CIF 价格 × 税率

如果有反倾销税，则还需计算反倾销税额，计算公式如下：

反倾销税 =（CIF 价格 + 关税）× 反倾销税率

（二）消费税

消费税（consumption tax），是国家以特定消费品为征收对象所征收的一种税，多数在生产或进口环节缴纳。在葡萄酒国际贸易中，通常由进口商缴纳。葡萄酒消费税税率为 10%，消费税计算公式如下：

消费税 =（CIF 价格 + 关税）/（1−10%）×10%

（三）增值税

这里的增值税准确说是进口增值税，属于流转税的一种，不同于一般增值税对于在生产、批发和零售环节的增值额为征收对象，它是以商品在进口环节的增值额为征收对象的一种税，如果该商品是消费品，还需考虑消费税。葡萄酒的增值税在 2019 年已由原先的 17% 下调至 13%，增值税的计算公式如下：

增值税 =（CIF 价格 + 关税 + 消费税）× 增值税率

三、进口葡萄酒的成本

了解了进口葡萄酒在生产、运输、清关各环节的流程和费用之后，我们便可以计算出进口葡萄酒的成本了。这里提到的进口葡萄酒的成本是指葡萄酒到达进口商仓库时的总成本，至于葡萄酒在后续产业链上，如经销商、批发商、零售商等的成本，由于其与各企业一般增值税（对于商品在生产、批发、零售环节的增值额为征收对象）、城建税、教育费附加、公司运营成本、企业毛利润率等相关，情况较为复杂，在这里不作讨论。

葡萄酒在进口环节的成本可以分为货物采购成本、出口税、运费、保险费、进口三税（关税、消费税、增值税）、港杂费和内陆运输费。其中，港杂费包括进口 THC、换单费、报关费、商检费等。如果是代理报关，报关行会处理所有事宜并给出费用清单和代理服务费。另外，如果中文背标是在国内印刷粘贴的，还需要考虑酒标的设计费、印刷费、粘贴费等费用。总体来说，葡萄酒从国外生产商被运输到国内进口商的仓库中，总成本计算公式如下：

总成本 =EXW 价格 + 出口国出口费用 + 运费 + 保险 + 进口三税 +
港杂费 + 酒标成本（如需要）+ 内陆运输费

任务训练

1. 假设你是一名葡萄酒出口商工作人员，现收到中国客户甲乙丙贸易有限公司询盘，请草拟一份发盘邮件回复对方。发盘所涉及相关信息如下：

商品名ABC品牌红葡萄酒，年份2020年，容量750毫升，EXW价格3欧元，价格有效期为1个月，最低起订量1条20尺柜。该款葡萄酒包装为纸箱，6支为一箱，出口商所用托盘为欧式托盘，每托盘可放置葡萄酒100箱。

2. 假设该中国客户接受了你的发盘，并未提出还盘，预订数量为1条20尺柜，根据以上条件，请草拟一份葡萄酒贸易合同。

参考文献

［1］OIV.2019 Statistical Report on World Vitiviniculture［R］，2019.

［2］刘世松，卜建华．葡萄酒产业经济学．北京：中国轻工业出版社，2017.

［3］唐文龙．赢销葡萄酒：饮享成功的营销智慧．北京：经济管理出版社，2014.

［4］Emmanuelle Rouzet，Gérard Seguin. Le marketing du vin–3e édition – Savoir vendre le vin. Paris：Dunod，2012.

［5］刘伟伟，张晓．烟台市消费者葡萄酒购买行为调查与分析［J］．中外葡萄与葡萄酒，2020（06）：97–102.

［6］徐绍荣，刘潍嘉，殷超，王承国，潘立臣．葡萄酒购买行为影响因素的差异——基于葡萄酒主产区与非主产区 712 个样本的调查［J］．酿酒科技，2019（03）：137–142.

［7］梁艳．供应链角度下的葡萄酒营销渠道研究［J］．今日财富（中国知识产权），2021（03）：86–87.

［8］贾衍喆．进口葡萄酒市场分析及营销策略研究［D］．西北农林科技大学，2018.

［9］RyanEmery. 中国中产阶层能拯救澳洲葡萄酒吗？［N］．华夏酒报，2014–09–23（A02）.

［10］杨敏，洪俊杰．国际贸易实务（葡萄酒方向）．北京：清华大学出版社，2013.

图书在版编目（CIP）数据

葡萄酒营销与贸易 / 王书翠，翟韵扬，吴敏杰主编. -- 北京 : 旅游教育出版社，2022.8（2025.7 重印）
葡萄酒文化与营销系列教材
ISBN 978-7-5637-4464-0

Ⅰ. ①葡… Ⅱ. ①王… ②翟… ③吴… Ⅲ. ①葡萄酒－市场营销学－教材②葡萄酒－国际贸易－教材 Ⅳ. ①F724.782②F746.82

中国版本图书馆CIP数据核字(2022)第128025号

葡萄酒文化与营销系列教材
葡萄酒营销与贸易
王书翠　翟韵扬　吴敏杰　主　编
张君升　袁　丽　张　洁　梁同正　刘梦琪　副主编

总　策　划	丁海秀
执行策划	赖春梅
责任编辑	赖春梅
出版单位	旅游教育出版社
地　　址	北京市朝阳区定福庄南里 1 号
邮　　编	100024
发行电话	（010）65778403　65728372　65767462（传真）
本社网址	www.tepcb.com
E - mail	tepfx@163.com
排版单位	北京旅教文化传播有限公司
印刷单位	唐山玺诚印务有限公司
经销单位	新华书店
开　　本	710 毫米 ×1000 毫米　1/16
印　　张	14
字　　数	208 千字
版　　次	2022 年 8 月第 1 版
印　　次	2025 年 7 月第 4 次印刷
定　　价	59.80 元

（图书如有装订差错请与发行部联系）